职业教育国家在线精品课程配套教材
国家级职业教育教师教学创新团队课题研究项目成果系列教材
职业院校"十四五"规划餐饮类专业新形态一体化系列教材

■ 总主编 ◎ 杨铭铎

互联网餐饮营销

HU LIAN WANG CAN YIN YING XIAO

主　编 ◎ 周豫湘　吴　非

副主编 ◎ 姚梅芳　王　妍　杨崇钒　陈　曦

编　者（按姓氏笔画排序）

王　妍　王　旖　王可欣　白　杨

兰　田　李　玲　杨　昆　杨崇钒

吴　非　陈　曦　周豫湘　姚梅芳

樊丽娟　滕书磊

华中科技大学出版社
http://press.hust.edu.cn
中国·武汉

内 容 简 介

本书是职业教育国家在线精品课程配套教材、国家级职业教育教师教学创新团队课题研究项目成果系列教材、职业院校"十四五"规划餐饮类专业新形态一体化系列教材。

本书分为三篇,共十一个项目。第一篇为市场洞察篇,包括认识互联网餐饮营销、剖析餐饮顾客行为和洞察餐饮市场营销环境。第二篇为营销策略篇,包括定位餐饮品牌和开发餐饮产品。第三篇为营销实战篇,包括微信营销、短视频营销、外卖平台营销等。

本书可供餐饮类专业学生使用。

图书在版编目(CIP)数据

互联网餐饮营销 / 周豫湘,吴非主编. -- 武汉:华中科技大学出版社,2024.6. -- ISBN 978-7-5772-1169-5

Ⅰ. F719.3-39

中国国家版本馆 CIP 数据核字第 2024VA8979 号

互联网餐饮营销 周豫湘 吴 非 主编
Hulianwang Canyin Yingxiao

策划编辑:汪飒婷
责任编辑:马梦雪
封面设计:廖亚萍
责任校对:朱 霞
责任监印:周治超

出版发行:华中科技大学出版社(中国•武汉)　　电话:(027)81321913
　　　　　武汉市东湖新技术开发区华工科技园　　邮编:430223
录　　排:华中科技大学惠友文印中心
印　　刷:武汉科源印刷设计有限公司
开　　本:889mm×1194mm　1/16
印　　张:16.25
字　　数:477 千字
版　　次:2024 年 6 月第 1 版第 1 次印刷
定　　价:58.00 元

本书若有印装质量问题,请向出版社营销中心调换
全国免费服务热线:400-6679-118　竭诚为您服务
版权所有　侵权必究

网络增值服务

使用说明

欢迎使用华中科技大学出版社图书中心

1 教师使用流程

（1）登录网址：http://bookcenter.hustp.com（注册时请选择教师用户）

注册 > 登录 > 完善个人信息 > 等待审核

（2）审核通过后，您可以在网站使用以下功能：

浏览教学资源　建立课程　管理学生　布置作业　查询学生学习记录等

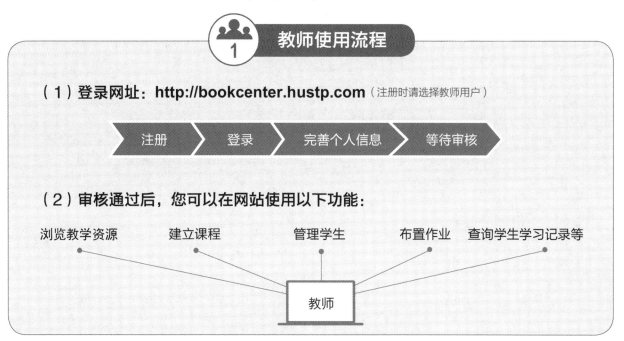

2 学员使用流程

（建议学员在PC端完成注册、登录、完善个人信息的操作。）

（1）PC端操作步骤

①登录网址：http://bookcenter.hustp.com（注册时请选择普通用户）

注册 > 登录 > 完善个人信息

②查看课程资源：（如有学习码，请在个人中心-学习码验证中先验证，再进行操作。）

（2）手机端扫码操作步骤

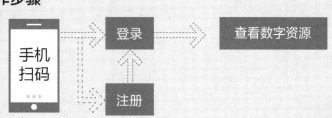

加强餐饮教材建设,提高人才培养质量

餐饮业是第三产业的重要组成部分,改革开放40多年来,随着人们生活水平的提高,作为传统服务性行业,餐饮业在刺激消费、推动经济增长方面发挥了重要作用,在扩大内需、繁荣市场、吸纳就业和提高人们生活质量等方面都做出了积极贡献。就经济贡献而言,2022年,全国餐饮收入43941亿元,占社会消费品零售总额的10.0%。全国餐饮收入增速、限额以上单位餐饮收入增速分别相较上一年下降24.9%、29.4%,较社会消费品零售总额增幅低6.1%。2022年餐饮市场经受了新冠肺炎疫情的冲击、国内经济下行等多重考验,充分展现了餐饮经济韧性强、潜力大、活力足等特点,虽面对多种不利因素,但各大餐饮企业仍然通过多种方式积极开展自救,相关政策也在支持餐饮业复苏。目前餐饮消费逐渐复苏回暖,消费市场已初现曙光。党的二十大指出为全面建设社会主义现代化国家、全面推进中华民族伟大复兴而团结奋斗,作为人民基本需求的饮食生活,餐饮业的发展与否,不仅关系到能否在扩内需、促消费、稳增长、惠民生方面发挥市场主体的重要作用,而且关系到能否满足人民对美好生活的需求。

一个产业的发展离不开人才支撑。科教兴国、人才强国是我国发展的关键战略。餐饮业的发展同样需要科教兴业、人才强业。经过60多年,特别是改革开放后40多年的发展,目前餐饮烹饪教育在办学层次上形成了中等职业学校、高等职业学校、本科(职业本科和职业技术师范本科)、硕士、博士五个办学层次,在办学类型上形成了烹饪职业技术教育、烹饪职业技术师范教育、烹饪学科教育三个办学类型,在举办学校上形成了中等职业学校、高等职业学校、高等师范院校、普通高等学校的办学格局。

我曾经在拙著《烹饪教育研究新论》后记中写道:如果说我在餐饮烹饪领域有所收获的话,有一个坚守(30多年一直坚守在餐饮烹饪教育领域)值得欣慰,有两个选择(一是选择了教师职业,二是选择了餐饮烹饪专业)值得庆幸,有三个平台(学校的平台、教育部平台、非政府组织(NGO)——行业协会平台)值得感谢。可以说,"一个坚守,两个选择,三个平台"是我在餐饮烹饪领域有所收获的基础和前提。

我从行政岗位退下来后,时间充裕了,就更加关注餐饮烹饪教育,探讨餐饮烹饪教育的内在发展规律,并关注不同层次餐饮烹饪教育的教材建设,特别感谢华中科技大学出版社给了我一个新的平台。在这个平台,一方面我出版了专著《烹饪教育研究新论》,把30多年的教学和科研经验及体会呈现给餐饮烹饪教育界;另一方面我与出版社共同承担了2018年在全国餐饮职业教育教学指导委员会立项的重点课题"基于烹饪专业人才培养目标的中高职课程体系与教材开发研究"(CYHZWZD201810)。该课题以培养目标为切入点,明晰烹饪专业人才的培养规格;以职业技能为结合点,确保烹饪人才与社会职业的有效对接;以课程体系为关键点，通过课程结构与课程标准精准实现培养目标；以教材开发为落脚点，开发教学过程与生产过程对接、中高职衔接的两套烹饪专业课程系列教材。这一课题的创新点在于研究与编写相结合，中职与高职同步，学生用教材与教师用参考书相联系。编写出的中职、高职烹饪专业系列教材，解决了烹饪专业理论课程与职业技能课程脱节，专业理论课程设置重复，烹饪技能课程交叉，职业技能倒挂，中职、高职教材内容拉不开差距等问题，是国务院《国家职业教育改革实施方案》完善教育教学相关标准中"持续更新并推进专业目录、专业教学标准、课程标准、顶岗实习标准、实训条件建设标准（仪器设备配备规范）建设和在职业院校落地实施"这一要求在餐饮烹饪职业教育落实的具体举措。《烹饪教育研究新论》和重点课题均获中餐科技进步奖一等奖。基于此，时任中国烹饪协会会长、全国餐饮职业教育教学指导委员会主任委员姜俊贤先生向全国餐饮烹饪院校和餐饮行业推荐这两套烹饪专业教材。

进入新时代，我国职业教育受到了国家层面前所未有的高度重视。在习近平总书记关于职业教育的系列重要讲话指引下，国家出台了系列政策，国务院《国家职业教育改革实施方案》（简称职教20条），中共中央办公厅、国务院办公厅《关于推动现代职业教育高质量发展的意见》（简称职教22条），中共中央办公厅、国务院办公厅《关于深化现代职业教育体系建设改革的意见》（简称职教14条），以及新的《中华人民共和国职业教育法》颁布后，职业教育出现了大发展的良好局面。

在此背景下，餐饮烹饪职业教育也取得了令人瞩目的进展，其中从2021年3月教育部印发的《职业教育专业目录（2021年）》到2022年9月教育部发布的《职业教育专业简介》（2022年修订），为餐饮类专业提供了基本信息与人才培养核心要素的标准文本，对于落实立德树人的根本任务，规范餐饮烹饪职业院校教育教学、深化育人模式改革、提高人才培养质量等具有重要基础性意义，同时为餐饮烹饪职业教育的发展提供了良好的契机。

新目录、新简介、新教学标准，必然要有配套的新课程、新教材。国家在教学改革方面反复强调"三教"改革。当前，以职业教育教师、教材、教法为主的"三教"改革进入落实攻坚阶段，成为推进职业教育高质量发展的重要抓手。教材建设是其中一个重要的方面，国家对教材建设提出"制定高职教育教材标准""开发教材信息化资源"和"及时动态更新教材内容"三个核心要求。

进入新时代，适应新形势，达到高标准，我们启动新一批教材的开发工作。它包括但不限于新版专业目录下的第一批中高职教材（2018年以来）的提档升级，新开设的职业本科烹饪与餐饮管理专业教材的编写，相关省、市、地方特色系列教材以及服务于餐饮行业和饮食文化等方面教材的编写。与第一批教材建设相同，第二批教材建设也是作为一个体系来推进的。

  一是以平台为依托。教材开发的最终平台是出版机构。华中科技大学出版社(简称"华中出版")创建于1980年，是教育部直属综合性重点大学出版社，建社40多年来，秉承"超越传统出版，影响未来文化"的发展理念，打造了一支专业化的出版人才队伍和具备现代企业管理能力的职业化管理团队。在教材的出版上拥有丰富的经验，每年出版图书近3000种，服务全国3000多所大中专院校的教材建设。该社于2018年全方位启动餐饮类专业教材的策划和出版，已有中职、高职专科、本科三个层次若干种教材问世，并取得了令人瞩目的成绩。目前该社已有餐饮类"十三五"职业教育国家规划教材1种，"十四五"职业教育国家规划教材7种，"十四五"职业教育省级规划教材4种。特别令人欣慰的是，编辑团队已经不再囿于传统方式编写和推销教材，而是从国家宏观层面把握教材，到中观层面研究餐饮教育规律，最后从微观层面使教材编写与出版落地，服务于"三教"改革。

  二是以团队为根本。不同层次、不同课程的教材要服务于全国餐饮相关专业，其教材开发者(编著者)应来自全国各地的院校、教学研究机构和行业企业，具有代表性；领衔者应是这一领域有影响力的专家，具有权威性；同时考虑编写队伍专业、职称、年龄、学校、行业企业、研究部门的结构，最终通过教材建设，形成跨地区、跨界的某一领域的编写团队，达到建设学术共同体的目的。

  三是以项目为载体。编写工作项目化，教材建设不只是就编而编，而是应该将其与科研、教研项目有机结合起来，例如，高职本科"烹饪与餐饮管理"专业系列教材就是在哈尔滨商业大学承担的第二批国家级职业教育教师教学创新团队("烹饪与餐饮管理"专业)与课题研究项目的基础上开展的。高职"餐饮智能管理"专业系列教材是基于长沙商贸旅游职业技术学院承担的第二批国家级职业教育教师教学创新团队("餐饮智能管理"专业)和上述哈尔滨商业大学课题研究项目的子课题。还有全国、各省(自治区、直辖市)成立的餐饮烹饪专业联盟、餐饮(烹饪)职教集团、共同体的立项；一些地区在教育行政部门、教育研究部门、行业协会以及学校自身等立项，达到"问题即是课题，课题解决问题"的目的。

  四是以成果为目标。从需求导向、问题导向再到成果导向，这是教材开发的原则，教材开发不是孤立的，故成果是成系列的。在国家政策、方针指引下，国家层面的专业目录、专业简介框架下，形成专业教学标准、具有地方和院校特色的人才培养方案、课程标准、教学模式和方法。形成成果的内容如下：确定了中职、高职专科、本科各层次培养目标与规格；确定了教材中体现人才培养的中职技术技能、高职专科高层次技术技能、本科高素质技术技能三个层次的形式；形成了与教材相适应的项目式、任务式、案例式、行动导向、工作过程系统化、理实一体化、实验调查式、模拟式、导学式等教学模式。成果的形式应体现教材的新形态,如工作手册式、活页式、纸数融合、融媒体,特别是要吸收VR、AR,可视化、智能化、数字化技术。这些成果既可以作为课题的一部分,也可以作为论文、研究报告等单项独立的成果,最后都能物化到教材中。

五是以共享为机制。在华中出版的平台上,以教材开发为抓手,通过组成全国性的开发团队,在项目实施中通过对教育教学开展系列研究,把握具有特色的餐饮烹饪教育规律,形成共享机制,一方面提升教材开发团队每一位参与者的综合素质,加强团队建设;另一方面新形态一体化教材具有科学性、先进性、实用性,应用于教学能大大提高餐饮烹饪人才培养质量。做到教材开发中所形成的一系列成果被教材开发者、使用者等所有相关者共享。

党的二十大报告指出,统筹职业教育、高等教育、继续教育协同创新,推进职普融通、产教融合、科教融汇,优化职业教育类型定位。中共中央办公厅、国务院办公厅《关于深化现代职业教育体系建设改革的意见》提出了"一体、两翼、五重点","一体"是探索省域现代职业教育建设新模式;"两翼"是打造市域产教融合体,打造行业产教融合共同体;"五重点"包括提升职业学校关键办学能力、加强"双师型"教师队伍建设、建设开放型区域产教融合实践中心、拓宽学生成长成才通道、创新国际交流与合作机制。其中重点提出要打造"四个核心",即打造职业教育核心课程、核心教材、核心实践项目、核心师资团队。这为我们在餐饮烹饪职业教育上发力指明了方向。

随着经济社会的快速发展,餐饮业必将迎来更加繁荣的时代。为满足日益发展的餐饮业需求,提升餐饮烹饪人才培养质量,我们期待全国餐饮烹饪教育工作者紧密合作,与餐饮企业家、行业专家共同推动餐饮业的快速发展。让我们携手,共同推动餐饮烹饪教育和餐饮业的发展,为建设一个富强、民主、文明、和谐、美丽的社会主义现代化强国贡献力量。

杨铭铎

博士,教授,博士生导师
哈尔滨商业大学中式快餐研究发展中心博士后科研基地主任
哈尔滨商业大学党委原副书记、副校长
全国餐饮职业教育教学指导委员会副主任委员
中国烹饪协会餐饮教育工作委员会主席

前言

"互联网餐饮营销"是餐饮智能管理专业的核心课程,也是餐饮智能管理专业升级后需重点改造的课程。随着移动互联网和计算机技术的快速发展,餐饮营销的理念、方式、技术和工具等都发生了巨大变化。为了顺应这些变化,本教材编写团队与时俱进,从更有利于学生学习和教师教学的角度,结合餐饮营销发展趋势、餐饮营销岗位人才需求、行业企业营销专家的建议,以"OBE理念"为指导,打破传统餐饮市场营销教材的结构,重构内容体系,编写了本教材。

本教材的主要特点如下。

1. 落实立德树人,融入课程思政　本教材坚持价值塑造、能力培养和知识传授的统一,以价值塑造为引领,全面融入党的二十大精神,结合商务部等9部门联合印发的《关于促进餐饮业高质量发展的指导意见》,深入挖掘互联网餐饮营销的课程思政元素。在项目引入、学习目标、任务导入、案例分析等内容中充分贯彻诚信立"市"的营销观念、"以客户为中心"的用户思维、守正创新的意识和开放共享的互联网思维,将思政育人贯穿全过程。

2. 改革教材体系,确保内容先进　教学内容紧跟市场变化,引入互联网餐饮营销新模式和餐饮企业实践的新变化。本教材分为市场洞察篇、营销策略篇和营销实战篇,共十一个项目。市场洞察篇包括认识互联网餐饮营销、剖析餐饮顾客行为和洞察餐饮市场营销环境;营销策略篇包括定位餐饮品牌和开发餐饮产品;营销实战篇包括微信营销、短视频营销、外卖平台营销、点评平台营销、餐饮门店营销和营销数据分析与复盘。整体框架中包含了互联网餐饮营销的基础理论和必备技能等相关内容,尤其是营销实战篇覆盖了当前互联网餐饮营销的主要方法和手段,体现了教学做一体的特色。

3. 校企双元开发,凸显职业特色　本教材由校企共同开发,哈尔滨市双滕餐饮管理有限公司多媒体运营总监白杨先生和湖南徐记酒店管理有限公司品牌部杨昆先生亲自参与教材的内容体系和体例设计,并编写了营销实战篇,提供了大量的企业素材和案例。根据餐饮营销典型工作任务分析,结合学生的互联网营销职业成长路径,以餐饮企业营销职能部门岗位和餐饮门店销售岗位工作人员为原型,设置"营营"和"销销"两个角色。每个任务以"职场闯关记"为驱动,通过"知识精讲"介绍完成任务所必需的知识,利用"小试牛刀"示范引领学生进行探究并完成任务。通过对35个典型任务的分析,学生能最终掌握互联网餐饮营销的基本知识。每个任务设计充分考虑教学实施的可行性,适应职业院校学生的认知特点和学习规律。

4. 精心配置资源，引领教学改革　本教材紧跟职业教育数字化转型趋势，依托2023年职业教育国家在线精品课程"餐饮市场营销"建设和餐饮智能管理专业省级教学资源库，注重体现当前中餐优秀品牌企业在营销上的新理念、新方式、新技术、新工具等，配套开发了课件、微课、知识链接、技能手册、知识小测等数字化教学资源，学生可扫码查看，方便线上线下混合式教学，提高教与学的效能。

本教材由长沙商贸旅游职业技术学院周豫湘、黑龙江旅游职业技术学院吴非任主编，长沙商贸旅游职业技术学院姚梅芳、黑龙江旅游职业技术学院王妍、浙江商业职业技术学院杨崈钒、西安职业技术学院陈曦任副主编。参与编写的人员包括长沙商贸旅游职业技术学院王旖、兰田、李玲，黑龙江旅游职业技术学院王可欣、滕书磊，武汉职业技术学院樊丽娟，哈尔滨市双滕餐饮管理有限公司白杨和湖南徐记酒店管理有限公司杨昆。本教材的编辑出版得到杨铭铎教授和华中科技大学出版社汪飒婷编辑的支持和帮助，在此表示衷心感谢。

餐饮市场瞬息万变，同时受编者水平的限制，本教材难免有疏漏之处，欢迎广大读者批评指正，以便我们不断改进。

编　者

目录

第一篇　市场洞察篇　1

项目一　认识互联网餐饮营销　2
　任务一　了解互联网餐饮营销　3
　任务二　认知餐饮营销岗位　11
　任务三　形成餐饮营销的互联网思维　18

项目二　剖析餐饮顾客行为　24
　任务一　分析餐饮顾客需求　25
　任务二　分析餐饮顾客购买行为　30
　任务三　构建餐饮顾客画像　35
　任务四　优化餐饮顾客体验　41

项目三　洞察餐饮市场营销环境　48
　任务一　分析餐饮市场宏观营销环境　49
　任务二　分析餐饮市场微观营销环境　57
　任务三　综合分析餐饮市场营销环境　62

第二篇　营销策略篇　67

项目四　定位餐饮品牌　68
　任务一　明确餐饮品牌定位　69
　任务二　制定餐饮品牌策略　75
　任务三　构建餐饮营销矩阵　81

项目五　开发餐饮产品　90
　任务一　规划餐饮产品组合　91
　任务二　创新餐饮产品　98
　任务三　制定餐饮产品定价策略　104

第三篇　营销实战篇

项目六　微信营销　112
任务一　微信个人号营销　113
任务二　微信公众号营销　120
任务三　社群营销　127

项目七　短视频营销　133
任务一　分析短视频平台　134
任务二　短视频内容策划与推广　138
任务三　制定短视频达人策略　144
任务四　直播运营　149

项目八　外卖平台营销　157
任务一　分析外卖平台　158
任务二　外卖平台店铺运营　166
任务三　管理外卖平台评价　179

项目九　点评平台营销　185
任务一　分析点评平台　186
任务二　提高点评平台进店转化率　191
任务三　管理点评平台店铺评价　199

项目十　餐饮门店营销　207
任务一　吸引顾客进店　208
任务二　餐饮堂食销售　214
任务三　门店活动策划　220
任务四　餐饮会员营销　224

项目十一　营销数据分析与复盘　232
任务一　营销数据分析　233
任务二　开展营销复盘　239

主要参考文献　247

第一篇

市场洞察篇

项目一

认识互联网餐饮营销

项目引入

"我做了一个梦,梦见我那个水稻长得比高粱还高,穗子比扫帚还长,谷粒有花生米那么大。我跟我的助手就坐在那个稻穗下乘凉……"袁隆平先生为了他的"禾下乘凉梦",一辈子躬耕田野,一梦逐一生。这个让全中国人能够吃饱饭、吃好饭的人,也让餐饮行业发生了巨大的变化。从20世纪七八十年代的"吃饭难"到九十年代的"吃饱",再到21世纪以来的不断追求吃特色、吃健康、吃营养、吃便捷、吃文化、吃休闲,中国餐饮行业发展势头强劲,也反映出人民对美好生活的不断追求。餐饮营销作为餐饮重要的经营活动,在激烈的市场竞争中发挥着重要的作用。为每一个顾客提供餐饮解决方案,引导顾客合理消费,是每一个餐饮营销人的责任。现在,我们要试着走入餐饮营销岗位,了解互联网餐饮营销的现状和发展趋势,启发餐饮营销的职业初心,努力将实现自己的个人价值和振兴餐饮行业融为一体。通过不断的学习和努力,振兴中国餐饮行业,让中国餐饮在世界舞台熠熠生辉!

思维导图

学习目标

1. 熟悉互联网餐饮营销的内涵和发展历程,掌握互联网餐饮营销的管理过程。

2. 掌握营销组合基本理论,树立正确的互联网餐饮营销理念。

3. 了解餐饮营销相关岗位的职责及要求,结合自身的特点,启发从事餐饮营销相关岗位的初心。

4. 熟悉互联网思维的内涵,掌握互联网思维在餐饮营销中的应用。

任务一　了解互联网餐饮营销

扫码看课件

扫码看微课

[职场闯关记]

营营和销销马上就要毕业了。在校学习期间,他们对餐饮营销产生了浓厚的兴趣,想要从事互联网餐饮营销相关岗位的工作。但是目前他们对餐饮营销尤其是互联网餐饮营销趋势的了解还不够深入。为了更好地做好职场准备,他们想深入了解想要入职的某大型连锁餐饮企业的餐饮营销发展情况。请你和他们一起尝试探索互联网餐饮营销的新世界吧!

▶ 任务描述

餐饮营销是餐饮企业重要的活动,互联网发展为餐饮营销带来了新的挑战和机遇。本任务介绍了互联网餐饮营销的基本内涵,互联网餐饮营销的发展历程及其主要特点等。

▶ 任务目标

(1) 理解餐饮市场的内涵及其当前的发展情况。
(2) 掌握互联网餐饮营销的主要内涵及餐饮营销管理过程。
(3) 理解餐饮营销组合(4P 理论、4C 理论、4I 理论)。
(4) 了解互联网餐饮营销的发展历程。
(5) 掌握互联网餐饮营销的特点。

▶ 任务导入

2023 年初,凭着"烤炉＋小饼＋蘸料"的烧烤灵魂"三件套",淄博烧烤在社交媒体上突然爆火,全国人民纷纷"进淄赶烤",带动了淄博文旅的发展。2023 年底,"哈尔滨冰雪大世界万人蹦迪"登上热搜,随后哈尔滨一系列"宠粉"操作持续引发关注,"南方人来东北冻梨都开始摆盘了""哈尔滨什么好东西都往外掏"等话题,"南方小土豆""冻梨摆盘"等"热梗"出现,冬季旅游顶流"尔滨"接住了这"泼天的富贵"。2024 年,裹满酱汁的丸子土豆、劲道酥麻的面筋面条、晶莹剔透的手擀粉……因为一碗麻辣烫,甘肃天水"火了"。这座因"天河注水"传说而得名的西北小城已成功接棒"尔滨",成为 2024 年网红城市。一碗"热辣滚烫"的麻辣烫吸引了全国大量食客前往打卡。如今,乘着互联网的东风,随着短视频社交媒体的传播,越来越多的地方特色美食被大家所熟知。一座又一座网红城市崛起,站在流量的风口浪尖上,不仅带动了当地的经济收益和相关产业的发展,也提高了城市的整体竞争力。

思考:互联网时代,营销需要转变思维,积极顺应市场变化。谈谈上述火爆全国的现象级事件对餐饮企业营销有哪些启发。

一、互联网餐饮营销的内涵

(一)什么是餐饮市场

1 市场的内涵 市场营销离不开市场,市场是市场营销活动的出发点和归宿。市场起源于古时人类对于固定时段或地点进行交易的场所的称呼,指买卖双方进行交易的场所。随着互联网的普及和技术的应用,我们早就可以足不出户购买全球的产品。因此,现代市场由具有现实需求和潜在需求的消费者群体所组成,是指某种产品的现实购买者和潜在购买者的总和。但是,我们对市场规模的判断不能简单地理解为购买者即"人",市场包含三个主要因素,即有某种需要的人,为满足这种需要的购买力及购买欲望(两者可合二为一,理解为需求)。据此,有的教材又把市场的内涵表述为:

市场=人口×购买力×购买欲望

构成市场的三个主要因素相互制约、缺一不可,只有三者同时存在才能构成现实的市场,才能决定市场的容量(大小)和规模。

首先要清楚需要、欲望、需求的含义。需要是无条件存在的,是客观实在的,是天生的,是人们想要得到满足但又没有得到时的心理感受,而欲望是人们想要得到某些基本需要的具体满足物的愿望,需求则是对于有能力购买并且愿意购买的某个具体产品的欲望。

所以,市场是指具有特定需要和欲望,而且愿意并能够通过交换来满足这种需要或欲望的全部潜在顾客。这种"全部潜在顾客"的总和便是市场的规模;"特定需要和欲望"便是市场的性质和特色;"需要和欲望"的强烈与否便是市场活跃程度的决定因素。

知识链接 1-1:
餐饮市场规模

2 餐饮市场的内涵 民以食为天,每个人都离不开餐饮。餐饮市场古已有之,从上述市场的描述不难看出,餐饮市场起源于人们外出时对餐饮产品及其服务的需求。如旅游者在游览美景之余,希望可以享用到当地的美食;火车上颠簸赶路的旅客期望一顿物美价廉、热气腾腾的饭菜;久未谋面的好友相聚,希望在欢畅叙旧之时能够大快朵颐;疲于奔波的"打工人"偶尔希望能够寻一幽静之所品品名茶、吃吃点心,放松身心……在各种餐饮消费需求的刺激之下,专门从事餐饮经营活动的供给者应运而生。随着社会生产力的迅速发展,人们生活水平的不断提高,人们的社会交往日趋频繁,家务劳动社会化程度日益提高,对餐饮产品的需求就越来越多元。因此,从街边小吃到高档酒店、从单一品类到综合产品,不同层次、不同类型的餐饮经营者能满足不同消费者的消费需求,餐饮市场也越来越丰富多彩。然而,不管如何变化,餐饮市场满足消费者基本餐饮需求的本质没有发生变化,不管什么形式的餐饮,都必须满足消费者吃喝的基本生理需求。

(二)什么是餐饮市场营销

1 市场营销的内涵 正确理解市场营销的内涵,并按照市场营销的理论开展工作是企业真正进入营销状态的起点。美国市场营销协会(American Marketing Association,AMA)给市场营销下的定义如下:市场营销是在创造、沟通、传播和交换产品中,为顾客、客户、合作伙伴以及整个社会带来价值的一系列活动、过程和体系。"现代营销学之父"菲利普·科特勒(Philip Kotler)认为:市场营销是指个人和群体通过创造并同他人交换产品和价值以满足需求和欲望的一种社会和管理过程。

我们可以从以下几个方面理解市场营销的内涵。

第一,市场营销分为宏观和微观两个层次。宏观市场营销是反映社会的经济活动,其目的是满足社会需要,实现社会目标。微观市场营销是一种企业的经济活动过程,它是根据目标顾客的要求,生产适销对路的产品,从生产者流转到目标顾客,其目的在于满足目标顾客的需要,实现企业的目标。

第二,市场营销活动的核心是交换,但其范围不仅限于商品交换的流通过程,而且包括产前和产后的活动。产品的市场营销活动往往比产品的流通过程要长。现代社会的交易范围很广泛,已突破了时间和空间的壁垒,形成了普遍联系的市场体系。

第三,市场营销与推销、销售的含义不同。市场营销包括市场研究、产品开发、定价、促销、服务等一系列经营活动。而推销、销售仅是企业营销活动的一个环节或部分,是市场营销的职能之一,不是最重要的职能。

❷ **餐饮市场营销的内涵** 餐饮市场营销是餐饮经营者为使顾客满意,并实现餐饮经营目标而开展的一系列有计划、有组织的活动,包括餐饮市场调研、选择目标市场、开发餐饮产品、为餐饮定价、选择销售渠道及实施促销等一系列活动。

从上述定义可以看出,餐饮市场营销具有以下几点要求。

（1）餐饮市场营销应满足顾客的需求。餐饮市场营销的首要任务是发现并满足顾客的需求。从事餐饮市场营销的人员应该努力了解与顾客需求相关的内容。如顾客已经有什么,他们还需要什么;顾客对自己的需求是否已经意识到,如果已经意识到,他们如何决策等。

（2）餐饮市场营销应具有连续性。餐饮市场营销是一个系统持续的过程,不是一次性的决策,因此应当按照计划有序地实施。

（3）餐饮市场营销需要各部门密切合作。餐饮企业任何一个部门都不可能独立地承担餐饮市场营销的全部工作,因此,必须发挥团队合作精神。

餐饮市场营销对餐饮业健康发展起着重要作用,它有利于招徕顾客、组织客源、扩大产品销售量,能够帮助餐饮企业获得良好的经济效益。

（三）什么是互联网餐饮营销

❶ **互联网餐饮营销的内涵** 互联网餐饮营销是传统餐饮营销在互联网环境下的新发展,它是基于互联网平台,运用信息技术与工具开展餐饮营销活动,以更好地满足顾客的需求,实现企业的营销目标。哈佛商学院约翰·戴顿（John Deighton）教授将21世纪的商业模式归结为三种力量:移动搜索、社交网络和电子商务。这三种力量重构了商业模式,互联网餐饮营销正是建立在此基础上的新营销方式。互联网餐饮营销以新手段、新理念为餐饮企业随时随地进行宣传推广,顾客可实时掌握相关动态和消息,与餐饮企业实现互动交流,解决对产品服务的困惑,产生更好的体验。

❷ **互联网餐饮营销的特点** 互联网餐饮营销已经成为重要的营销手段,有着与传统餐饮营销不一样的新特点。

（1）时空性。互联网的无国界、开放、全球性等特性,打破了现代餐饮的时空局限,可以随时随地开展营销活动。

（2）富媒体。伴随着各种新型媒体平台的出现,通过互联网可以对多种图文、声音、视频等信息进行传递交换,能充分发挥营销人员的创造性和能动性。

（3）交互性。由于技术的发展和渠道的便捷化,企业可以通过互联网与客户保持即时互动,针对客户的特征一对一进行个性化营销,实现新型的客户管理。同时可实时根据数据反馈调整相应的营销策略,提高营销效率。

（4）整合性。餐饮企业可以借助互联网的平台集合优势,实现多种营销手段、渠道、资源等的整合,形成对外营销的整体传播。营销也成为餐饮全员参与的工作。

(5)高效性。依托互联网所提供的资源,有效降低了信息搜集、沟通交流、支付结算等交易成本,也让客户、供应商、合作伙伴等参与到营销活动中,降低了企业的管理成本,提高了营销的效率。现在有专门的仅提供线上服务的餐厅,无需店面,可降低租金、人力、水电等成本,资金压力小。

(6)技术性。互联网营销建立在以高技术为支撑的互联网基础上,整合了计算机、通信、网络、信息、管理等不同门类的技术。餐饮企业实施互联网营销则必须拥有既懂营销又掌握各种技术的复合型人才,改变传统的组织形态,才能在未来的市场上具备竞争力。

二、餐饮营销组合

市场营销组合的概念最早由美国哈佛大学的尼可·波顿教授于20世纪50年代提出。尼可·波顿认为,企业市场营销的成败取决于企业运用市场营销组合的能力,即企业如何通过市场营销因素的有效组合,将产品销售给目标顾客。餐饮营销组合即营销手段,是指餐饮企业在目标市场上用来追逐其营销目标的一系列营销工具的综合运用。

(一)4P理论

传统的市场营销理论强调产品(product)、价格(price)、渠道(place)和促销(promotion)四要素。这种营销组合及方式称为4P营销,于1960年由美国市场营销学者杰罗姆·麦卡锡(Jerome McCarthy)提出,并得到学术界和社会各界的广泛认可与应用。在4P理论的指导下,餐饮企业只需要以目标市场为中心,围绕产品、价格、渠道和促销四要素制订灵活的营销组合,餐饮产品销售便能得到保障。在每种要素中又包含了一系列的具体手段,如产品策略中包含产品组合、产品生命周期、新产品开发手段等。整体营销组合与各个策略组合相互联系、共同作用,构成餐饮市场营销手段和方法的整体系统。

(二)4C理论

4C市场营销组合是美国市场营销学者罗伯特·劳特朋(Robert Lauteerborn)于1990年提出的,是指由顾客(customer)、成本(cost)、便利(convenience)和沟通(communication)组成的市场营销组合。

餐饮企业要重视顾客甚于重视产品。这体现在两个方面,一是餐饮企业创造顾客比生产产品更重要,二是满足顾客的需求和欲望比餐饮产品本身的功能更重要。

成本是指餐饮企业的生产成本要满足顾客的需求,除此之外,要考虑顾客的购买成本。这种成本不仅包括顾客的货币支出,还包括顾客为了获得餐饮产品所耗费的时间、体力和精力以及为此承担的各种风险。

便利则强调餐饮企业提供给顾客的便利比营销渠道更重要。在顾客选择餐饮产品前,餐饮企业就应当及时向顾客提供菜品食用方式、制作时间等各方面的准确信息,并提供自由选择、方便停车、免费外卖服务等便利,在顾客用餐后,重视顾客的反馈信息,及时处理顾客的意见,尽一切努力为顾客提供便利。

沟通则强调餐饮企业要重视与顾客的双向沟通,以多元的方式和顾客互动,建立新型的企业和顾客关系。尤其是在信息时代,如果不主动与顾客进行沟通,餐饮企业就难以维持稳定的客源。

(三)4I理论

创新、求变、与时俱进是营销发展的精髓。随着互联网的发展,企业意识到营销就是要更多地关注人,关注顾客的沟通方式、兴趣、行为及其变化趋势,顺势而为。美国西北大学教授唐·舒尔茨(Don E. Schultz)在20世纪90年代提出了营销的趣味性(interesting)、利益性(interests)、互动性(interaction)和个性化(individuality)四原则,也称为4I理论。

趣味性是吸引眼球并引发关注的前提。它强调营销传播过程要有趣味性、有话题度,要尽量选择一些公众关心和感兴趣的话题,策划和构思要能激发公众的想象力,激发其参与的冲动。通过这些趣味性的话题,引导公众关注产品或品牌理念、功能、价值。

利益性是促成购买的关键要素,体现顾客的价值认同。顾客只有认同该产品带来的利益和价值,才会愿意购买。这种利益和价值不单是经济上的,也包括实用性、娱乐性等方面。

互动性的目的是增强顾客黏性,其是传播理念、驱动市场发展的前提。只有抓住了顾客的兴趣点,才能引起关注、引发共鸣和参与,才能增强顾客黏性,才能在顾客的参与和互动中传播经营理念、引导市场。一个再好的创意,如果没有话题度、没有共鸣、没有互动,顾客只是看一眼、一笑了之,就无法"黏住"顾客,当然也就无法影响到顾客的思维方式和购买行为。

个性化是让顾客心理产生"焦点关注"的满足感。网络化的社会环境将会大大强化顾客在购买过程中的作用。个性化营销让顾客感觉到某个广告或营销活动就是专门为他/她设计的,更容易引发互动与购买行为。

互联网时代,餐饮企业要以趣味性、娱乐性或知识性的话题来引发公众的关注;以有利于大众的方式来引导顾客对产品的渴望;以新颖的思想、题材、方法吸引眼球,引发共鸣。营销信息的传播方式变成了"化营销为娱乐""让大家告诉大家""使受众自发成为活动的参与者或信息传播者""让广告或产品特点变成口碑,让顾客成为营销信息再传播的载体"。这种强调趣味性、利益性、互动性和个性化的 4I 市场营销组合模式更易被公众所接受,反映了互联网时代企业营销传播发展的规律和趋势。

营销关注的重心从产品发展到人、从企业盈利发展到顾客价值、从 4P 发展到 4C 甚至 4I,是时代发展和技术进步的产物。

三、互联网餐饮营销的发展历程

(一)营销 1.0 到营销 5.0

"现代营销学之父"菲利普·科特勒结合西方市场的发展规律,将市场营销的演进历程分为图 1-1 所示的七个阶段,在不同的营销阶段,都列出了重要的营销思想。同时,他又提出了另一种基于逻辑的进化路径,即从营销 1.0 到营销 5.0(表 1-1)。

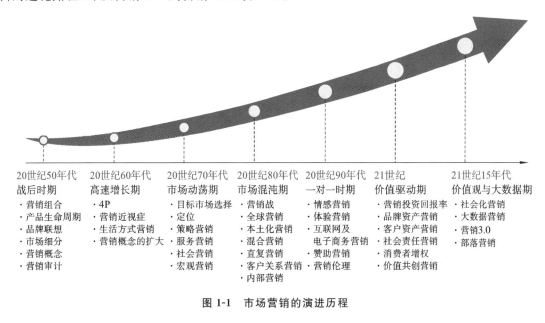

图 1-1 市场营销的演进历程

表 1-1　营销 1.0 到营销 5.0 的演进

项　目	1.0 时代 产品中心营销	2.0 时代 消费者定位营销	3.0 时代 价值驱动营销	4.0 时代 共创导向的营销	5.0 时代 以人为本的营销
目标	销售产品	满足消费者需要	让世界变得更好	自我价值的实现	提高消费者体验价值
推动力	工业革命	信息技术	新浪潮科技	价值观、连接、大数据、社群、新一代分析技术	以人为本的技术（AI、NLP、AR、VR、物联网、区块链等）
企业看待市场的方式	具有生理需要的大众买方	有思想和选择能力的消费者	具有独立思想、心灵和精神的完整个体	消费者是企业参与主体	消费者体验是核心
主要营销概念	产品开发	差异化	价值	社群、大数据	个性化、预测性营销
企业营销方针	产品细化	企业和产品定位	企业使命、远景和价值观	全面的数字技术＋社群构建能力	敏捷、数据驱动、情境化
价值主张	功能性	功能性和情感化	功能性、情感化和精神化	共创、自我价值的实现	预测性、AR 营销
与消费者互动情况	一对多交易	一对一关系	多对多合作	网络性参与和整合	整合与个性化

营销 1.0 时代：工业化时代以产品为中心的营销，这一时期，产品较为稀缺，消费者购买力不高，并且产品比较简单，以满足功能性需求为主。企业如果能够大规模生产，降低生产成本和售价，让消费者买得起，通常就能够卖出去。因此，这一时期是以产品为导向的。最典型的例子莫过于当年只有一种颜色的福特 T 型车——"无论你需要什么颜色的汽车，福特只有黑色的"。

营销 2.0 时代：这一时期，产品生产过剩，市场竞争激烈，消费者面临着较多的选择。西方发达国家信息技术的逐步普及使产品和服务信息更易被消费者获得，消费者可以更加方便地对相似的产品进行对比。在这个竞争激烈的时代，企业获得成功的黄金法则就是"消费者即上帝"。企业应关注消费者的需求，以消费者为导向，通过营销来实现差异化以获得增长。因此在这一时期，企业不仅需要生产出有功能差异的产品，还需要与消费者建立情感联系，树立良好的企业形象，因此企业越来越重视品牌建设。

营销 3.0 时代：随着消费者可选择的产品范围越来越大，企业和企业之间的产品、服务接近同质化，消费者可以通过互联网深入了解企业信息，那些通过编造故事来创造与消费者之间的情感连接的品牌将不被信任。所以 3.0 时代的营销理念提升到了一个关注人类期望、价值和精神的新高度。那些能够按照自己宣称的价值观，坚持可持续发展、承担应有的社会责任的企业往往能引起消费者的共鸣，从而产生购买行为并形成顾客忠诚。在营销 3.0 时代，企业之间靠彼此不同的价值观来区分定位。在经济形势动荡的年代，这种差异化定位方式对企业来说是非常有效的。

营销 4.0 时代：随着移动互联网和新的传播技术的不断发展，企业能够连续追踪消费者并和消费者深度交流，市场营销的重心开始转移到与消费者建立积极的互动，尊重消费者作为"主体"的价值观，让消费者更多地参与到营销价值的创造中来。在数字化连接的时代，消费者的行为轨迹都有痕迹,产生了大量的行为数据。通过数据洞察与满足消费者需求,帮助消费者实现自我价值,构建和消费者的深度连接,就是营销4.0时代的目标,它是以价值观、连接、大数据、社区、新一代分析技术为基础所造就的。

营销5.0时代:营销5.0是在消费者"代沟"、贫富两极化和数字鸿沟这三大社会问题的背景下出现的。营销5.0深度整合以人为本的技术,包括人工智能(AI)、自然语言处理(NLP)、传感技术、机器人、增强现实(AR)、虚拟现实(VR)、物联网和区块链等,帮助营销人员在整个消费者体验过程中更好地创造、传播、交付和提高价值。打造数据生态系统是实施营销5.0应用的先决条件。它能帮助营销人员开展预测性营销,为每一位消费者提供个性化和情境化的营销,AR营销可以帮助一线营销人员为消费者设计流畅的互动界面。所有这些实施要素都需要企业具备敏捷性,只有这样才能对市场变化做出实时响应。

随着技术的不断进步,营销的侧重点也会发生变化。但是不论如何发展,营销始终以人为中心,在为消费者创造价值的过程中影响消费者行为,从而实现营销目标。

(二)餐饮营销的发展

我国餐饮行业的发展起步较晚,真正起步是在改革开放之后。在1978年以前,人们极少外出吃饭。1979年,邓小平提出"要搞多赚钱的东西,可以开饭店、小卖部等",中国的餐饮行业才开始向前发展。但这时,餐饮行业连锁化、规模化程度还比较低,市场中以个体户、"夫妻店"为主,人们对餐饮的需求以吃饱为主。20世纪90年代开始,随着全国经济的高速发展,人们对吃的需求从最基本的吃饱过渡到"讲面子、讲排场"的消费。这一时期,以肯德基为代表的快餐进入中国市场,真功夫(1990年创办)、海底捞(1994年创办)、眉州东坡(1996年创办)等一批优秀本土餐饮企业逐步成长,后来成为餐饮行业发展的中坚力量。高端餐饮业迎来黄金发展期,成为许多餐饮企业竞相追逐的市场。餐饮企业的品牌营销意识正逐渐觉醒,希望通过品牌来实现独特个性。许多餐饮企业通过电视台、户外广告牌等区域性媒体渠道进行宣传,但还是缺乏全国性的餐饮品牌。

2008年,我国开始普及3G网络,新媒体的势力也不断加强,消费者移动端的使用更为频繁,一些创新性的餐饮品牌通过互联网营销取得了巨大成效,如2012年黄太吉的营销和2013年雕爷牛腩的营销。这些用互联网思维跨界餐饮的创业者,掀起了O2O(online to offline)的风潮,让传统餐饮人感受到互联网营销的震撼力量。随着4G技术的推广和应用,图文内容传播加上视频创作、直播平台的出现,给餐饮营销带来了新的变革,消费者更加关注餐饮品牌价值,消费需求回归理性。高端餐饮风光不再,许多"网红"餐饮也仅是昙花一现,社会餐饮成为主流。各类餐饮企业开始寻求更精准的细分市场,深挖消费者对餐饮产品的需求,通过差异化打造品牌,通过独特的价值主张吸引消费者,形成了众多品类的巨头,如蛙来哒、太二酸菜鱼、正新鸡排等。

随着具有高带宽、低延迟等特点的5G技术的推广应用,视频类社交平台成为餐饮企业营销的新主场。近年,直播带货逐渐风起,随着消费者餐饮习惯的改变,很多餐饮门店的线下客流量逐渐减少,很多餐饮品牌也开始尝试直播带货。AI、NLP、AR、VR、物联网和区块链等技术的发展,让餐饮企业能够实现对消费者一对一的个性化营销。餐饮营销的核心,就是要让消费者获得满意的用餐体验,为消费者创造价值,和消费者形成长期且稳定的关系。

四、互联网餐饮营销管理过程

对于大型连锁餐饮企业来说,门店是利润中心,而总部往往为了支持与保障门店正常运营与管理而设定相应的营销职能部门。营销职能部门重点通过调研分析与评估市场机会、选择和定位目标餐饮市场、设计餐饮营销组合、管理与控制营销活动等,指导与支持门店营销工作。对于门店来说,日常的营销工作主要是执行和落地公司的营销活动,做好餐饮产品的销售工作,开发与维护好客户,保证良好的客户体验,并及时反馈相关信息给营销部门。

互联网餐饮营销管理过程通常包括以下四个环节。

❶ **市场洞察** 进入餐饮市场前,首先需要了解市场动态,包括对国内外行业市场发展趋势进行分析和对行业政策进行分析与评估等以掌握市场整体情况,对客户在服务、环境、菜品、品牌等方面的需求趋势进行分析以掌握客户需求情况,对竞争对手及自身的优劣势进行分析以掌握市场竞争情况,从而发掘市场中的机会。

❷ **战略规划** 根据市场洞察中发掘的机会,展开市场细分,通过充分的评估选择能发挥自身专长的目标餐饮市场,根据市场变化并结合自身实际,进行科学的市场定位,以便在激烈的餐饮市场竞争中具有鲜明的特色。

❸ **设计营销组合** 首先做好餐饮产品开发设计,结合目标市场客户的用餐场景,对产品、服务、环境、相应支持系统等进行规划,根据产品开发流程来开发新产品,并确定价格、营销渠道和促销方式。为保障客户在各门店都能获得一致的用餐体验,餐饮产品在上市之前需要制定详细的标准,在菜品制作、服务提供方面都要反复设计、优化和验证,最终通过培训实现在各门店落地执行。

❹ **市场管理** 根据市场营销战略,结合企业实际情况,设计、执行、控制营销活动。通过现代互联网技术,企业能够更加快速地收集市场反馈并及时调整营销策略,对整个营销过程进行管理控制,从而获得更优的营销效果。互联网餐饮营销管理过程是一个系统工程,是餐饮企业经营管理的核心,它贯穿于餐饮产品产、供、销过程的始终,体现在餐饮业经营活动的各个方面,成功的互联网餐饮市场营销需要餐饮企业各部门之间的高度协同。

知识小测

➡ **小试牛刀**

通过对以上互联网餐饮营销相关知识的学习,你是不是对互联网餐饮营销有了一定的了解?接下来,请你以具体的餐饮企业为对象,帮助营营和销销深入了解想要入职企业的互联网餐饮营销情况。

任务闯关卡

任务名称	探索互联网餐饮营销
成果形式	某餐饮企业互联网营销发展案例和展示PPT
成果要求	1. 案例:主要包含餐饮企业基本情况、企业市场营销发展情况(重点分析近年该餐饮企业营销在4P方面的变化,当前的营销在4I上的体现等)、未来市场营销发展建议。 2. PPT要求:以精练的文字和精美的图片、视频等展示案例内容,并由小组成员代表或集体分工合作进行汇报

完成路径

1. 小组成员分别查阅资料,分析和探讨当前互联网餐饮营销的现状和发展趋势。

2. 小组选定一个连锁型餐饮企业,分工合作查阅文献资料及微信、微博、抖音、小红书等社交平台上的资料,全面了解该餐饮企业互联网营销情况,思考该餐饮企业发展过程中营销重心的变化,并将收集的资料进行总结和分享。

3. 小组集体讨论该餐饮企业近年在产品、价格、渠道、促销等方面的变化,当前是怎样利用互联网进行营销的,形成一致看法后分工完成总结案例和展示PPT

互联网餐饮营销发展迅速,变化万千,每个人都可以有自己的见解。大家可以通过和同学、企业人员、老师进行多方交流,提出不一样的观点。

在完成本次任务的过程中,你遇到了哪些困难和疑惑?你是怎么去解决的?将你在完成本次任务过程中的收获、困惑、反思及改进措施等记录下来吧!

探究与反馈

☺ 收获:

☹ 困惑:

❓ 反思及改进措施:

任务二 认知餐饮营销岗位

[职场闯关记]

营营和销销大致了解了互联网餐饮营销以后,更加坚定了要从事餐饮营销相关工作的想法。于是他们开始查找餐饮营销岗位的招聘信息,但面对各个平台上五花八门的招聘信息,他们也开始发愁了,到底哪种类型的岗位更适合他们呢?为了实现高质量就业,请你和他们一起深入了解餐饮营销岗位的具体要求,选择适当的岗位,备战面试吧!

扫码看课件

扫码看微课

任务描述

餐饮营销岗位类型丰富,了解餐饮营销岗位职责与具体能力素质要求对从事餐饮营销相关工作有重要意义。通过对本任务的学习,深入了解餐饮营销岗位情况,结合自身兴趣、特点与能力,明确努力方向,提升目标岗位所要求的能力素质,提高岗位胜任力。

任务目标

(1) 了解餐饮营销的主要岗位及岗位职责。
(2) 掌握餐饮营销岗位的能力素质要求。
(3) 能结合自身实际明确职业目标,提高餐饮营销相关能力素质。

任务导入

2014年,即将毕业的北大法学硕士张天一,出乎意料地在北京开了一家名为伏牛堂的米粉店。很多人不理解,为什么一个学法律的大学生要去开米粉店?甚至有人说他浪费了钱和资源,浪费了国家对他的培养。张天一却认为:"做自己喜欢的事,体验过程而非结果,纵使将来扫大街,若能获心安,也自认是人生大温暖"。

如今过去十年了,伏牛堂也升级为"霸蛮"。"霸蛮"是湖南方言,有拼命三郎、执着不服输的意思。湖南有一句俗语:"吃得苦,耐得烦,霸得蛮"。张天一就是认准了米粉这个品类,坚持在这个领域深耕,如今拥有近二百家线下门店,全国铺设4万多个渠道终端,连续3年占据天猫湖南米粉品类销量第一,已获得亿元人民币B+轮、C轮融资。张天一不仅对"霸蛮"进行了数字化、品牌化、标准化和产业化创新,还打造了"霸蛮大学",希望用20年时间培养超过一万名一流的中国现代服务业人才。从他的种种做法来看,以终为始规划,选择并坚持,敢想敢为,拥抱变化并创新发展,或许是他能够在米粉这个品类中脱颖而出的诀窍。

> 思考:你怎么看待北大法学硕士毕业后卖米粉?请你结合自己将来的从业方向,思考你现在应当做好哪些职场准备。

知识精讲

一、餐饮营销岗位设置

餐饮企业的营销岗位设置与其他行业的营销岗位设置类似,主要有市场类、销售类和客服类三大类岗位。

市场类岗位职能主要有市场调研、市场定位、市场策划、市场推广等,重点负责销售的前端引导和中期服务督导。在餐饮营销管理全过程中,需要紧密关注市场动态,制定恰当的营销策略。

销售类岗位是餐饮营销岗位中需求量较大的一类岗位,通常需要在门店进行菜品、酒水、团餐等的销售,集团也可以设置专门的销售岗位,重点负责或指导某一类型产品或某区域的销售。

客服类岗位主要负责不同类型顾客的开发、维护与管理工作,提高顾客满意度。实际上,餐饮企业全体员工都要以顾客为中心,配合营销部门开展全员营销。

在互联网时代,不同类型岗位的职责虽各有不同,但都需要学会收集与分析市场数据,借助大数据、企业内部数据等来更好地了解市场,以做出正确的营销决策,更好地满足顾客需求,实现可持续发展。

二、餐饮营销岗位职责与要求

(一)餐饮营销市场类岗位

餐饮营销市场类岗位主要设置在餐饮企业总部的营销职能部门中,对于全国性的餐饮企业,也可根据实际情况分区域来设置市场类岗位。市场类岗位中的市场研究员通常需要根据餐饮企业的具体类型,通过各种方式来收集信息,时刻洞察行业中宏观、微观环境的变化趋势,为企业的各项决策提供重要依据。市场策划岗位通常服务于品牌与产品的传播,负责策划线上线下营销活动,并具体执行与评估活动效果。市场推广类岗位侧重于拓展产品销售渠道,负责组织线上线下市场推广活动。市场类岗位中的管理岗位综合性较强,通常需要负责制订年度市场工作目标和营销方案,负责编制年度、季度、月度营销策划方案、广告策略及广告计划等,对于所管辖的市场区域进行洞察,时刻紧跟市场趋势。餐饮营销市场类岗位职责与要求见表1-2。

表1-2 餐饮营销市场类岗位职责与要求

岗位名称	岗 位 职 责	岗 位 要 求
餐饮市场研究员	1. 协助产品规划经理工作,制订市场调研计划,组织、实施、指导市场调研活动,并编写市场调研报告。 2. 建立健全市场信息收集系统,定期收集调研信息,为本部门各项工作提供决策支持。 3. 根据公司及部门需求,对宏观经济及相关行业进行分析,并出具分析报告。 4. 根据公司产品管理的需求,有针对性地设计调研问卷、开展调研活动,并分析调研结果,为决策提供支持。 5. 定期研究顾客的消费行为习惯。 6. 与外部调研机构保持良好的关系和对接	1. 优先市场营销、工商管理、企业管理类专业,或在餐饮门店工作3年以上,对餐饮市场有浓厚的兴趣。 2. 有敏锐的市场洞察力,对顾客需求、顾客体验有较强的前瞻性。 3. 有较强的归纳总结能力、逻辑思维能力和沟通能力,能够独立进行方案汇报
餐饮市场区域总监	1. 根据市场趋势、用户洞察及竞品分析,细化产品定位,制定产品策略和产品规划。 2. 制订和实施现有产品的升级优化工作流程,包括产品架构设计、产品组合优化、包装升级。 3. 组织制定区域年度营销战略与市场规划,编制区域年度、季度、月度营销策划方案,根据不同渠道特点统筹节庆、主题、季节活动,形成市场策略和落地方案。 4. 基于年度产品规划进行各阶段的产品推广、传播活动规划与执行。 5. 指导并参与线上线下市场推广合作。开拓市场业务,建立公司的市场运作体制。 6. 负责产品策划开发、产品设计、新品政策推出、新品投放进程跟踪落实	1. 擅长品牌定位梳理、品牌推广执行,具备完整的产品管理经验,善于洞察顾客需求、市场机会,准确分析竞争态势,制定行之有效的产品策略。 2. 具有相关行业企业产品规划、市场营销工作经验。 3. 沟通与表达能力强,能有效整合各方资源。 4. 一般要求具有餐饮门店销售经验或餐饮门店负责人工作经验,市场营销类专业优先

(二)餐饮营销销售类岗位

一般情况下,大众餐饮门店不单独设置专门的销售岗位,而是通过深入的市场调研、产品研发、优化菜单结构和门店环境等来引导顾客消费。中高档餐厅为了提高顾客体验,促进产品销售,会设置专门的销售经理岗位,其主要工作内容有为顾客参谋点菜与配菜,进行餐饮产品销售、营销活动执行、顾客开发与维护等,具体岗位职责与要求见表1-3。

表1-3 餐饮门店销售经理岗位职责与要求

岗位名称	餐饮门店销售经理
岗位职责	1. 负责顾客点餐和预订工作,针对不同顾客群体搭配销售不同餐饮产品。 2. 征询及反映顾客的意见和要求,通过面销、地推、陌拜、电话访问、社交媒体联络等方式进行门店新顾客的开发和老顾客的维护,做好顾客回访和跟进。 3. 承接并落实门店的销售任务,落实门店的销售工作和营销策略,配合销售团队完成销售目标。 4. 分析和响应顾客个性化需求,为顾客提供用餐解决方案。 5. 配合服务人员完成顾客进店消费过程的接待服务
岗位要求	1. 性格热情大方,语言组织表达能力强,有较强的沟通、协调、应变能力,有较强的团队意识及服务意识。 2. 掌握一定的餐饮产品知识和市场分析能力,善于学习。 3. 形象气质佳,对身高有一定要求,通常女生身高1.58米以上,男生身高1.70米以上。 4. 大专或以上学历(有的企业无学历要求)。 5. 有餐饮或星级酒店销售工作经验者优先

餐饮门店直接面向市场,将餐饮产品提供给顾客,对市场的变化有着最直观的感知。因此,餐饮门店除了销售餐饮产品的重要职责外,还需要将市场动态随时反馈给企业市场营销职能部门,并参与到餐饮产品的设计、开发与验证工作中,以提供更符合顾客需要的餐饮产品。餐饮门店从基层服务人员到前堂经理、店长等中高层管理人员,都需要有正确的营销观念和营销意识。

在公司总部,一般会设置销售总监,全面负责公司的销售业务,制订与分解销售目标,建立与培养销售团队,指导所有门店的销售工作等。有的还会根据公司的业务特点设置专门的产品销售经理,负责如酒水、餐饮企业在售的其他生鲜、预制菜品类、节假日礼盒类等某一类或几类产品的销售。

(三)餐饮营销客服类岗位

中高档餐厅的销售类岗位人员既需要销售菜品,又需要做好顾客的开发与维护工作等。互联网的广泛应用,自媒体的日益兴起,使得餐饮企业也需要花费大量的时间与精力维护好线上顾客。例如,一些开通外卖、电商平台销售、直播销售等渠道的餐厅,需要在售卖前为线上顾客答疑解惑,跟踪每一笔订单的服务情况及订单完成后顾客的评价参与度和好评情况等。大多数餐饮企业会在总部设置客服类岗位,专门负责企业的会员管理、大顾客服务等,通过对顾客的跟踪管理,可为门店精准营销和企业的各项经营活动提供重要参考,具体岗位职责与要求见表1-4。

表 1-4　餐饮营销客服类岗位职责与要求

岗位名称	岗 位 职 责	岗 位 要 求
大顾客服务经理	1. 负责全国各区域内顾客的各种业务对接与商务洽谈，包括团餐、宴会、新零售等。 2. 深度洞察顾客需求，根据公司战略开发新客群，寻找大顾客进行谈判，促成买卖和业务成交。 3. 重点追踪公司大顾客，对高销高频顾客进行管理追踪。 4. 不断优化大顾客等开发及运营管理。 5. 协助顾客服务总监开展其他顾客运营工作，如举办顾客答谢会、品鉴会等活动	1. 有较强的语言表达能力和沟通能力，有较强的销售能力。 2. 与潜在顾客维持良好的关系并高效地解决工作中出现的问题。 3. 有规划，执行力强，有责任心和服务意识，具有较强的抗压能力和事业心。 4. 有优秀的谈判能力、数据分析能力、学习能力以及沟通协调能力，能熟练运用办公软件
会员管理经理	1. 负责会员管理体系的维护和完善，提升用户体验，增加有效会员数量及提高活跃度。 2. 负责会员资料、会员生命周期的管理，对会员进行分析和筛选，重点负责新注册会员的转化、活跃用户的重复购买、流失用户的唤醒。 3. 与外部异业企业进行商务谈判，获取资源。不断提高会员活跃度，提升会员销售额占比，提高会员价值贡献率。 4. 负责会员营销体系的制定，活动的策划实施及预算控制，并对结果进行分析评估和总结。 5. 通过对会员数据的收集、分析、评估，挖掘潜在目标顾客的特征与属性，建立顾客分层，制定相应的精准营销策略并定期进行策略的回顾与调整。 6. 通过对企业会员数据的挖掘和分析，为运营、商品、技术提供支持和建议。 7. 定期提供会员营销日常报表，包括日报、周报、月报，发现会员营销指标数据异常波动，负责原因查找并汇报	1. 团队意识强，具有强烈的责任感，坚持原则，执行力强。 2. 熟悉会员系统的操作流程，工作细心，有一定的数据分析能力。 3. 逻辑思维能力强，有较强的活动策划能力。 4. 有出色的沟通能力，能够独立完成与外部异业企业的合作洽谈并执行异业企业的合作活动。 5. 有创新意识，具有良好的策划和数据分析能力，善于从用户数据中发现用户深层次需求

除上述岗位之外，餐饮企业中还有许多岗位承担着营销的部分职能，如外卖经理、酒水销售经理、新媒体运营经理、活动策划经理、产品开发经理等。现在许多中小微餐饮企业出于人力资源成本的考虑，往往设置综合性营销岗位，因此既能掌握基本的营销知识和技能，又能运用适合企业的自媒体平台和手段进行宣传推广的综合型人才更受欢迎。

三、餐饮营销人员需要具备的条件

营销活动是企业塑造形象、建立声誉的有效方式。它要求从业人员必须具有优秀的道德品质和高尚的情操，在代表企业进行社会交往和关系协调过程中，不谋私利，为人正直。在本职工作中，尽心尽责，恪尽职守，发挥专业能力服务好每一位顾客。

从上述主要餐饮营销岗位的工作内容来看，餐饮营销人员必须具备一定的条件，才能够胜任营销岗位的要求，具体来说，包括基本素质、知识和能力三方面。

（一）餐饮营销人员应具备的素质

❶ 爱岗敬业　爱岗敬业指的是忠于职守的事业精神，这是职业道德的基础。爱岗就是热爱自己的工作岗位，热爱本职工作，敬业就是要用一种恭敬严肃的态度对待自己的工作。餐饮行业是一个"勤行"，我们一旦选择从事餐饮营销工作，就要热爱餐饮行业，认同餐饮营销职业，忠于职守，有较

强的事业心和责任心，认真负责地完成本职工作，在营销工作中实现自己的价值，享受职业自豪感。

❷ **团队合作** 团队合作是一种为了达到共同目标而共同合作、努力的精神。餐饮产品是一种复杂的、体验性极强的产品，既有有形的菜品和酒水等，又有无形的服务和环境等。要让顾客获得良好的产品体验，餐饮营销人员要学会团队合作，包括与前厅、后厨等工作人员的合作，充分协调团队和个人的优势能力，为顾客提供良好的体验，才能更高效地完成营销目标。

❸ **诚信友善** 诚信即诚实守信，友善即友爱、与人为善。诚信是餐饮营销人员必须具备的基本道德，要想赢得顾客，必须以诚待人。现实中有人为了一己私利不惜虚假宣传，损害顾客利益，到最后只会把顾客越推越远。友善则是善待他人，真诚的微笑、开朗的心胸，加上亲切的态度，能够让他人更乐于接受你。诚信友善包含着餐饮行业中"以顾客为中心"的服务意识和理念。要想在餐饮行业中长久立足，只有站在顾客的角度思考问题，诚实守信，与人为善，不唯利是图，方能成就更好的自己。

❹ **意志坚定** 餐饮营销人员要洞察复杂多变的市场环境，要面对形形色色的顾客，难免要受委屈、有矛盾、有压力，因此餐饮营销人员需要有坚强的意志，有较强的抗压能力，能应对工作中的困难和挫折。一是树立积极、向上的工作态度，严格要求自己，自我赋能。二是遇到各种问题能够泰然处之，正确面对，耐心、细致地为每一位顾客服务，并主动寻求解决方式，能够承受压力。三是在职场中能够坚守底线，不轻易受利益的诱惑，保持自己和企业良好的形象。

❺ **创新精神** 餐饮营销是有一定开拓性、创新性的工作，竞争激烈、瞬息万变的餐饮市场对餐饮营销人员提出了更高的要求，唯有不断创新才能与时俱进。创新需要持续学习，勇于自我革新。在营销中创新并非颠覆式、激进式的创新，更多的是精益求精、紧跟市场变化趋势。在餐饮产品同质化越来越严重的市场中，要不断去拥抱新的变化，运用新的营销理念、手段和方法来更好地满足顾客的餐饮消费需求，把握创新变革的先机。同时要以问题为导向，要敢于正视问题，善于发现问题，长于分析问题，寻找解决问题的方式，为创新指明方向，才能在竞争激烈的市场中脱颖而出。

（二）餐饮营销人员应具备的知识

❶ **熟悉相关的政策法规** 餐饮营销人员需要了解餐饮行业中重要的法律法规，熟悉企业所在地区餐饮经营、销售的方针、政策等，尤其要掌握《中华人民共和国广告法》《中华人民共和国消费者权益保护法》等与餐饮营销密切相关的法律。随着互联网技术的发展，餐饮营销人员在利用互联网进行营销的同时，也需要熟悉《中华人民共和国电子商务法》《互联网广告管理办法》等法律法规，做合法合规的餐饮营销人员。

❷ **掌握丰富的餐饮产品知识** 餐饮营销人员必须了解餐饮产品的特点、优势、价格和适用的用餐场景，熟悉菜品原材料、烹饪制作技艺、营养搭配、包装等方面的知识，熟悉各类酒水的基本常识和常见的酒水品牌以及菜品与酒水的搭配知识，对各地区各民族的饮食风俗、历史等知识也应有所了解。只有具备了这些基础知识，才能够为顾客提供有针对性的服务，为顾客提供最优的用餐方案。

❸ **掌握餐饮营销的专业知识** 餐饮营销人员必须熟悉营销岗位基本工作流程和营销管理过程，熟悉常用的市场调研与分析方法，掌握餐饮产品销售的方法和技巧，熟悉新媒体平台以及线上线下推广的方法和技巧，掌握餐饮营销活动的策划流程与开展方法，掌握营销数据分析要点与复盘技巧等。此外，餐饮营销人员必须熟悉营销工作的基本礼仪，掌握消费心理学的理论知识，掌握顾客维护与开发方法，才能更好地服务和满足顾客的需求。

（三）餐饮营销人员应具备的能力

❶ **良好的沟通能力** 餐饮营销人员需要与顾客建立良好的关系，有效地传递餐饮产品信息，解答顾客疑问，树立良好的形象，因此，良好的沟通能力是餐饮营销人员必备的基本能力。餐饮营销人员需要倾听顾客的需求和反馈，能够将餐饮产品的特点、价值传达给顾客，具有一定的谈判技巧、协调能力和资源拓展能力，能够根据顾客的情况解答其困惑，方可获得顾客的信任。同时，餐饮营销是一个全员参与的过程，餐饮营销人员还需要和不同部门沟通协作，与同事、领导、下属等进行沟通。

技能手册 1-1：
高情商
沟通技巧

针对不同的对象用不同的方式进行沟通是做好营销工作的重要前提。"听懂"对方的话,正确处理各种信息,进行恰当的表达,都是餐饮营销人员应具备的重要能力。

❷ 洞察与分析能力　餐饮营销人员应该有敏锐的市场洞察力,能从复杂的营销环境中发掘市场中的主要问题、机会点,能敏锐地捕捉顾客的需求,洞察行业发展趋势。同时,餐饮营销人员要学会在互联网带来的海量信息中,搜集餐饮行业和市场发展的相关信息,但如何收集到真实的信息,筛选出有效的信息,灵活把握和利用不同的信息资源,这就需要餐饮营销人员具备较强的信息收集整理能力和严谨的分析判断能力。餐饮营销人员要通过对餐饮宏观环境、顾客消费行为、竞争趋势、销售情况等相应数据的分析与挖掘,准确研判市场发展趋势,学会利用数据分析来做出最正确的决策,进而实现营销目标。

❸ 活动策划与执行能力　餐饮营销人员要能够策划有创意的营销活动,明确活动的具体目标,通过巧妙地构思、精心地设计、严谨地组织与安排,撰写科学可行、适应市场需求的营销策划书。同时要具备有效执行营销活动方案的能力,能够负责内外部资源的沟通、衔接与整合,切实推进线上线下营销活动的开展,包括前期准备、预热、活动的组织与安排、活动结束后的复盘、突发事件处理等,最终达到传播品牌、提升销售额、树立良好的企业形象等目的。一个优秀的活动策划人员要能够及时复盘,评估营销活动的效果,并总结经验教训,为新的活动策划方案提供重要参考。

❹ 新媒体营销能力　传统餐饮线下的营销活动非常重要,但现代餐饮必须线上线下有机融合。互联网信息高度过载,顾客的注意力越来越难以捕捉。餐饮营销人员要掌握顾客的新媒体平台偏好,熟悉平台的规则,结合不同平台特性做好内容策划。通过个性化的手段,制作有吸引力的内容并在新媒体平台传播,更有利于提高信息传播的效率和信息的利用率,加强与顾客的互动,建立和顾客的有效连接。此外,餐饮营销人员要收集、研究网络热点话题,具备敏锐的"网感"和追踪热点的能力,及时跟进网络热点事件,结合不同新媒体平台的特性,制定营销策略。

▶ 小试牛刀

知识小测

通过对餐饮营销相关岗位职责与要求以及餐饮营销人员需具备的素质、知识和能力的学习,你是不是对餐饮营销岗位产生了一定的兴趣?接下来,请你帮助营营和销销寻找合适的岗位,做好相应的职场准备。

任务名称	启发餐饮营销职业初心
成果形式	我眼中的餐饮营销是这样的
成果要求	1. 视频:将小组理解的餐饮营销岗位以视频的形式展现出来。 2. 要求:以精练的文字和精美的图片、视频等展示你理想中的餐饮营销岗位的具体工作职责与要求以及职业发展路径,并提出为实现这个职业目标,你后续努力的方向。视频时长2~5分钟

完成路径

1. 在各大招聘网站上搜索餐饮营销岗位招聘信息,至少查找出 5 条感兴趣的岗位招聘相应信息并保存下来,总结岗位要求与相应待遇。

2. 在了解岗位基本情况以后,与专业老师、周围从事餐饮工作的学长学姐或亲人朋友进行交流,深入理解餐饮营销的实际工作内容以及职业发展路径,思考在这个领域沉淀与发展需要具备哪些特质。

3. 对照企业的招聘需求和与他人沟通交流收获的信息,你认为自己当前还有哪些方面有所欠缺,请制订合理的提升计划以弥补这些欠缺,使自己符合理想岗位的要求。

4. 小组展开讨论,综合相关素材,分工合作制作视频

互联网餐饮营销发展迅速,营销岗位的内容也在发生变化。通过收集相关信息,明确当前餐饮营销岗位的具体内容,对比自身的兴趣爱好和优劣势,提前做好职场准备,为将来进入职场打好坚实的基础。请和你的小组成员一起探讨交流你们对餐饮营销岗位的认识。

在完成本次任务的过程中,你遇到了哪些困难和疑惑?你是怎么去解决的?将你在完成本次任务过程中的收获、困惑、反思及改进措施等记录下来吧!

探究与反馈

☺ 收获:

☹ 困惑:

😕 反思及改进措施:

任务三　形成餐饮营销的互联网思维

[职场闯关记]

营营和销销通过自己的努力,终于进到一家大型连锁餐饮企业工作。营营在集团总部的市场营销部担任职员,而销销则在一个商场门店中从事餐饮销售工作。企业对新员工进行了相应的培训,在培训和向资深员工学习的过程中,都提到了要有互联网思维。营营和销销既感兴趣又有些疑惑。为了更好、更快地理解并逐渐形成餐饮营销的互联网思维,请你和他们一起探索互联网思维吧!

任务描述

互联网深刻影响餐饮业,成为加速推进餐饮业变革的强大动力。互联网思维是立足于互联网去思考和解决餐饮实际问题的一种思维,是所有餐饮从业人员需要形成的思维。通过对本任务的学习,了解互联网思维的内涵、特征及其在餐饮营销中的应用,初步具备基于互联网思维分析餐饮营销问题的能力。

任务目标

（1）理解互联网思维的内涵。
（2）理解用户思维、流量思维、平台思维、大数据思维、迭代思维、跨界思维,并知晓其在餐饮营销中的应用。
（3）能运用互联网思维分析餐饮营销的具体问题。

任务导入

2023年9月,贵州茅台与瑞幸咖啡推出的联名咖啡"酱香拿铁"上市,业界两大"流量"的跨界联合一下就引起了网友们的关注。当天,"酱香拿铁"销售火爆,"酱香拿铁""瑞幸回应喝茅台联名咖啡能否开车""满杯茅台去咖啡液""瑞幸客服回应酱香拿铁不加咖啡液"等多个相关话题冲上微博热搜。新消费品牌和资深老字号,新事物咖啡和传统产物白酒,咖啡的"醒"和白酒的"醉"……多重反差感和冲突感形成了事件天然的话题点,让这次联名大获成功。

2023年9月,某火锅馆联合抖音生活服务心动上新日开展三周年庆直播,持续3天。该火锅馆前期邀请多位明星大咖拍VCR为直播进行活动预热;创新直播场景,联动国家4A级景区康定情歌（木格措）,把火锅搬上高原,沉浸式展现"美景+美食";借助"抖音生活服务心动上新",提升引流效率。直播首日,抖音直播总交易额达1亿元,直播间曝光量达3000万,荣登抖音平台团购带货榜全国周榜第一名。此次活动为该火锅品牌带来了22万新顾客,为品牌官方抖音号带来5.1万新粉丝。

> 思考：你认为上述餐饮企业营销获得成功的关键是什么？这些营销事件中体现了什么样的互联网思维？

知识精讲

一、互联网思维的内涵

互联网思维这一概念最早是由百度创始人李彦宏先生提出的。2007年,李彦宏提出"以一个互联网人的角度去看传统产业,会发现太多的事情可以做"。2011年,他提出"互联网思维",认为无论是否居于互联网相关行业,做事的方式应当逐渐"互联网化"。后来,互联网思维被越来越多的企业家提出,尤其是成功运用互联网思维来进行运营的企业家们不断对其进行归纳和总结。赵大伟在《互联网思维——独孤九剑》一书中提到,互联网思维是指在（移动）互联网、大数据、云计算等科技不断发展的背景下,对市场、对用户、对产品、对企业价值链乃至对整个商业生态进行重新审视的思考方式。

综合业界和学术界的观点可知,互联网思维是一种系统化思维,具有鲜明的时代特征,以互联技术为思维基础,以重视、适应、利用互联网为思维指向,具有互联网开放、平等、互动、协作、共享的特点和规律,并重视收集、积累、分析数据,用数据来思考和解决问题。

二、互联网思维在餐饮营销中的应用

互联网思维与我们的生活息息相关,它的应用是极其广泛的,不管是传统的农业,还是信息技术(IT)行业,互联网思维都在深刻地影响着行业的发展与变革。对于餐饮业这个传统行业来说,要保持活力,持续向前发展,必须紧跟时代发展趋势,用新的思维来引领行业转型发展,而互联网思维无疑是引领改革发展的核心理念之一。

营销的本质包含三个方面:谁是消费者?消费者的需求是什么?如何满足消费者的需求?而互联网的出现,在企业和消费者之间架起了一座"沟通"的桥梁,它使得餐饮产品和服务的展示变得更为快捷、便利和精准,有效解决了信息不对称的问题,这也给营销带来了新的机遇和挑战。学会运用互联网思维是每一位企业家必修的课程。只有运用互联网思维进行营销,才可能取得更好的市场回报,否则很有可能被淘汰出局。

(一)用户思维

互联网的发展已经打破了传统的信息不对称,所有的信息更加透明化,且由点对点的单向传播转为多点对多点的多向传播。在互联网的传播模式中,每个人既是信息接收者,又都可以成为信息的生产者和传播者。在信息产生和传播的过程中,每个节点上的普通用户拥有了越来越多的选择权和话语权。因此在互联网这张大网中"人"成为关键、核心,"用户思维"自然也成为互联网思维的核心。

知识链接 1-2:
用户思维
的特征

在这种情况下,餐饮企业要重新认识"以用户为中心"的理念。尤其是随着大众点评、美团等第三方餐饮平台的出现,用户有了更多的参与感,喜欢分享与表达,话语权进一步增强,"用户的声音更有影响力"。一切要以用户的需求为导向,一切都要围绕用户构建,而其他思维则在不同层面围绕着用户思维进行延伸。简而言之,就是用户要什么,就提供什么;用户什么时候想要,就什么时候提供;用户想从什么渠道获得,就用什么渠道提供;用户没想到的,要提前帮他想好,用户想到的,要提前帮他准备好。所以餐饮企业不论在市场定位、品牌规划、产品创新还是在用户体验设计上,都要从满足用户需求的角度出发,为用户提供价值。

(二)流量思维

对于企业而言,在激烈的市场竞争中,高关注度就意味着高知名度,这样用户在消费的时候选择的概率就大。互联网企业以"流量"为王,传统的餐饮企业更需要"流量思维",也就是要充分意识到流量的重要性,并且懂得如何让流量产生价值。在传统商业街的商业模式中,人流量大的地方,餐饮门店生意自然更好,租金也就更贵。同样的逻辑也适用于互联网。

餐饮的"流量"可以从美团、抖音、小红书、大众点评等平台获取。平台上的位置也和线下一样,流量越大的位置(平台首页)营销成本越高。所以许多餐饮企业开始建立自己的、能直接触达的、可重复利用的"私域流量"。有的餐饮企业创始人也开始成为企业的代言人,例如老乡鸡的创始人束从轩通过"手撕员工减薪联名信""召开土味十足的战略发布会"等都狠狠抓住了用户眼球,不仅降低了营销费用,也带来了极大的流量。

(三)平台思维

平台是在提供某种核心价值的基础上,能够将内部与外部、外部与外部联系起来的载体。平台通过连接消费和供给来创造价值,并不断进行自我完善。平台能够聚合双边甚至多边的资源和利益,扩大市场规模,打造共赢的商业生态圈。互联网的平台思维就是开放、共享的思维。平台思维的重点,在于打造一个完善的、成长潜能巨大的、多方共赢的"生态圈"。只有这样才能吸引足够多的流量,再通过流量思维做好营销,获取收益。

对于餐饮企业来说,可以自己打造平台,也可以充分利用好现有平台。当前餐饮企业有了更多的销售渠道和途径,选择新平台来购买餐饮产品的消费者也越来越多。互联网时代,要用平台思维来开展营销,打造全平台营销模式,打破销售壁垒,全方位覆盖传统渠道和新媒体渠道,多方位多角度触达消费者,延长品牌、产品推广的长尾效应。

(四)大数据思维

大数据是一种思维、思考、方法论。基于数据的不稳定性,大数据思维方式是不对结果做假设,只根据海量数据做出相关性分析和规律判断,判断概率大小、相关性强弱,将餐饮中的不确定性变成确定性。

如何应用餐饮大数据?一是进行餐饮行业趋势分析。餐饮创业初期要面对的问题,如做什么品类?卖什么菜品?选在哪个城市?周边人群的消费习惯是什么?……通过大数据可以获得答案。如:喜茶提出打造区别于工业风的舒适风,就是基于餐饮环境数据分析得出的结论。好利来在门店形象设计上更偏年轻化,也是因为数据显示其消费主力趋向于年轻人。二是采集用户消费行为,对消费群体做精准营销。当移动支付、外卖接入餐饮后,餐厅对于会员消费行为的搜集开始区别于传统单一的会员储值方式:通过移动互联网,基于用户消费行为数据描绘用户画像,掌握用户的口味喜好,让用户在不经意之间得到更好的体验,才是保持用户黏性的最佳方式。移动互联网的出现,让数据搜集变得更加容易,让大数据变成一种信息资产,成为餐饮企业了解消费者、调查市场、调整品牌布局的重要依据。三是餐饮企业要基于大数据来指导经营管理,通过整合线上线下数据指导运营管理、食品安全管理、人才管理、供应链管理,每一个环节都需要深度挖掘数据来支持科学决策。

(五)迭代思维

在传统企业中,做产品时需要不断完善产品,等产品几近完美时才投放到市场。而在互联网思维中讲究"小步快跑,快速迭代"。迭代思维是以用户的需求为目标进行产品的不断重复升级,由此使得产品最大限度地符合用户需求的思维。

迭代思维要求以最快速度对市场做出反应,从小处出发不断更新产品,同时提出小处着眼、微创新的创新流程。现在的餐饮市场,每天都有新的餐饮品类凭空出世,一般的小餐馆或许还可以"一招鲜吃遍天",但规模越大的餐饮企业,越需要产品的更新迭代和持续创新。迭代思维就是不断发现用户需求,并满足其需求的过程,其核心就是快和重复,快是迭代的必然要求,重复是迭代的表现形式。在快速迭代的过程中,必须让足够多的用户参与和反馈,让用户参与产品或服务完善的整个环节,根据他们的意见快速调整产品,这样就可将日常营销自然融入产品迭代完善的过程中去,达到事半功倍之效。

餐饮企业每一次新产品的上线,都是一个绝佳的营销机会,既可以持续地给用户提供新鲜感,提高用户体验,还可以借机激活不活跃的用户。当然,更多的精力还是要放在产品的迭代上,很多餐饮品牌崛起得快,消失得也快,就是因为它们虽然利用互联网思维,不断创新和迭代,但却没有用心经营最基础的产品,最终被用户遗弃。

(六)跨界思维

"这是一个摧毁你,却与你无关的时代;这是一个跨界打劫你,你却无力反击的时代;这是一个你醒来太慢,干脆就不用醒来的时代;这是一个不是对手比你强,而是你根本连对手是谁都不知道的时代。"这是马云在第二届互联网大会中对跨界思维的看法。随着互联网和新科技的发展,很多产业的边界变得模糊,跨界成为必然趋势和普遍现象。

所谓跨界思维,是一种新型的思考理念与思维模式,通过嫁接不同行业或领域的理念和模式,或

知识链接 1-3:
互联网思维
应当坚守
的底线

者对其进行创新或改造,让原本毫无关系甚至相互矛盾的行业或领域相互渗透、相互融合,从而创造出全新的体系、结构或流程。它不仅代表着一种时尚的生活态度,更代表着一种新锐的思维特质。服饰店＋咖啡厅、KTV＋火锅、书店＋甜品、超市＋餐厅,以及瑞幸咖啡和贵州茅台推出的联名咖啡"酱香拿铁"等,就是将两种或者多种的业态或品牌,跨界或融合在一起,以适应新的消费理念,增强品牌活力,实现"1＋1＞2"的效果,甚至产生更大的利润与隐形效益。

除上述思维以外,互联网思维还有更多的内涵,如简约思维、极致思维、社会化思维等。对于传统餐饮企业来说,能掌握上述任何一种思维并且应用到经营过程中,可能就会有较为明显的效果。但凭借一个思维的转变带来的用户增长是短暂的,餐饮企业要想取得可持续的高质量发展,就需要跳出现有的餐饮行业经验的束缚,多学习互联网和其他行业增长背后的逻辑,再与餐饮企业的实际经营有机结合,不断探索与创新,才能实现真正的发展。

 小试牛刀

知识小测

任务闯关卡

任务名称	探索餐饮营销的互联网思维
成果形式	餐饮企业互联网思维应用案例
成果要求	1. PPT:主要内容包括餐饮企业简介、互联网思维应用的具体做法、对餐饮营销的启示。 2. 要求:以精练的文字和精美的图片、视频等展示餐饮企业在营销过程中应用互联网思维的具体做法,并总结该做法对其他餐饮企业的营销有何启示,并由小组成员代表或集体分工合作进行汇报
完成路径	1. 小组共同选择一个感兴趣的餐饮营销事件或连锁型餐饮企业(建议选择近两年的餐饮百强企业),分工合作查阅文献资料,通过微信公众号、微博、抖音、小红书等新媒体平台收集该餐饮企业的相关信息,了解该餐饮企业在互联网思维上的应用,并将收集的资料进行总结与分享。 2. 结合对互联网思维的理解,小组探讨该餐饮企业在营销过程中应用了哪些互联网思维,具体的做法有哪些,这些做法给该餐饮企业带来了哪些好处,还有没有可以改进和提高的地方。 3. 根据小组讨论的结果,分工合作完成案例总结,并将其做成PPT,在课堂上与其他小组进行分享

项目一　认识互联网餐饮营销

探究与反馈

餐饮行业作为影响居民生活的重要行业,在"互联网+"的时代背景下,催生了许多"网红"餐饮,很多老字号品牌也转变了营销和经营方式。结合自己的餐饮消费经验,通过收集相关资料了解互联网思维在餐饮企业中的应用,有助于帮助我们形成餐饮营销的互联网思维。通过分组总结典型案例并进行分享,可以帮助大家开阔视野,对互联网思维有更多新的认知。

在完成本次任务的过程中,你遇到了哪些困难和疑惑?你是怎么去解决的?将你在完成本次任务过程中的收获、困惑、反思及改进措施等记录下来吧!

☺ 收获:

☹ 困惑:

❔ 反思及改进措施:

实战演练

结合本项目所学,请你根据对互联网餐饮营销的了解,结合自身的实际情况,选择一家你未来想要入职的连锁型餐饮企业,在课程学习中持续跟踪学习,掌握其互联网餐饮营销的主要做法和最新动态,为以后入职与晋升打下基础。

闯关小结

通过本项目的闯关,营营和销销了解了互联网餐饮营销的内涵,理解了餐饮营销组合,也初步认识了互联网餐饮营销的发展历程和管理过程。通过收集相关的餐饮营销岗位信息,他们了解了不同营销岗位的职责与要求,也明确了自己的职业发展方向,在深入学习中逐渐形成互联网思维。这些任务的完成,让他们对互联网餐饮营销有了清晰的认知,也对职场发展有了科学的规划,并明确了后续的学习方向。营营和销销作为职场新人,通过前期的努力,终于顺利获得中意的餐饮营销岗位。面对接下来的职场挑战,营营和销销也摩拳擦掌,期待有更大的成长空间。

项目一
案例分析

项目二

剖析餐饮顾客行为

项目引入

2022年3月6日,习近平看望参加全国政协十三届五次会议的农业界、社会福利和社会保障界委员,并参加联组会。他指出"要树立大食物观"。"大食物观"总体可以理解为中国居民饮食消费迎来革命性升级。人民群众对美好生活的需要反映在吃饭问题上,就是更加丰富多样、营养健康的餐食供应,更加方便快捷、优质高效的服务等。现代餐饮企业唱"林草戏"、念"山海经"、打"科技牌",让人们餐桌越来越丰盛,满足了消费者越来越高的需求以及变化多端的口味要求,带来了更美好的"幸福味"。后疫情时代下,中国餐饮触底反弹,开始稳步复苏,预计未来消费者消费支出保持不变的占48.7%,小幅增加的占30.2%,大幅增加的占9%。但消费者心理却发生了明显的改变,消费理念将更趋理性,对于餐饮的偏好也从追求品牌和档次转向了具有"健康""质价比"的小型餐饮场景(《中国餐饮发展报告2023》)。如何更好地满足餐饮消费需求,把握餐饮消费者,是餐饮企业得以生存和发展的关键影响因素。尤其是在竞争愈加激烈的今天,洞察消费者需求和趋势,掌握他们的消费需求、消费动机、购买行为及其变化特点,才能更好地为消费者开发更有价值的餐饮产品,制定有针对性的营销策略,采用有效的营销手段来适应和满足消费者的饮食需求,让中国人的餐桌更丰盛,提升"舌尖上的幸福感"。

思维导图

学习目标

1. 了解餐饮顾客的基本需求,掌握需求的相关理论,能结合数据客观分析餐饮顾客需求。

2. 熟悉互联网背景下餐饮顾客购买行为模式,能熟练分析餐饮顾客的购买行为。

3. 理解基于餐饮顾客行为的营销漏斗,能掌握如何在不同阶段影响餐饮顾客的购买行为。

4. 了解顾客画像的意义,能够构建餐饮顾客画像,并运用餐饮顾客画像制定营销策略。

5. 理解餐饮顾客体验的内涵,掌握顾客满意度和顾客让渡价值的概念,能根据顾客体验地图优化顾客用餐体验,培养忠诚顾客。

任务一　分析餐饮顾客需求

[职场闯关记]

销销所在的中高档餐厅近期想要对外卖产品进行优化升级,在此之前需要先了解外卖顾客需求。为了让销销尽快熟悉工作,经理将这个任务交给了他,希望他能够收集信息,以全面掌握外卖顾客需求,为外卖产品优化升级提供参考。请你帮助销销一起完成这项任务吧!

任务描述

顾客需求是驱动餐饮企业发展的动力,在市场营销活动中,分析顾客需求是最基础的工作之一。通过对本任务的学习,了解需求的内涵、类型与相关理论,掌握分析餐饮顾客需求的流程与技巧。

任务目标

(1)厘清需要、欲望、需求的区别与联系。
(2)掌握互联网背景下餐饮顾客的主要需求。
(3)理解并能结合餐饮实际运用马斯洛需要层次理论和KANO模型。
(4)掌握分析餐饮顾客需求的流程与技巧。

任务导入

2022年,美团外卖面向餐饮商户推出"繁盛计划"。2023年,美团外卖宣布升级"繁盛计划"。这个计划旨在助力餐饮业的复苏和发展,特别是通过升级外卖服务来支持新店的成长和老店的更新。它涵盖了从店面管理、产品营销到客户服务的多个方面,使用了以人群洞察为核心的"BETTER"经营模型,覆盖潜在(base)、发现(expose)、兴趣(thrill)、尝鲜(tempt)、复购(enhance)、忠诚(rely)六大人群类型。这个模型帮助商户满足不同人群的多元需求,从而实现可持续增长和客群资产沉淀。

西贝莜面村通过参与美团外卖的"繁盛计划"有效地触及更广泛的客户群体,同时利用数据洞察来优化菜品和服务,从而提高客户满意度和订单量。西贝莜面村外卖的主要购买用户为25~39岁的女性,占比超70%。同时这个群体也可细分为两个群体:25~30岁主要为年轻、白领女性,偏好一人食、健康餐;31~39岁多为有家庭、有孩子的高净值女性,偏好家庭餐。为了让目标用户群体更好地解决就餐问题,西贝莜面村外卖便深耕一人食、亲子餐与家庭餐。西贝莜面村成功地将传统正餐模式转变为适合外卖的业务,在2023年,西贝莜面村的外卖营业额突破20亿元,营业收入同比增长25%,订单量同比增长35.5%,外卖收入占其整体营业收入的33.5%。

> 思考：请从顾客需求的角度尝试分析美团外卖以人群洞察为核心的"BETTER"经营模型对餐饮企业有何帮助。西贝莜面村是如何在这一背景下获得外卖业务的快速突破的？

 知识精讲

一、需要、欲望、需求

在市场营销中，常常会提到需要和需求，这二者是有区别的。人的需要（need）通常指的是由于没有得到某些满足而感到缺乏的感受状态，包括对食品、服装、温暖和安全的基本生理需要，对归属和情感的社会需要，以及对知识和自我表达的个人需要。例如渴了想喝水、饿了想吃饭、困了想睡觉等。这些需要不是由企业营销活动创造出来的，而是客观存在于人类本身的生理组织和社会地位状况之中。

欲望（want）是指对具体满足物的愿望，它是在需要的基础上，明确了想要某种东西。例如一个人早起饿了想吃早餐，他的具体满足物可能是一碗热气腾腾的米粉，也可能是牛奶和面包，或者油条、豆浆等。如西方人饿了可能需要汉堡包、油炸薯条和可口可乐，而中国人可能希望得到米饭和菜肴。

需求（demand）是指一定时期内，在一定的价格水平下，顾客愿意并且能购买某种产品的数量，它是购买欲望和购买力的统一。

如上所述，可以用图2-1来把握需要、欲望与需求的关系。餐饮企业营销活动不能创造需要，但是可以通过开发合适的餐饮产品、开展有效的营销活动，来刺激顾客的购买欲望，进而产生对餐饮产品的需求并形成购买行为。

图 2-1 需要、欲望与需求的关系

二、马斯洛需要层次理论

美国心理学家亚伯拉罕·马斯洛（Abraham H. Maslow）从人类动机的角度提出需要层次理论。该理论认为，人的一切行为都由需要引起，而需要系统又包括五种由低级到高级的不同层次的需要：生理需要、安全需要、归属与爱的需要、尊重需要、自我实现需要。马斯洛的需要层次呈现出金字塔形，在最低端的是生理需要，在最顶端的是自我实现需要（图2-2）。

生理需要是人类维持自身生存的最基本要求，是推动人行动的最强大的动力，包括饥、渴、衣、住、行等方面的要求。生理需要没有被满足，人们可能会什么都不想，只想让自己活下去。

安全需要是人们需要安全、稳定、受到保护、有秩序，能免除恐惧、威胁、痛苦与焦虑等。安全需要得不到满足，人们可能感受到身边事物的威胁，觉得这世界是不公平的或危险的，从而变得紧张焦虑、彷徨不安等。

归属与爱的需要也称为社交需要，指人要求与他人建立情感联系，以及隶属于某一群体并在群体中享有地位的需要，包括被人爱与爱他人、交友融洽、人际关系和谐、被团体接纳等。如果该需要没有得到满足，人们可能因为没有感受到身边人的关怀，而认为自己活在这个世界上没有价值。

尊重需要既包括对成就或自我价值的个人感觉，也包括他人对自己的认可与尊重。具体表现为

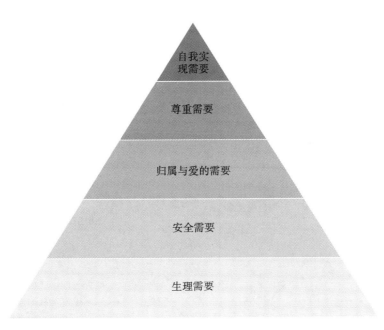

图 2-2　马斯洛需要层次理论

认可自己的实力和成就、独立、渴望赏识与评价、重视威望和名誉等。若尊重需要得不到满足,人们可能变得很爱面子,或是用积极行动获得他人认同,也很容易被虚荣心控制。

自我实现需要是最高层次的需要,是指追求自我理想的实现,充分发挥个人潜能和才能的心理需要,也是创造力和自我价值得到体现的需要。若自我实现需要得不到满足,人们可能会觉得自己的生活被空虚感、无意义感推动着,要去做证明自己的事。

在马斯洛看来,需要的产生由低级向高级的发展是波浪式推进的,在低一级需要没有完全满足时,高一级需要就产生了,而当低一级需要的高峰过去了但没有完全消失时,高一级需要就逐步增强,直到占绝对优势。同一时期,一个人可能有几种需要,但每一时期总有一种需要占支配地位,对行为起决定作用。任何一种需要都不会因为更高层次需要的发展而消失。各层次的需要相互依赖和重叠,高层次的需要发展后,低层次的需要仍然存在,只是对行为影响的程度大大减小。

> 思考:马斯洛需要层次理论对于分析餐饮顾客需求有何启示?

三、需求分析模型:KANO 模型

KANO 模型是东京理科大学教授 Noriaki Kano 于 20 世纪 80 年代提出的,该模型从需求实现程度和用户满意度两个维度将用户需求分为以下五类(表 2-1),不同类型用户需求实现程度和用户满意度之间的关系见图 2-3。

表 2-1　用户需求类型

类　　型	特　　征
必备型需求/ 基本型需求	需求得到满足时,用户不会感到满意。当需求得不到满足时,用户满意度会大幅降低
期望型需求	用户满意度和用户需求实现程度及优化程度呈线性关系,即当提供或优化此需求时,用户满意度会提高,当不提供此需求时,用户满意度会降低。通常作为竞品比较的重点

续表

类型	特征
魅力型需求/兴奋型需求	超出用户预期,能让用户惊喜,带来比较高的忠诚度。用户满意度和用户需求实现程度呈指数函数关系,如果不提供此需求,用户满意度不会降低,若提供此需求,用户满意度随着需求实现及优化程度的增加会有很大提高
无差异型需求	用户根本不在乎的需求,该需求被满足或未被满足,都不会影响用户的满意度
反向型需求	用户完全没有此需求,若提供此需求,用户满意度反而会下降

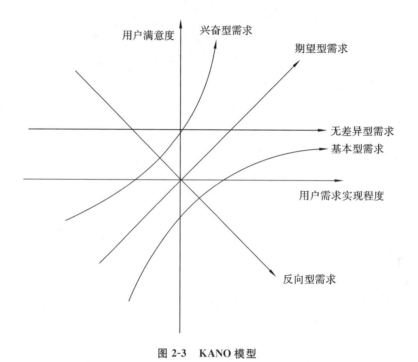

图 2-3　KANO 模型

KANO 模型对于分析顾客需求时确定需求的优先级有重要作用。通常情况下,需求的优先顺序为基本型需求＞期望型需求＞兴奋型需求＞无差异型需求＞反向型需求。

四、餐饮顾客的需求

随着"90 后""00 后"等逐渐成为餐饮消费主体、消费升级意识的觉醒和移动互联网的大规模发展,顾客对用餐的需求也发生了巨大变化。顾客用餐早已不满足于吃饱吃好,更注重整个消费过程的愉悦感及其提供的社交功能。不同顾客的就餐需求不同、就餐动机不同、消费行为和习惯不同,甚至同一顾客在不同的消费场景下,如家庭聚餐、商务宴请、朋友小聚等,对于餐饮产品和服务的要求也不同。餐饮企业要想更好地把握顾客,就要深入洞察顾客的真正需求。

知识链接 2-1:
情绪与情感的外部表现

通常情况下,餐饮顾客的需求有两类:一类是显性的需求,往往是基本的需求;另一类是隐性的需求,需要企业去洞察与挖掘,以满足顾客多元化、个性化的需求。

对于餐饮顾客而言,基本的需求往往包含以下五个方面:一是菜肴美味可口,二是餐厅干净卫生,三是用餐价格合理,四是就餐环境舒适,五是希望得到尊重。这些是餐饮顾客非常明确的需求,一旦能够得到满足,就能够获得餐饮顾客的认可,从而让餐饮企业能够稳定发展。

隐性的需求往往是餐饮顾客渴望获得的,包含以下五个方面:一是菜品安全健康,二是营养全面均衡,三是希望能被欣赏与被重视,四是希望个人隐私安全,五是希望达到用餐目的。这些隐性的需求一旦能够获得满足,就能够获得忠诚的顾客,企业便可从维持生存走上品牌扩张的道路。

以上需求更多的是基于顾客在餐饮门店用餐的情形。除此之外,在移动互联网时代,顾客习惯在移动终端搜集信息,为餐饮购买决策提供参考。因此,顾客期望更方便、快捷地获取餐饮信息,同时渴望拥有更丰富的外卖产品选择;对于外卖产品和配送服务,顾客尤为注重质量保障。

▶ 小试牛刀

知识小测

任务闯关卡

任务名称	分析餐饮顾客需求
成果形式	餐饮外卖顾客需求分析
成果要求	通过调研收集信息,分析餐饮外卖顾客的需求,结合 KANO 模型,对餐饮外卖顾客需求进行筛选与分类,并提出具体的建议
完成路径	详见二维码
探究与反馈	餐饮顾客需求分析能为营销活动提供有价值的依据,也是餐饮企业日常的工作内容之一。在本次任务中,必须明确外卖顾客是谁、他们的需求以及满意度等。 在完成本次任务的过程中,你遇到了哪些困难和疑惑?你是怎么去解决的?将你在完成本次任务过程中的收获、困惑、反思及改进措施等记录下来吧! ☺ 收获: ☹ 困惑: ❓ 反思及改进措施:

扫码看课件

扫码看微课

任务二　分析餐饮顾客购买行为

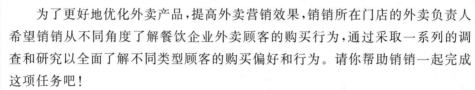

[职场闯关记]

为了更好地优化外卖产品,提高外卖营销效果,销售所在门店的外卖负责人希望销售从不同角度了解餐饮企业外卖顾客的购买行为,通过采取一系列的调查和研究以全面了解不同类型顾客的购买偏好和行为。请你帮助销售一起完成这项任务吧!

任务描述

掌握餐饮顾客的购买行为能有效指导餐饮企业的营销工作。通过对本任务的学习,熟悉餐饮顾客的购买动机,理解互联网背景下的消费者购买行为,为更好地开展餐饮营销工作打好基础。

任务目标

(1) 厘清需要、动机、行为之间的联系。
(2) 熟悉餐饮顾客的主要购买动机。
(3) 理解互联网背景下的消费者购买行为。
(4) 掌握互联网背景下消费者购买行为的不同阶段的主要营销目标。

任务导入

随着消费者对健康生活方式的关注不断增加,健康茶饮正成为饮品市场的新潮流。2024年8月22日,喜茶(HEYTEA)推出新品"减糖·椰椰芒芒"。这一新品的推出,是在今年3月"轻负担"系列产品成功的基础上,进一步探索茶饮健康化的又一创新尝试。"轻负担"系列产品,包括11款创新茶饮,凭借低糖、低热量的特点迅速火爆全网,深受年轻人的追捧。据统计,这一系列的饮品销量已接近3000万杯,显示出极高的市场接受度和消费潜力。

"减糖·椰椰芒芒"产品的特别之处在于它的低糖配方,使用了喜茶创新的"0糖椰乳",相较常规版"椰椰芒芒"饮品,含糖量最高可减少29%。这种显著的减糖效果,使得新品一经推出便引起了消费者的广泛关注,特别是在注重健康、追求低糖饮食的年轻消费者群体中大受欢迎。

此次新品"减糖·椰椰芒芒"的成功,正是因为它精准地迎合了当代消费者对于健康、低糖饮品的需求。喜茶通过与知名健身博主合作,不仅赋予产品健康、低糖的属性,更通过社交媒体和影响者营销,将新品打造成时尚、健康生活方式的象征。消费者在选择这一产品时,不仅是为了享受美味的饮品,更是在参与一种健康、时尚的生活方式。这种创新和情感结合的策略,使得喜茶能够在竞争激烈的市场中脱颖而出,成为年轻一代"自我疯传"的茶饮品牌。

思考：请问喜茶"减糖·椰椰芒芒"的成功秘诀是什么？请试着从消费者角度进行分析。

 知识精讲

一、餐饮顾客购买动机分析

（一）顾客购买需要、动机与行为的联系

顾客购买行为的主要动力是满足其需求和期望。餐饮企业需要了解顾客的喜好、口味、饮食习惯以及消费水平，从而提供相应的产品和服务。

购买动机是顾客购买需要与其购买行为的中间环节，具有承前启后的中介作用，对购买行为有始发功能、导向功能和强化功能。影响顾客购买动机的因素有很多，包括产品质量、品牌形象和声誉、价格策略、营销和宣传、服务质量、创新和差异化、顾客体验等。

餐饮顾客的购买动机与购买行为之间的关系是十分复杂的，同一动机可以引起种种不同的行为；同一行为也可以由种种不同的动机所引起（图2-4）。如：人们去餐厅设宴请客、聚餐，其行为都是吃饭，但他们的需要、动机就不一定相同。餐饮营销人员应洞察不同顾客用餐的需要和动机，提供相应的饮食和服务，来满足不同顾客的需要，使其感到满意，这样才能做好餐饮营销工作。

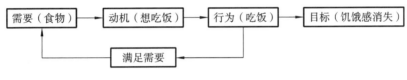

图2-4　需要、动机、行为和目标关系图

（二）了解餐饮顾客的购买动机

购买动机就是促使顾客实施购买的驱动力，这种驱动力可能受到自身经验的影响，也可能受到成长环境或价值观的影响。

餐饮顾客的购买动机主要有以下几种。

❶ **追求温饱**　在追求温饱的购买动机影响下，餐饮顾客会追求物美价廉的餐饮服务，以吃饱为主要目标，对价格较为敏感，对菜品的口味、样式等要求不高。

❷ **追求健康**　追求健康的饮食已成为餐饮顾客的重要购买动机。尤其是在中老年和儿童餐饮消费群体中，外出就餐时更加追求营养搭配、绿色有机、合理膳食等。这类消费群体十分重视菜品的营养价值，一般要求餐饮企业提供安全、营养、绿色的食品。

❸ **追求便利**　在快节奏与"宅"生活的社会环境中，人们总是更多地期望就餐便利、高效快捷。餐饮企业在选址时应优先考虑便于顾客就餐的区域，如居民区、办公区、商业密集区，提供高效、方便的服务，如提供各种移动支付方式、外卖服务、代客泊车服务，甚至厨师到家服务等。

❹ **追求社会交往**　人们外出就餐通常是将就餐地点作为家庭聚会、工作聚餐、商务洽谈、朋友见面的场所，以满足社会交往的需求。具有这种购买动机的餐饮顾客会更加注重餐饮企业的风格与品位、环境与氛围，而价格和菜品反倒不是关注的焦点了。

❺ **追求新奇**　现在越来越多顾客外出就餐率较高，在享受美食和追求餐饮服务质量的同时更加注重菜品样式、口味的创新，服务的奇特、新颖，并以此作为选择餐饮企业的重要因素。许多顾客也热衷于"种草""拔草"。新奇的菜品、环境、服务都会吸引顾客前来"打卡"。

❻ **追求特殊需要**　有些餐饮顾客会选择与其消费目标相匹配的就餐场所，如举办公司年会、婚

姻庆典等的餐饮顾客一般对餐饮企业有特殊的要求,如是否具有大小合适的场地、完备的硬件设施、周到的服务以及一定的品牌影响力等。

二、互联网背景下的消费者购买行为

(一)消费者行为模型

消费者行为模型能够为企业的品牌推广、运营活动、产品设计、体验设计提供指导,有效地避免过多尝试而带来的高成本投入与浪费,帮助企业制订更加合理、有效的营销与设计方案(图 2-5)。产品以及产品销售所处市场环境的营销策略是根据消费者的文化、社会和个人特征进行制定的,同时也受到消费者心理,如动机、感知、情感和记忆的影响。其反过来又影响消费者的购买决策过程;这一购买决策过程包括识别需要、寻找满足该需要的最佳方案、评估现有选择,从而做出最终的决定,即何时何地购买、购买什么、购买多少及如何支付。

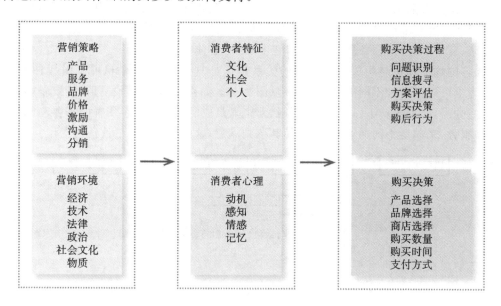

图 2-5 消费者行为模型

随着互联网的不断发展,消费者行为也不断发生改变,但任何购买行为都是有迹可循的。消费者在下单前,可能在多个地方接触过餐饮产品信息,或者搜索过同类产品,最后才决定选择某餐厅用餐。用餐结束后,消费者可能会给出好评或差评,然后通过微博、抖音、小红书等平台分享自己的经历,可能还会向熟人推荐该餐厅。基于消费者行为的改变,出现了不同的消费者行为模型。

1898 年,美国广告学家 E. S. 刘易斯提出了 AIDMA 消费者行为模型,认为消费者从接触信息到进行购买要经历五个环节:引起注意(attention)、产生兴趣(interest)、购买欲望(desire)、记忆(memory)、购买行为(action),即通过广告或其他营销手段引起消费者的注意和兴趣,进而使消费者产生购买欲望,对商品信息进行记忆,形成一定的品牌认知,并在一定刺激下实施购买行为。

2005 年,日本电通集团提出了 AISAS 消费者行为模型:注意(attention)、兴趣(interest)、搜索(search)、行动(action)、分享(share),即当广告引起消费者的注意和兴趣后,消费者会主动对品牌和商品信息进行搜索,继而产生购买行为,并通过社交媒体分享消费体验。

北京大学刘德寰教授提出了具有去媒体性质的 ISMAS 消费者行为模型:兴趣(interest)、搜索(search)、口碑(mouth)、行动(action)和分享(share),即通过具有差异性的广告引起消费者兴趣,使消费者主动进行信息搜索,关注产品的口碑,根据其口碑信息来支撑自己的消费决策,并通过社交网络分享自己的消费体验。

从大众媒体时代的 AIDMA 消费者行为模型到互联网时代的 AISAS 消费者行为模型,再到针对移动互联网的 ISMAS 消费者行为模型,消费者行为模型随着社会发展变化而不断改变,营销模式也围绕消费者行为不断变革。根据新的消费者行为模型,不断寻求与时俱进的营销方法,将是餐饮企业在未来市场竞争中制胜的关键。通过理解和优化每个阶段的消费者行为和需求,餐饮企业可以有效提升客户转化率,并最终增加销售额。结合餐饮行业的具体情况,餐饮品牌可以利用社交媒体平台和多元化的内容营销策略,吸引和留住消费者,从而实现品牌的长远发展。

(二)基于消费者行为的营销工具——营销漏斗

餐饮企业在营销过程中,需要结合消费者购买行为的不同阶段采取针对性的策略来吸引、留住和转化消费者。营销漏斗正是这样的工具,它能分析目标消费者群体购买产品时每个阶段的流转过程,帮助企业找到薄弱环节。通过营销漏斗可以清楚了解消费者最容易流失的环节,分析流失原因,并制定更合适的策略。

❶ **引流阶段(吸引潜在消费者)** 获取流量是所有营销活动的基础。这个阶段的重点在于吸引潜在消费者访问和关注某餐饮企业的品牌或产品。餐饮企业需要通过社交媒体广告、搜索引擎优化(SEO)、内容营销等向潜在客户传达品牌信息和产品优势。例如利用短视频平台(如抖音、快手)发布关于餐厅环境、菜品特色和烹饪过程的视频,以吸引更多关注者。

❷ **转化阶段(将潜在消费者转化为实际消费者)** "转化"指的是让消费者选择某餐饮企业的同时,变为实际消费者,促使他们购买产品。最主要的内核就是需要有独特的价值主张。"独特的价值主张"强调消费者在面临众多选择时为什么要选择你?你必须给出一个极具吸引力的购买理由。餐饮企业可通过提供有价值的内容和优惠活动来增强消费者参与度和转化率。

(1)优惠活动:推出限时折扣、会员优惠、买一送一、首次订餐优惠等活动,吸引消费者进店消费。

(2)在线预订:提供方便快捷的在线预订服务,减少消费者等待时间,提升消费者体验。

(3)消费者体验:注重餐厅环境、服务质量和菜品口味,提高消费者满意度,促使消费者再次光临。

❸ **复购阶段(促进消费者重复购买)** 复购是指让消费者多次购买某产品。当消费者选择购买之后,除了这个产品本身的独特价值之外,餐饮企业要优化消费者的购买路径,持续提供高质量的产品和优质的服务,提高消费者在每一个环节的满意度。

(1)会员制度:通过会员积分、折扣等方式鼓励消费者多次消费。例如,开展会员日活动,会员可享受专属折扣。

(2)客户关系管理(CRM):利用 CRM 系统记录客户消费习惯和偏好,定期推送个性化推荐和优惠信息。通过客户评价和反馈,及时调整菜单和服务,提高客户满意度和回头率。

❹ **裂变阶段(消费者推荐和传播)** 当消费者认可了某餐饮企业的价值主张,并且对整个用餐过程都非常满意的时候,他们便会主动分享给他们的朋友,主动为餐饮企业做口碑传播。这个时候,餐饮企业要设计促成传播的行为机制和裂变购买机制。

(1)社交分享:鼓励消费者在社交媒体上分享用餐体验,利用消费者的社交圈进行口碑传播。例如,推出"分享照片赢取优惠券"的活动。

(2)推荐奖励:实施客户推荐奖励机制,鼓励老客户推荐新客户。例如,老客户推荐新客户成功消费后,双方均可获得优惠券。

▶ 小试牛刀

分析餐饮顾客购买行为的意义深远,能够帮助营销人员了解餐饮顾客结构,发现餐饮企业存在的具体问题并提供解决思路,从而提升销量。接下来,我们一起帮助销售完成餐饮外卖顾客购买行为分析的任务吧!

知识链接 2-2:购买意向和购买决策的干扰因素

知识小测

技能手册 2-1：
外卖购买
频次诊断

知识拓展 2-1：
消费者购买
行为的
影响因素

任务闯关卡

任务名称 ▶ 分析餐饮顾客购买行为

成果形式 ▶ 餐饮外卖顾客购买行为分析报告

成果要求 ▶ 精准分析餐饮外卖顾客购买行为特征

完成路径 ▶ 选择你经常下单外卖的餐饮企业，结合上述餐饮顾客购买行为的相关理论，分析其购买行为特征。在收集顾客信息、对顾客购买行为进行分析的过程中，可以参考二维码中的内容

探究与反馈 ▶ 餐饮外卖顾客是餐饮客源的重要组成部分，分析餐饮外卖顾客购买行为能为更好地提高顾客满意度与提升外卖订单量打下基础。

在完成本次任务的过程中，你遇到了哪些困难和疑惑？你是怎么去解决的？将你在完成本次任务过程中的收获、困惑、反思及改进措施等记录下来吧！

 收获：

 困惑：

 反思及改进措施：

任务三 构建餐饮顾客画像

[职场闯关记]

在对餐饮外卖顾客需求和购买行为进行分析后,经理希望销售能够构建餐饮外卖顾客画像。这个画像要能够准确反映外卖顾客的特征和需求,要能够帮助大家很好地理解不同顾客群体的偏好和行为,从而为个性化营销活动设计打下基础。销售还不太熟悉顾客画像,请你帮助销售一起完成这项任务吧!

任务描述

餐饮顾客画像是让餐饮企业更好地了解顾客的重要方法。在市场营销活动中,构建餐饮顾客画像是辅助餐饮企业提供更符合市场需求产品的重要工作。本任务介绍了解餐饮顾客画像的含义和作用,构建餐饮顾客画像的方法和步骤等。

任务目标

(1)厘清餐饮顾客需求与餐饮顾客画像之间的联系。
(2)掌握餐饮顾客画像的含义和作用。
(3)理解并能结合餐饮实际运用顾客画像分析顾客需求,制定营销策略。
(4)熟悉构建餐饮顾客画像的方法和步骤。

任务导入

随着越来越多消费者建立起咖啡饮用习惯,某咖啡品牌开始利用数据分析和顾客画像技术来更好地理解和服务其消费者群体。某咖啡品牌通过对顾客数据的深入挖掘,构建了其品牌的顾客画像,并将其分为四大类:场景体验型顾客、价格敏感型顾客、品牌忠诚型顾客和社交活跃型顾客。每种类型的顾客画像不仅帮助品牌更好地理解顾客需求,也为品牌营销策略的制定指明了方向。

❶ **场景体验型顾客** 以女性为主,年龄在25~35岁之间,主要是城市白领和中产阶层。他们通常拥有大学本科及以上学历,月收入在8000~15000元之间。这类顾客更关注咖啡的功能性需求以及门店营造的场景氛围,追求咖啡的便捷性和高体验感。他们偏爱具有视觉吸引力和独特氛围的咖啡馆,享受品牌视觉和产品触感带来的美好体验。对于这类顾客,品牌可通过提升门店氛围设计和体验感来吸引他们的光临和消费。

❷ **价格敏感型顾客** 以年轻女性学生为主,年龄在18~24岁之间,主要是在校大学生,月生活费在1000~3000元之间。这类顾客对咖啡产品的性价比关注度较高,对品牌忠诚度较低。通常会在促销活动期间购买产品,更倾向于选择价格较低但品质有保证的产品。对于这类顾客,品牌可采取优惠促销和套餐折扣策略,特别是在电商平台和节假日促销中,为他们提供更具吸引力的价格优惠。

❸ **品牌忠诚型顾客** 以男性公司职员为主,年龄在30~45岁之间,多为大学本科学历,月收入

在10000~20000元之间。这些顾客更关注咖啡品牌的知名度和文化价值,在购买时更倾向于选择自己熟悉的品牌,不会轻易更换品牌。为了吸引这类顾客,品牌可通过建立强大的品牌文化和保持产品质量稳定性,以提高顾客的忠诚度。

❹ **社交活跃型顾客** 主要由年轻自由职业者构成,年龄在20~30岁之间,以女性为主,月收入在3000~8000元之间。他们对市场上的新兴咖啡产品有强烈的尝试欲望,对创新营销手段感兴趣,并乐于在社交平台上分享他们的体验。这类顾客容易被社交媒体和意见领袖影响。品牌可通过与社交媒体和意见领袖合作,开展创新的营销活动来吸引这类顾客参与和分享。

> 思考:该咖啡品牌为什么要构建顾客画像?这些顾客画像对营销人员来说有何意义?

知识精讲

一、餐饮顾客画像的含义和信息来源

(一)顾客画像的含义

顾客画像最初是在电商领域得到应用的。顾客画像是企业理想顾客的数据导向概要,它是通过对顾客偏好、需求和购买行为等方面的分析和整合,形成的对目标顾客群体的全面和准确的描述。

在大数据时代背景下,顾客信息充斥在网络中。我们将顾客的每个具体信息抽象成标签,利用这些标签将顾客形象具体化,从而为顾客提供有针对性的服务。顾客画像以人们真实的行为与动机为基础,是理想顾客或最终原型顾客的具体化表现。

在消费者研究中,需要特别注意的是不能用自己的臆断或者偏见代替真实消费场景中的数据与观察。随着社会的发展变化,一些原有的消费观念也在逐渐发生改变,我们必须与时俱进。

顾客画像包括以下六个方面。

❶ **基本属性** 包括性别、年龄、职业、地理位置、教育背景等。
❷ **经济属性** 包括收入情况、可支配收入、实际消费能力等。
❸ **行为特征** 包括消费方式、消费领域、消费决策参考等。
❹ **兴趣爱好** 包括文化偏好、生活偏好、旅行偏好等。
❺ **心理特征** 包括求尊重、求实惠、求便捷、求关注、求私密等。
❻ **社交网络** 包括常用社交平台、工作社交情况、生活社交情况等。

(二)餐饮顾客画像的信息来源

餐饮顾客画像的信息来源于多种渠道,这些信息来源可分为直接来源和间接来源两类,每一类都有其独特的优势和应用场景。

❶ **直接来源**

(1)观察:通过在餐厅内外观察顾客的行为,了解他们的消费习惯和偏好。例如,可以观察顾客在点餐时的选择、就餐时的习惯,以及用餐后的反馈。

(2)深度访谈:与顾客进行一对一的深度访谈,获取详细的个人信息和消费动机。这种方法能够提供深入的定性数据,帮助理解顾客的深层需求和"痛点"。

(3)调查问卷:设计详细的调查问卷,发放给顾客,收集他们的基本信息、消费习惯、满意度等。问卷调查可以通过线上和线下渠道进行,能够快速收集大量数据。

(4)实验研究:招募顾客志愿者进行产品或服务的试用,收集他们的意见和建议。例如,一些餐饮企业在推出新菜品或餐饮用品时,会先提供给部分顾客品鉴,收集他们的反馈信息,以便进行调整和优化。

❷ 间接来源

(1) 网络信息：通过分析社交媒体、评论网站、论坛等平台上的顾客评论和互动信息，了解他们的需求。例如，可以利用微博、抖音、小红书等平台上的用户评论来分析顾客对不同菜品的偏好和意见。

(2) 消费记录：利用餐饮企业的内部数据系统，查看顾客的历史消费记录，了解他们的购买行为和偏好。例如，通过分析POS系统的数据，可以了解顾客的点餐习惯和消费金额。

此外，在构建顾客画像时，还需考虑购买者和使用者不一致的情况。例如，母亲为孩子购买餐饮产品，这时需要分别构建购买者和使用者的画像。这种情况下，可以通过分别收集和分析购买者和使用者的数据，确保画像的准确性和实用性。

通过多渠道、多角度地收集数据，可以构建出更加全面、准确的顾客画像，为餐饮企业的市场营销决策提供坚实的数据支持。

二、餐饮顾客画像的作用

餐饮顾客画像作为一种虚拟形象的存在，它并不是脱离实际虚构出来的，而是由一群有一定代表性的顾客群体和目标受众的各类数据总结而来的。餐饮顾客画像最核心的作用是给顾客打上标签，从而实现数据的分类统计。根据大数据构建餐饮顾客画像，为餐饮营销人员带来了更加精准化的数据结果，可以发挥如下作用。

（一）更好地了解目标顾客

通过分析餐饮顾客画像，餐饮营销人员可以更加深入地了解目标顾客，包括他们的年龄、性别、受教育程度、职业、地理位置、兴趣爱好等，从而更好地了解他们的需求和偏好，以及他们可能遇到的问题，以确定他们在餐饮消费过程中寻求什么样的体验和效果。

（二）有针对性地制定营销策略

通过分析餐饮顾客画像，餐饮营销人员可以更加准确地把握目标顾客的需求和偏好，从而有针对性地制定营销策略，包括推广渠道、内容、呈现方式等，准确地抓住顾客的心理，能够设计具有吸引力的活动，在恰当的平台投放恰当的广告内容，将信息精准触达顾客，让顾客更容易接受和感受到产品或服务的价值。

（三）提高营销效果

通过分析餐饮顾客画像，餐饮营销人员可以更好地了解目标顾客的行为特征，包括他们的购买习惯、消费心理等；能够了解顾客的购买决策过程，以确定他们如何做出购买决策，以及什么因素会影响他们的决策，从而更加精准地制定营销策略，提高营销效果，更好地实现营销目标。

（四）提高顾客满意度和忠诚度

通过分析餐饮顾客画像，餐饮营销人员可以更好地了解目标顾客的需求和"痛点"，从而更好地为顾客提供满足他们需求的产品和服务，在菜品设计、环境设计、服务设计等环节做针对性的优化和调整，以提高顾客的满意度和忠诚度，从而提高顾客的重复购买率和口碑推荐率。

三、餐饮顾客画像的特征及构建方法

（一）优秀顾客画像的特征

❶ **基本性** 顾客画像基于对真实顾客的情景访谈。

❷ **真实性** 数据要真实，能够描述真实顾客的特征。

❸ **目标性** 顾客画像包含与产品相关的高层次目标，包含关键词（描述该目标）。

❹ **数量** 顾客画像的数量最好不超过3个，以方便记忆每个顾客画像的特点。

❺ 应用性　能够帮助营销人员更好地了解顾客,确保团队能够利用顾客画像进行相关产品的设计决策。

(二) 构建餐饮顾客画像的方法

❶ 进行餐饮顾客消费行为研究

(1) 确定餐饮顾客类型,设计数据分析的方案和提纲。一般来说,需要收集餐饮顾客的基本数据,如年龄、职业、工作地点、兴趣爱好、消费能力、性别、受教育程度、婚姻状况、消费动机、"痛点"等。顾客痛点一般是指顾客在体验产品或服务过程中原本的期望没有得到满足而造成的心理落差或不满,这种不满最终在顾客心智模式中形成负面情绪爆发,让顾客感觉到痛的触点。"痛点"是餐饮企业通过改进产品或服务可以解决的问题。

(2) 学会收集第一手资料来取代对顾客和潜在顾客的任何假设。具体来说,可以通过多种线上和线下渠道进行。线上渠道方面,可以利用微博、小红书、微信、抖音、大众点评等社交媒体平台收集关于餐饮品牌的用户讨论和评价。这些平台上的数据能提供顾客偏好、流行趋势和顾客行为的即时反馈。例如,通过分析微博上的热门话题和用户评论,可以了解某一餐饮品牌或菜式的受欢迎程度和市场反响。此外,线下渠道的数据收集同样重要。通过顾客调查表、顾客管理系统以及店内观察,可以获得关于顾客实际消费行为和偏好的直接信息。这些信息有助于了解顾客的实际消费体验和服务需求。综合线上渠道和线下渠道收集的数据,能为餐饮企业提供一个全面、多维度的顾客画像,为市场营销决策提供坚实的数据支持。

以海底捞为例,它们通过微信小程序进行顾客满意度调查,这种方式直接而有效。顾客在用餐后可以通过扫描桌上的二维码进入调查界面,对服务、菜品等多个方面进行评价。这种数据收集方式,可以帮助餐饮企业及时了解顾客的需求和意见,从而在服务和菜品等方面做出相应的调整和优化。

❷ 寻找餐饮顾客消费行为共同点　将在不同平台收集到的大量的定性资料,按照其相近性进行归纳整理。通过分析各类数据(从基础的人口统计类数据到顾客的"痛点"以及动机层面)可以找到相同点,进而构建顾客画像。如果发现不同的重复细节也无需感到困惑,这意味着潜在顾客中存在多个群体,对每个群体单独建立顾客画像即可。找出具有相似"痛点"和目标的顾客,并将他们归为一类。这一步骤涉及将顾客根据年龄、收入水平、职业等因素划分为不同的群体。例如,学生和年轻专业人士可能有不同的消费能力和餐饮偏好,这种分类有助于更准确地定位目标市场和制定相应的产品策略。

接着是行为模式识别。通过分析顾客的点餐习惯、就餐时间、消费频率等,可以识别出消费行为的共同点和趋势。这种分析有助于理解顾客的需求和偏好,从而使餐饮企业能够提供更加个性化的服务和产品。

以瑞幸咖啡为例,通过对顾客购买记录和 APP(应用程序,application 的缩写)使用数据的分析,它们发现早晨是顾客购买咖啡的高峰时段。基于这一发现,瑞幸咖啡推出了快速取餐服务,以满足顾客快节奏的生活需求,有效提升了顾客满意度和品牌口碑。

这样的数据分析不仅能够帮助餐饮企业更好地了解和服务于现有顾客,还能够吸引新的顾客群体,增强其市场竞争力。通过精确的数据分析,餐饮企业可以更有效地制定市场策略,优化服务流程,从而在竞争激烈的市场中获得优势。

❸ 创建餐饮顾客原型框架　对餐饮顾客的重要特征进行描述,形成顾客原型框架。创建精准的顾客画像需要提炼顾客的重要特征。例如,可以根据职业、年龄、生活方式等将顾客划分为年轻白领、大学生、家庭主妇等不同角色。接下来,细化每个角色的兴趣与偏好。这包括他们对食物类型的喜好、对餐饮环境的期望、消费能力和就餐频率等。例如,大学生可能更倾向于价格合理、口味多样的快餐,而家庭主妇可能更关注食物的新鲜程度和营养价值。

以呷哺呷哺为例,它们通过分析顾客数据,发现年轻群体对新奇和创新的餐饮体验有着较高的兴趣。基于这一发现,呷哺呷哺推出了"迷你火锅"概念,既满足了年轻群体对于新颖餐饮体验的需求,也为其带来了市场上的差异化竞争优势。通过创建这样的顾客原型框架,餐饮企业能够更直观地理解各个顾客群体的特征和需求,从而设计出更加贴合目标市场的产品和服务,有效提升顾客满意度和品牌忠诚度。

❹ **定期完善餐饮顾客画像**　理想顾客的行为和偏好会受到周围环境的影响,如技术发展趋势、当前发生的热点事件以及竞争对手的策略等。因此,餐饮企业不能期望一次性创建的顾客档案和细分就永久有效。这意味着餐饮企业需要定期重新评估顾客档案,特别是关注那些带来更多利益的顾客群体。餐饮企业应确保制定营销策略时基于最新的顾客数据。

顾客的行为和优先事项会随着他们收入的变化、居住地的改变或职业生涯的发展而发生变化。因此,通过定期完善顾客画像,餐饮企业可以及时识别和适应这些变化。例如,每半年进行一次数据大清理,去除不再相关的信息,优化数据搜索条件,确保数据的准确性和时效性。同时,每年进行一次深入的顾客分析,不仅关注当前的数据,还要分析历史顾客画像,这有助于餐饮企业预测未来的发展趋势。

此外,密切跟踪市场和技术的变化也是至关重要的。随着新技术的出现和市场的动态变化,顾客的购买决策可能会受到影响。收集足够的数据后,餐饮企业可以尝试分析顾客行为和其他关键指标的变化趋势,以便更好地适应市场变化,提供更符合顾客需求的产品和服务。

总之,顾客画像的定期完善是一个持续的过程,这有助于餐饮企业保持竞争力,更好地满足顾客的需求,从而在变化莫测的市场中保持领先地位。

四、运用餐饮顾客画像制定营销策略

餐饮顾客画像可以帮助餐饮企业更好地了解目标顾客并针对其需求和偏好制定更有效的营销策略。根据顾客画像进行思考可以更好地完成市场决策,让市场人员更加有的放矢。几乎所有的市场活动都需要顾客画像进行指引。即使一场营销活动非常有创意,如果它不是顾客想要看到的内容,也不会有效。因此,餐饮企业在制定营销策略前,必须掌握顾客画像、分析顾客需求。以下是餐饮顾客画像在制定营销策略时具体的应用方式。

（一）选择推广渠道

通过分析顾客在各大平台(如美团、大众点评等)的评论和互动,餐饮企业可以了解顾客主要活跃在哪些平台上。例如,针对年轻顾客,餐饮企业可以选择在抖音、小红书等平台进行推广,发布创意短视频和用户互动内容,吸引目标顾客的关注和参与。

（二）设计营销内容

根据顾客画像中的兴趣爱好和心理特征,设计出符合目标顾客审美和需求的营销内容。例如,针对注重健康的顾客,可以在广告中突出菜品的健康成分和营养价值。杭州"某鱼"餐饮品牌通过分析顾客的评论,发现味道、服务态度、环境等是顾客非常关注的因素,因此在广告内容中可以强调其在这些方面的优势。

（三）调整产品呈现方式

根据顾客的消费行为特征,调整产品的呈现方式。例如,快餐店可以根据上班族的需求,推出快速取餐和外卖服务,提升顾客的用餐体验。杭州"某鱼"餐饮品牌数据分析显示,顾客对米饭、菜品口味等方面的评价较高,因此在菜单设计和产品展示时可突出这些方面。

知识链接 2-3:
了解五个
不同的
消费世代

（四）优化服务和产品

通过对在线评论的分析,餐饮企业可以识别出顾客的需求和"痛点"。例如,评价中的高频关键词,如菜品口味、服务态度等,可以帮助餐饮企业了解顾客的关注点,并在这些方面进行改进。

（五）评估和调整策略

通过定期分析顾客反馈信息和在线评论,餐饮企业可以持续优化营销策略和服务。例如,利用

词云工具进行词频分析,提炼出需要优化的关键词,从而制定针对性的产品、服务和营销策略。

餐饮企业需要根据顾客画像来制定有针对性的营销策略,无论是在选择推广渠道、设计营销内容,还是在产品呈现方式上,都要贴合目标顾客的期望。同时,这种方法能够显著提高营销效果,提升顾客满意度和忠诚度,从而促进重复购买和口碑传播。

知识小测

技能手册2-2:
顾客画像
SOP

 小试牛刀

任务闯关卡

任务名称	构建餐饮顾客画像
成果形式	构建餐饮外卖顾客画像
成果要求	形式不限,绘制出几种典型的餐饮外卖顾客画像
完成路径	选择你经常下单外卖的餐饮企业,收集相关信息,结合上述餐饮顾客画像构建的流程和方法,构建餐饮外卖顾客画像。在收集顾客信息,对顾客行为进行分析的过程中,可以参考二维码中的内容
探究与反馈	餐饮顾客画像能直观地展现餐饮顾客的典型特征和需求,能帮助餐饮企业更好地理解餐饮顾客。 在完成本次任务的过程中,你遇到了哪些困难和疑惑?你是怎么去解决的?将你在完成本次任务过程中的收获、困惑、反思及改进措施等记录下来吧! 😊 收获: ☹ 困惑: ❓ 反思及改进措施:

项目二 剖析餐饮顾客行为

任务四 优化餐饮顾客体验

扫码看课件

扫码看微课

[职场闯关记]

在对餐饮外卖顾客需求与行为进行分析后,销售要着手为餐饮外卖顾客的用餐体验提供优化建议。销售感觉到问题很多,却不知从何下手。他的好友营营正好在培训中了解了顾客体验地图这个工具,打算帮助销售一起来完成餐饮外卖顾客体验优化方案。请你也一起来挑战一下吧!

任务描述

对于餐饮企业而言,顾客体验是指顾客从开始接触餐饮企业(如订餐)到整个用餐结束(包括餐后回访)全过程的综合性感觉和综合性感受。通过对本任务的学习,了解顾客体验的内涵、特点与相关理论,掌握优化顾客体验的方法。

任务目标

(1)厘清顾客让渡价值与顾客满意度的区别和联系。
(2)掌握餐饮顾客体验的内涵和层次。
(3)能通过餐饮顾客体验地图和营销闭环提升餐饮顾客体验。

任务导入

每当顾客来到星巴克,打开手机应用,平台便跳出了贴心的个性化优惠活动。这看似简单的互动背后,是星巴克多年来精心打造的数字化战略和精准顾客画像系统。

星巴克通过收集顾客反馈信息,为后续的精准营销奠定了基础。2019年,星巴克推出基于人工智能的个性化推荐系统——Deep Brew。这个系统整合了顾客的购买历史、位置数据和天气信息等多维度数据,为每位顾客提供高度个性化的产品推荐和优惠活动。通过Deep Brew,星巴克逐渐勾勒出不同类型顾客的轮廓:早晨光顾的"通勤族",下午来访的"放松客",周末结伴而来的"社交派"以及每周多次光顾的"忠实会员"。基于这些生动的顾客画像,星巴克精心设计了一系列个性化营销策略,从晨间套餐到午后特惠,再到互动活动和新品研发等。

这种针对不同人群精准营销的策略带来了显著成效。2024年3月,星巴克会员数量超过1.27亿,会员销售额以及金星会员消费频次也在持续增长,会员销售占比增至75%。在这个数据与技术驱动的时代,深入理解顾客需求并提供优质的顾客体验,正在成为餐饮品牌制胜的关键。每一杯咖啡不仅是提神醒脑的饮品,更是一种被理解、被重视的温暖体验。这或许就是星巴克在激烈的市场竞争中立于不败之地的秘诀。

思考:星巴克是如何来提升顾客用餐体验的?这些做法对餐饮企业有何启发?

一、顾客让渡价值与顾客满意度

对于顾客而言,在选择餐饮产品时,往往从价值与成本两个方面进行考虑,他们总希望把有关成本包括货币成本、时间成本、精神成本和体力成本等降到最低限度,同时又希望从中获得更多的实际利益,以使自己的需要得到最大限度的满足,因此那些价值最高、成本最低的餐饮产品就成了顾客优先购买的对象。这个顾客总价值(total customer value)与顾客总成本(total customer cost)之间的差,即菲利普·科特勒在《营销管理》中提出的顾客让渡价值。

"顾客总价值"是指顾客购买产品所期望获得的一种利益,它包括产品价值、服务价值、人员价值和形象价值等。例如,顾客在一个品牌影响力很大的高端餐厅进行宴请,该餐厅提供的菜品美味又大气,包厢的环境雅致又有一定的私密性,服务员形象气质佳,服务热情又周到,使宴请对象充分感受到重视与真诚,最后该顾客的宴请目的愉快达成。这就是餐厅提供给顾客的各种价值。在消费不断升级迭代的今天,顾客从以前的"吃饱"到"吃好",到如今更加注重在用餐全过程中获得愉悦体验,顾客能在餐饮产品中获得的价值内涵越来越丰富,餐饮企业也各自使出大招,创造更多更丰富的顾客价值。

"顾客总成本"则是指顾客为购买某一产品所耗费的时间、精神、体力以及所支付的货币等,它包括货币成本、时间成本、精神成本和体力成本等。在信息爆炸的时代,如何让顾客迅速地找到你,如何提供性价比高的菜品,如何缩短顾客用餐过程中的各种时间,如何降低顾客的感知风险等,都是餐饮企业需要不断去努力的。

顾客满意是指顾客对其明示的、通常隐含的或必须履行的需求或期望已被满足的程度的感受。满意度是顾客满足情况的反馈,是顾客对产品或者服务本身的评价,代表了顾客在消费过程中感受到的快乐程度。这一程度可能低于或者超出顾客原本的期望。满意度本质上是一种心理体验。

顾客满意度是一个变动的目标,能够使一位顾客满意的东西,未必会使另外一位顾客满意,能使顾客在一种情况下满意的东西,在另一种情况下未必能使其满意。大多数人认为,顾客满意度会直接影响顾客的购买行为,一般情况下,顾客满意度越高,顾客重复购买的概率和频次越高。

顾客让渡价值与顾客满意度有着紧密的关系。因为顾客在进行餐饮产品消费时,往往从价值和成本两方面进行比较和分析,从中选择出价值最高、成本最低,也就是顾客让渡价值最大的产品作为优先购买的对象。因此通常情况下,餐厅提供的顾客让渡价值越高,顾客满意度就越高。

二、餐饮顾客体验的内涵和层次

(一)餐饮顾客体验的内涵

餐厅不仅要提供菜品和(或)服务,还要给顾客留下难忘的愉悦记忆。餐饮顾客体验具有多变性,它会随着场景和人员的变化而变化,即便在相同的场景下,不同的人体验结果也不一样。顾客体验是一种通过感官刺激而引发的心理活动,有效的感官刺激能使人们对体验更加难以忘怀,一种体验越是充满感官刺激越是值得记忆和回忆。顾客体验也是一种经历,有时人们去体验并非要体验的结果,而是过程,过程中的感受强烈与否决定了经历是否有意义。体验能满足人们的心理需求,能够创造不凡的价值。餐厅的体验价值,除了菜品带来的价值外,还有环境体验价值、品牌价值、服务体验价值、无法衡量的超体验价值等。

(二)餐饮顾客体验的层次

在餐饮顾客体验中,首先是感官体验,顾客走进餐厅,看到热情、漂亮的服务员,干净、整洁的环境,皮肤感受到适宜的温度和湿度,耳朵听到舒缓的音乐,鼻子闻到食物的香味,嘴巴品尝到可口的食物等,都能带来非常好的感官体验。

其次是情感体验,体现顾客内在的情绪情感,使顾客在消费过程中感受到各种情感。例如,脸上绽放甜美笑容的服务员提供的亲切暖心的服务可能会让顾客心情愉悦,触动情绪与情感的体验。

再次是思考体验,即以创意的方式引起顾客的兴趣、对问题进行集中或分散的思考,为顾客创造认识和解决问题的体验。例如,在得知某位顾客生日后,悄悄送上长寿面或者准备蛋糕,看到顾客外套淋湿后主动为其烘干,顾客喝酒不适后为其提供醒酒汤等,这些服务都能带给顾客超值、惊喜的感受。

接下来是行为体验,是指通过增加顾客的自身体验,指出他们做事的替代方法、替代的生活形态与互动,丰富顾客的生活,从而使顾客被激发或自发地改变生活形态。例如,北京宴在为老人办寿宴的时候,安排子女亲自为老人煮面,使老人十分感动。生日宴上一碗长寿面是很平常的事情,但是顾客参与其中,亲自煮出来的长寿面便有了不一样的意义,打动了顾客,这样的体验也让顾客深深地记在脑子里。

最后是关联体验。餐厅通过产品、服务、文化等与顾客理想情景或个人价值观产生关联,从而使其信任并忠诚于餐饮企业。例如,某餐饮企业秉持"新鲜本味"的菜品理念,选择最新鲜、最地道的食材,用裸烹的方式还原食材的本味,受到许多顾客的认可。

> 思考:基于餐饮顾客体验的特点,餐饮企业可以给顾客提供什么样的用餐体验?

三、优化餐饮顾客体验

餐饮企业在设计内部管理流程时,主要关注业务的流转和前后衔接,通常注重的是整体流程,而忽略了参与者的体验,尤其忽略了顾客体验细节。而事实上餐饮顾客体验会影响顾客对餐饮企业的满意度和忠诚度,需要餐饮企业特别关注。在优化餐饮顾客体验时,需要对顾客体验过程进行梳理,识别顾客体验过程中的关键时刻并进行改造和优化,设计能与顾客产生交互、共鸣的内容,让顾客对品牌和产品产生信任,从而影响其购买行为。

(一)绘制顾客体验地图

顾客体验地图展示的是顾客从发现到购买(及后续行动)的消费过程,有助于了解顾客的个性化需求和偏好,从而为顾客提供个性化的服务。根据顾客在不同阶段的行为和反馈,可以提供个性化的菜品推荐、服务引导、座位安排等,提高顾客的用餐体验和满意度。根据顾客体验地图,餐厅可以全面了解顾客在用餐过程中的各个阶段的行为和需求。从顾客的角度出发,了解他们在预订、到达餐厅、点菜、等位、用餐、结账等环节的体验,有助于发现顾客的关注点、需求、痛点和期望。

简单的顾客体验地图可以用纵轴代表顾客情绪情感的变化,横轴代表整个体验的流程。如图2-6所示,顾客用餐就包括了20多个触点,形成了一条完整的情感曲线,通过该图就能看出来该餐厅的顾客体验。有了顾客体验地图以后,餐饮企业可以对产品和服务进行设计,合理安排资源,配置每个触点的角色,用来提升顾客体验。但是餐饮企业的资源是有限的,不可能在所有点都满足顾客的期望。因此餐厅更需要做到的是在顾客体验流程的不同环节优化配置资源,打造高性价比的餐饮顾客体验。

(二)体验设计

体验设计就是在设计触点时,模拟、界定和规划影响和感动顾客的内容、介质、交互方式等,同时还需要通过触点感知顾客体验的好与坏,从而把控关键时刻。对于餐饮企业来说,关键时刻的体验设计非常重要,尤其是峰值体验和终值体验。英国诺贝尔奖获得者丹尼尔·卡尼曼对记忆的研究表明,人的大脑在经历某次事件后,只能记住两个因素,第一个是事件中的"高潮",即为峰;第二个是事

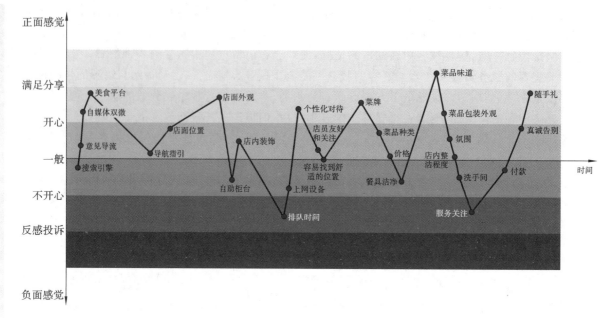

图 2-6 某餐厅顾客体验地图

件的"结束时刻",即为终。餐厅提供给顾客的用餐体验,不在于全部的过程,反而在"峰"(peak)和"终"(end)时的体验,这两个时刻主宰了顾客对一段用餐体验的好或者坏的感受。因此餐饮企业无须精心设计每一个节点,而要把握"峰值"和"终值"这两个关键时刻,同时结合顾客用餐体验过程中的重要节点,给顾客制造愉快的体验。具体来说,可以从以下几方面来做。

一是为顾客制造仪式感。仪式感能够给顾客留下深刻的印象,比如在巴奴毛肚火锅,服务员会教顾客如何"正确涮毛肚"——"宜涮红汤,蘸香油蒜泥,七上八下15秒"。仪式感并不是简单的娱乐,仪式感所增加的是产品的情趣,是对品牌价值的有趣表达。巴奴毛肚火锅的"七上八下",这个量化的动作,让吃毛肚变得有情趣,也成为制造传播的"兴奋点"。

二是凸显重要性。重要的东西,总是会让人印象深刻。在顾客的用餐体验过程中,让顾客感觉到受重视。例如,一些餐厅为其招牌菜品设计了解说词,改变了上菜的方式。或熟记到店消费过的顾客的姓名和消费偏好,主动提醒、告知顾客。例如,"您好,您这道菜式还像上次一样免葱免蒜吗?"

三是制造小惊喜。一个会制造惊喜的餐饮品牌,能够让顾客欲罢不能。例如,海底捞为睡觉的婴童提供婴儿床、为顾客表演川剧变脸等,不断推陈出新,升级顾客体验。不定时的惊喜就好像是对顾客的随机奖励,这样的体验会让他们期待进行下一次消费。

(三)反馈迭代

所有触点的顾客体验提升都需要不断地接收反馈,不断迭代升级。好的体验是让顾客对产品和品牌有正向的认知,餐饮企业需要确定衡量顾客体验的标准,来评估并持续优化设计的体验方案。衡量的标准需要根据不同的餐饮企业来具体制定,例如可以用净推荐值、评价参与率和好评率等指标来判断顾客整体满意度,用菜品销量、销售额等来判断某个菜品优化设计后的效果。只有制定了衡量的标准,才能评估体验的好与坏,只有经过顾客真实经历并得到满意反馈的体验才是好的体验。餐饮顾客体验没有最优方案,只有反复迭代,不断创新,才能保持良好的顾客体验。

四、培养忠诚顾客

优化顾客体验的最终目的是要为餐饮企业带来忠诚顾客。在顾客的购买阶段,比如从认知到兴趣、从购买到忠诚,可以通过顾客体验的提升来实现购买阶段的跃升。这种阶段的跨越可以是逐级提升,也可以是跳跃式的提升。比如从认知阶段直接进入购买阶段,即一旦发现某个餐饮产品的存

知识链接 2-4:
线上线下
提升餐饮
顾客体验

在,就立即购买(冲动型消费);或者从兴趣阶段直接跳到忠诚阶段。虽然没有购买这个产品,但是相信这个产品足够好,也会推荐其他人购买。下面提供培养忠诚顾客的做法。

(一)从认知到兴趣

在顾客旅程中,第一个要解决的问题是找到流量、让顾客产生兴趣。在公域流量获取成本越来越高的背景下,企业需要通过合适的路径将公域流量引入自建的垂直场景以沉淀私域流量池,降低一次性流量的占比。

目标客群的主要流量通过品牌传播和"种草"的方式聚集。品牌传播以提升品牌声量为目标,会选择垂直媒体、传统媒体等渠道进行品牌传播信息推广,追求最大范围的曝光,快速构建起消费者对品牌的认知。"种草"渠道则是贴合目标客群,选择数字媒体、内容平台、社群等已经对人群进行分类的渠道设计触点,或者通过 KOL 强化内容信任度。

这个阶段内容的作用非常重要。内容是将顾客从认知阶段转变到兴趣阶段的重要载体。内容应该包含品牌、商品、活动,承载的方式有文字、视频、图文等。从内容的生命周期来看,包括内容生产、内容管理、内容投放、内容评估。内容生产也有多种方式,一般包括 BGC(brand generated content,品牌生产内容)、PGC(professionally generated content,专业生产内容)、UGC(user generated content,用户生产内容)。餐饮内容的数字化能极大地促进顾客从认知阶段跃升到兴趣阶段。

(二)从兴趣到购买

顾客旅程中的从兴趣到购买阶段,也是餐饮企业将自身的业务能力有效连接到顾客价值上的重要阶段。要对有意向的顾客进行"一对一"定向突破,通过内容加速顾客购买意愿。这里所说的内容一般以营销事件的宣传、促销和限定产品供应等信息为主。与顾客的接触更多的是一对一的交互模式。这就需要餐饮企业具备顾客筛选能力、触点筛选能力和全渠道无缝购买能力。下面以肯德基为例来说明。

顾客筛选能力:肯德基在选址时已经对人群做过筛选,有明确的人群定位。针对门店周边 3 千米的人群又拆分成到店体验、到店购买、配送到家三类,同时布局天猫、美团、抖音等本地生活渠道。

触点筛选能力:对于到店体验并购买的高价值会员,以肯德基 APP 为主要触点。在肯德基的门店中还设计了许多触点,包括电子价签、引导入会二维码、小票二维码、商品溯源码等。对于非到店的顾客,在饿了么、百胜会上设计多个入会触点,以及由商品外包装二维码引导入会。系统会对这些二维码进行跟踪,计算出每一个触点的引流效果。

全渠道无缝购买能力:肯德基在门店购买和线上商城购买两种渠道上都实现了由同一套交易体系支撑的购买模式,实时、快速地把订单分配给不同区域的外卖员,并且在履约能力上进行突破创新,如仓店一体、流水线式的店内物流、智能调度。这些举措都是为了让顾客体验线上线下无缝购买。

(三)从购买到忠诚

顾客通过购买、体验会对品牌产生忠诚。影响忠诚度的重要指标是顾客满意度。本任务中已经提到,提高顾客让渡价值可以提高顾客满意度。因此可以考虑如下做法。

❶ **提高顾客总价值** 包括产品价值、服务价值、人员价值和形象价值等。如通过产品的口味、使用场景、使用价值影响顾客,或通过营销模式的设计提高顾客体验,比如盲盒、咖啡月卡等。

❷ **降低顾客总成本** 通过尽可能提供让顾客省时、省力、省钱、安心的产品和服务,降低顾客的货币成本、时间成本、精神成本和体力成本等。

餐饮企业如果能让顾客以最低的成本获得最大的价值,就能提升顾客的满意度,从而有利于培养顾客的品牌忠诚度,实现企业利润的增长。

总的来说,餐饮企业要从上述三个方面思考符合自身品牌客群的顾客忠诚度的培养体系,才能顺利实现最重要的客群从购买阶段跃升到忠诚阶段。

知识链接 2-5:
消费者体验
触点跟踪
(5A 模型)

知识小测

技能手册 2-3：
顾客用餐
体验表

> 小试牛刀

在了解了餐饮顾客体验优化的相关知识以后，你是否对销售的任务有了解决方案？让我们一起来试一试吧！

任务闯关卡

任务名称 ➤ 优化餐饮顾客体验

成果形式 ➤ 餐饮外卖顾客体验优化方案

成果要求 ➤ 以文档形式完成，要求图文并茂展示餐饮外卖顾客体验的现状，绘制餐饮外卖顾客体验地图，对餐饮外卖顾客体验进行优化设计，并提出具体的对策

完成路径 ➤ 选择你经常下单外卖的餐饮企业，对外卖顾客体验的流程进行分析，绘制外卖顾客体验地图，具体步骤见二维码

餐饮顾客体验地图能直观地发现顾客体验过程中的问题，能为营销活动提供有价值的依据。在本次任务中，可以借助餐饮顾客体验地图，梳理优化顾客体验的流程和方法，提出有针对性的解决方案。

在完成本次任务的过程中，你遇到了哪些困难和疑惑？你是怎么去解决的？将你在完成本次任务过程中的收获、困惑、反思及改进措施等记录下来吧！

探究与反馈 ➤

 收获：

 困惑：

 反思及改进措施：

实战演练

结合本项目所学,请你为学校附近商场内的某大众餐饮店做堂食或外卖顾客洞察分析,从性别占比、年龄分布、收入水平、消费客单价和饮食偏好进行顾客画像描绘。

项目二
案例分析

闯关小结

通过本项目的闯关,营营和销销对餐饮顾客有了深刻的了解,也充分认识到了餐饮营销一定要树立以顾客为中心的观念。通过收集数据,他们利用 KANO 模型分析了餐饮顾客需求。通过了解互联网下的餐饮顾客行为,他们学会了运用营销漏斗在餐饮顾客购买的不同阶段来影响其行为,理解了顾客画像的内涵和重要作用,尝试结合顾客信息构建了餐饮顾客画像。通过绘制餐饮顾客体验地图,他们尝试设计关键时刻的餐饮顾客体验,整体提升了餐饮顾客体验。这些新的理念和思路,让他们对互联网背景下的餐饮顾客需求、动机、行为等有了深刻的认识,为后续进行营销工作打下了坚实的基础。接下来,营营和销销将带着这些收获,不断深入地分析和把握顾客,争取在营销工作中能够紧密对接顾客需求,提升顾客满意度,赢得忠诚顾客!

项目三

洞察餐饮市场营销环境

项目引入

2023年全国餐饮行业收入52890亿元，迎来历史性突破，同比增长20.4%，增速高于其他消费领域，进入了新的发展阶段。党的二十大报告指出，要"加快发展数字经济，促进数字经济和实体经济深度融合，打造具有国际竞争力的数字产业集群"。2024年，商务部等9部门联合印发的《关于促进餐饮业高质量发展的指导意见》中提出七个方面二十二条意见，支持餐饮业高质量发展，其中包括提升餐饮服务品质、创新餐饮消费场景、增强餐饮业发展动能、弘扬优秀餐饮文化、促进绿色发展等，尤其鼓励餐饮领域人工智能、大数据、区块链技术及智能设备研发与应用，同时支持加快中餐"走出去"，扩大中餐国际影响力。

餐饮行业的数字化、智能化转型升级趋势明显，已成为餐饮企业降本增效的重要支撑。任何餐饮企业都生存于一定的环境之中，餐饮企业的营销活动不可能脱离周围环境而孤立进行。本项目将带领大家洞察餐饮市场营销环境，在了解、掌握餐饮市场营销环境及其发展趋势的基础上，充分把握市场机会，避开威胁，扬长避短，助力餐饮业高质量发展，助推中餐品牌飘香海外。

思维导图

学习目标

1. 熟悉餐饮市场营销环境的核心概念、特征，能分析餐饮营销环境与餐饮企业营销活动的关系。

2. 掌握餐饮市场宏观营销环境的各个构成因素，能理解餐饮市场宏观营销环境因素对餐饮营销活动的影响。

3. 掌握餐饮市场微观营销环境的各个构成因素，能理解餐饮市场微观营销环境因素对餐饮营销活动的影响。

4. 掌握餐饮市场营销环境的SWOT分析法，能分析互联网餐饮市场营销环境因素，初步具备制定餐饮企业营销战略的能力。

项目三 洞察餐饮市场营销环境

任务一　分析餐饮市场宏观营销环境

扫码看课件

扫码看微课

[职场闯关记]

为了进一步拓展市场,某公司近期想要开放旗下某高端餐饮品牌的外卖业务。总部委派市场营销部的营营对该品牌所在地区外卖业务的营销环境进行调研,为公司决策提供参考。接到这样重大的任务,营营忐忑不安,他请求在门店有外卖经验的销销帮忙参谋。请你也和他们一起,完成这项任务吧!

任务描述

餐饮市场营销环境和餐饮企业的营销活动密切相关,对营销环境的分析是制订市场营销计划的前期工作。本任务介绍了餐饮市场宏观营销环境的概念、特征与相关理论,餐饮市场宏观营销环境构成因素和PEST分析。

任务目标

(1)厘清餐饮市场宏观营销环境的概念和特征。
(2)掌握互联网背景下餐饮市场宏观营销环境的构成因素及其对营销活动的影响。
(3)理解并能结合餐饮实际运用PEST分析。
(4)熟悉餐饮市场宏观营销环境分析的流程与技巧。

任务导入

2022年12月31日,西贝餐饮集团董事长贾国龙发布了题为《所有的美好都将如约而至》的新年贺词,回顾西贝经历的风风雨雨。从其中我们可以看到西贝始终坚持创新,应对外部环境的变化实现增长。

(1)将儿童餐冠以"专业"之名,2019年到2022年儿童餐营业收入增长415%。2022年6月,西贝正式推出专业儿童餐,以儿童餐为突破口,强化家庭友好餐厅定位。

(2)加快布局品质外卖,2019年到2022年外卖营业收入增长86%。西贝瞄准用户端发力,积极进行线下向线上转变,借助互联网技术,在线上外卖业务、企业团餐等方面都取得了明显成效,成功在B端和C端用户之中建立业务联系。

(3)加速零售化变革,业务3年增长257%。通过打造线下获客+线上复购运营的模式,整合线上线下渠道,打造顾客进店前、中、后的多种传播渠道,提高顾客总价值。通过线上用户的购买和反馈,对线下产品进行推陈出新。试水预制菜赛道,让西贝预制菜率先占据顾客认知。

(4)一切为了顾客"吃好",大众点评5星门店增长92%。努力搭建上游数字化供应链,保障上游食材安全。西贝通过自建武川有机莜面基地、正蓝旗奶食基地,严把上游食材关,深度精细化管理上游食材,完善自身供应链体系,筑宽企业护城河。通过聚焦"牛羊莜"特色,优化堂食、儿童餐与外卖菜品及标准化流程,提升顾客体验和顾客满意度。

> 思考:西贝是如何在大危机中实现进化,实现战略新业务及模式的成功突破,做到逆势增长的?请尝试从餐饮市场宏观营销环境的角度来剖析。

知识精讲

一、餐饮市场宏观营销环境的概念和特征

(一)餐饮市场宏观营销环境的概念

对于餐饮企业而言,餐饮市场宏观营销环境是指直接或间接影响和制约餐饮企业市场营销决策和实施的内外部因素和力量的总和,这些因素和力量是影响餐饮企业营销活动及目标实现的外部条件。餐饮企业的营销活动要以环境为依据,主动地去适应环境,同时又要在了解、掌握环境状况及其发展趋势的基础上,提高餐饮企业营销活动的有效性。餐饮企业开业前,最主要的营销活动就是通过分析市场营销环境,发掘市场机会并进行定位,而开业以后,也需要密切洞察市场营销环境的变化,并及时做出反应。所以我们有必要对餐饮市场宏观营销环境进行了解。

(二)餐饮市场宏观营销环境的特征

❶ **客观性**　餐饮市场宏观营销环境有其运行规律和发展趋势,不以餐饮企业的意志为转移。餐饮企业可以适应和利用客观环境,但不能改变或违背客观环境。主观臆断某些环境因素及其发展趋势,必然会导致营销策略的盲目与失误,进而造成营销活动的失败。

❷ **变化性与相对稳定性**　餐饮市场宏观营销环境中的各个因素会随着时间的变化而变化,因此,餐饮市场宏观营销环境总是处于不断变化的动态过程中。但环境中的某些因素,如人口环境、自然环境、社会环境等在一定时间内会保持不变,具有相对稳定性。

❸ **不可控性与餐饮企业的能动性**　餐饮市场宏观营销环境是复杂多变的,餐饮企业不能控制它。但是餐饮企业可以通过调查与预测、调整营销策略等措施摆脱环境的制约或改变某些环境因素,从而促进餐饮企业发展。

❹ **差异性**　由于地理位置、自然环境、社会经济制度、民族文化、经济发展水平等的不同,不同国家和地区的餐饮市场营销环境显示出差异性。即使在既定的区域环境中,餐饮企业所面临的具体环境也会因餐饮企业经营任务和目标的不同而有很大的差别。

❺ **关联性**　构成餐饮市场宏观营销环境的各项因素并不是相互独立的,而是相互影响、相互制约的。每一种因素的变化都会导致另一种或几种因素发生相应的变化,进而形成新的餐饮市场营销环境。

> 思考:根据餐饮市场宏观营销环境的特征,如何把握餐饮市场宏观营销环境因素间的关系?

二、餐饮市场宏观营销环境构成因素

宏观营销环境也称总体环境或间接环境,是指非餐饮企业所能控制的,对餐饮企业市场营销活动产生较大间接影响的社会力量和因素的总和,包括人口环境、经济环境、政治法律环境、社会文化环境、自然环境、科学技术环境等。

（一）人口环境

人口是构成市场的第一要素。餐饮市场是由具有购买欲望、闲暇时间同时又具有购买能力的人构成的。人口环境往往直接影响餐饮企业的市场营销活动和经营管理。因此，餐饮企业必须重视对人口环境的研究，密切关注人口特性及其发展动向，抓住市场机会。影响餐饮市场营销的人口环境主要包括人口数量和变化趋势、人口地理分布、人口结构等方面。

❶ **人口数量和变化趋势** 人口数量是决定市场规模和潜在市场的一个基本要素。一般来说，如果其他因素不变，人口数量越多，餐饮市场也就越大；人口数量的增加，意味着潜在餐饮市场的扩大。因此，餐饮企业在进行市场营销活动时，必须关注所在国家或地区的人口数量及其变化。

❷ **人口地理分布** 人口地理分布指人口在不同地区的密集程度。受自然环境、地理条件、经济发展水平的影响，人口分布是不均衡的。人口疏密状况不同，餐饮企业营销的投放力度也会有所不同。餐饮企业往往在人口密集的城市优先布局营销资源，优化营销渠道，大量投放广告。同时，由于生活环境和收入水平的差异，城乡居民对餐饮产品的需求也是不同的。

❸ **人口结构** 人口结构是指人口在年龄、性别、职业、宗教、民族等方面的构成状况。人口结构会对餐饮市场大小、市场需求等产生深刻影响。

从年龄结构来看，我国近年来生育率持续下降，老龄化进程加快，餐饮企业要积极应对这种变化下所产生的机遇和挑战。餐饮企业应深入分析不同年龄层的消费者对餐饮产品的需求特点，开发出有针对性的餐饮产品。例如，外出就餐频率最高、有一定消费能力的年轻人往往是餐饮企业重点关注的人群。而经济实力强、做饭意愿弱、潜力巨大的"银发市场"，餐饮企业也可以持续关注，推出适合老年人需求的餐饮产品。

从性别结构来看，在互联网时代，女性作为消费升级的重要贡献者，线上消费意愿和高价产品的消费能力更高。截至2023年1月，移动互联网女性群体活跃用户数近6亿，在线上高消费意愿和高价（2000元以上）产品的消费能力方面，女性依旧远高于男性。在线上餐饮消费方面，美团数据显示，2021年线上到店餐饮消费中女性人数占比达57％，其消费额占比达58％，而订单占比达到63％，是线上到店餐饮的消费主力。在女性到店餐饮消费的品类选择上，除面包甜点、饮品这两个更受女性喜爱的品类之外，非洲菜、韩国菜、东南亚菜、西餐等异国料理也是女性热衷尝试的餐饮类型。在消费时段偏好上，女性则更集中在一天内的晚6点前到店进行餐饮消费，而男性则在晚6点后餐饮消费需求更盛。

从家庭结构来看，我国家庭规模呈现小型化趋势，从"四世同堂"转变为夫妻二人带娃的"核心家庭"。除此之外，独居或夫妻二人为主的家庭模式比例也在上升，现在的家庭已经开始以一代户为主，即同一辈人居住或单身居住落户的情况。这种家庭结构的变化会影响餐饮消费需求。例如，对于大城市独居青年，一个人吃饭已经成为常态，许多餐厅推出了"一人食"套餐，甚至连具有天然社交属性的火锅店也推出单人套餐。而对于有小孩的家庭，健康化、营养化、品质化是他们的主要关注点，餐饮企业可以开发优质产品，也可以提供"大厨到家"服务，以满足这类需求。

（二）经济环境

经济环境是指餐饮企业进行市场营销活动所面临的社会经济条件及其运行状况和发展趋势。影响经济环境的因素主要包括经济规模、居民收入、消费结构、产业结构、外贸收支状况、经济增长率、货币供应量、银行利率等。其中，居民收入、消费结构对餐饮企业营销活动的影响较大。

❶ **居民收入** 居民收入是直接影响餐饮市场规模大小的重要因素，可从以下四个方面进行分析。

（1）国民收入：国家物质生产部门的劳动者在一定时期内新创造的价值总和。以一年的国民总收入除以人口总数，即可得到该国的人均国民收入。

(2) 个人总收入：个人以工资、红利、租金、退休金等形式所获得的总收入。个人总收入是影响社会购买力、餐饮市场规模大小和餐饮顾客支出模式的重要因素。

(3) 个人可支配收入：个人总收入减去个人纳税支出后的余额，即能够用于个人消费或储蓄的数额。它是影响餐饮顾客购买力和餐饮支出的决定性因素。

(4) 个人可任意支配收入：在个人可支配收入中减去用于维持个人与家庭生存不可缺少的费用后所剩余的部分。这部分收入是消费需求变化中最活跃的因素，也是餐饮企业开展营销分析的关键因素之一。

餐饮市场规模的大小，主要取决于消费者的购买力大小，而消费者的购买力主要取决于个人收入的多少。

从辰智餐饮大数据研究中心发布的数据可以得出，不同收入消费者在食材上的偏好差异，高收入消费者更偏好于畜肉类、内脏和牛奶类食材，中高收入消费者在禽肉类、海鲜/河鲜类食材的偏好上明显高于其他收入消费者，低收入消费者在薯类/淀粉、调料、蔬菜类、菌菇类、干豆类和水果类食材的偏好上明显高于其他收入消费者。从就餐形式来看，高收入消费者日常就餐多于朋友聚餐；而低收入消费者则相反，以朋友聚餐为主。中等收入消费者这两种就餐形式的比例则基本相同。

从图 3-1 可以看出，在一线城市，现制茶饮和现制咖啡的人均消费价格分别达到 19 元和 45 元，为全国最高，越往低线城市走，人均消费价格越低，这和不同城市消费者收入水平密切相关。

❷ **消费结构** 经济学家认为，个人收入与消费之间存在着一定的关系。个人收入中用于各种消费支出的比例及其相互关系就是消费结构。恩格尔系数可用来衡量收入对消费结构的影响，其计算公式如下：

$$恩格尔系数 = \frac{居民用于基本食物的支出}{居民的总支出} \times 100\%$$

图 3-1 全国不同城市现制茶饮和现制咖啡的人均消费价格

随着家庭收入的增加，用于购买基本食物的支出占家庭收入的比例会下降，用于住宅和家务经营的支出占家庭收入的比例大体不变，用于其他方面（如服装、娱乐、高品质餐饮、教育）的支出和储蓄占家庭收入的比例会上升。可见，恩格尔系数越小，人们可自由支配的收入就越多，用于高品质餐饮的支出可能就越多。

随着餐饮企业的连锁化率持续提升，餐饮企业对菜品标准化的需求日益增长，加上消费市场对半成品、成品食物的需求不断增长，越来越多的家庭和餐饮企业对即买即食、方便快捷的预制菜更加青睐。iiMedia Research（艾媒咨询）数据显示，2023 年中国预制菜市场规模已经达到了 5165 亿元，同比增长 23.1%，整体呈现上升趋势。年夜饭预制菜也颇受欢迎，2023 年中国年菜行业市场规模为 1291.3 亿元，同比增长 81.0%，预计到 2026 年将增至 2626.4 亿元。

（三）政治法律环境

政治法律环境包括政治环境和法律环境。政治环境引导着餐饮企业营销活动的方向，法律环境则为餐饮企业规定了经营活动的行为准则，两者相互联系，共同对餐饮企业的市场营销活动发挥影响和作用。

国家安定是餐饮企业顺利开展市场营销活动的关键因素。国家安定、人民安居乐业，才会给餐饮企业营造良好的环境。例如,2019年3月26日国务院第42次常务会议修订通过的《中华人民共和国食品安全法实施条例》,强化了食品安全监管,完善了食品安全风险监测、食品安全标准等基础性制度,明确了食品安全违法行为的法律责任。国家市场监督管理总局2022年发布《企业落实食品安全主体责任监督管理规定》,以规范食品生产经营企业主要负责人和食品安全管理人员的食品安全责任和行为。2024年国家市场监督管理总局修订出台了《食品经营许可审查通则》,以解决食品经营安全领域的新问题。这些法律法规直接影响餐饮企业的经营,餐饮企业一旦违反,便会受到相应处罚,也会影响其在消费者心中的形象。餐饮品牌在出海过程中,也要关注当地的法律法规。2017年12月开业的大董烤鸭纽约分店在开业不到两年便关门大吉,原因很多,其中大董餐饮创始人董振祥曾在接受采访时表示,因为曼哈顿的要求比较严格,所以他们不得不放弃原本的碳烤炉,同时由于鸭子无法进口,只能挑选美国本地鸭,其饲养方法导致菜品的口感与国内不同。在热门综艺节目《中餐厅》中,无论是在泰国的象岛、法国的科尔马还是在意大利的陶尔米亚,团队成员首先会去了解当地与餐饮有关的法律法规,尤其要遵守卫生标准等方面的规定。

(四)社会文化环境

社会文化环境是指一个国家、地区或民族的传统文化、风俗习惯等被社会公认的各种行为规范。一般来说,社会文化因素通过影响人们的价值观和生活态度,进而影响着人们的购买行为和餐饮企业的市场营销活动。

❶ **受教育水平** 人们的受教育水平不同,从而形成不同的餐饮消费需求和购买行为。一般来说,受教育水平高的消费者对生活质量和精神文化有更高的要求,消费也更趋于理性,对餐饮产品的要求更高。

❷ **价值观念** 价值观念是指人们对事物的态度和看法。人是社会经济活动的主体,价值观念影响着人们的经济活动。价值观念相差很大的顾客,必然会使他们在消费需求和购买行为上产生巨大差异。例如,有的人追求物质与精神享受,表现为高消费甚至超前消费;有的人崇尚节俭,在消费时会充分考虑自身的经济实力,而且更倾向于将钱存起来。

❸ **宗教信仰** 不同的宗教有自己独特的生活方式、节日礼仪,因此餐饮企业在营销活动中要充分尊重餐饮顾客的宗教信仰,避免由于不同宗教信仰产生的矛盾和冲突给餐饮企业带来损失。

❹ **风俗习惯** 风俗习惯是指在一定的自然环境和物质生产条件下形成并世代相袭的一种风尚、习惯,表现为人群独特的心理特征、伦理道德、行为方式和生活习惯。不同的国家、地区、民族有不同的风俗习惯,在饮食习惯、服饰穿戴、节日习俗、婚丧嫁娶、人际交往等方面都有各自的特点。例如,中国人有春节吃饺子辞旧迎新、端午节吃粽子赛龙舟、中秋节吃月饼庆团圆的风俗习惯。餐饮企业在开展营销活动时,必须了解不同国家和地区、不同民族的风俗习惯,进行区别性营销,"入境而问禁、入国而问俗、入门而问讳",这样营销活动才能获得成功。

(五)自然环境

营销学上的自然环境,主要是指自然界提供给人类的各种形式的物质财富。餐饮业与自然环境的联系十分紧密,餐饮营销人员首先要关注各种自然资源对餐饮的影响,如各类食材资源的可获得性、质量,以及价格波动和能源成本等对餐厅经营的影响,气候、季节等对食材供应和消费者消费行为的影响等。例如,我国云南地区因其独特的自然环境,拥有众多特色食材,如松茸、鸡枞等,成为当地餐饮业的一大特色。由于环境问题越来越突出,应关注餐饮营销活动对环境的影响,积极推动绿色餐饮,树立环保形象,提供"节约、环保、放心、健康"的餐饮服务,担负起保护环境的社会责任。例如,百胜中国通过"食物驿站"活动,2022年全年累计为地球减少了近265吨碳排放;广州酒家通过赠送"光盘电子券"激励顾客参与光盘行动,活动期间共发出电子券超52万张等。

(六)科学技术环境

科学技术的发展对经济发展具有巨大的影响,它不仅影响餐饮企业内部的经营管理活动,还与其他环境因素相互作用,影响餐饮企业的营销活动。

首先,科学技术的发展为餐饮企业开发新产品提供了技术手段。新技术的出现会带来新的消费领域,餐饮企业如果能抓住市场机会,凭借先进的技术去开发个性化餐具、菜品等新的餐饮产品,可极大地提升顾客的体验。例如,利用新技术手段为消费者打造一个全新的用餐场景,如无人餐厅、海底捞智慧餐厅等,可吸引更多消费者前来用餐。目前餐饮产业已进入发展的快车道,食材端、加工端及配送端高效配合,同时预制菜赛道迅速走红崛起,调味品渐渐向复合化、定制化的方向发展,冷链物流配送行业也进入了高速发展期,数字化贯穿了从食材供应开始的餐饮产业的整个链条。

其次,新技术的应用还为餐饮企业调整营销策略、提高营销效率提供了基础。移动互联网时代的到来,标志着餐饮企业可以充分利用线上渠道来进行品牌宣传和推广,扩大公司品牌影响力。从餐饮业销售数据情况可知,零售餐饮新业态已经成为当下行业发展的一个重要表现,并且提供了向上增长的原动力,如许多餐饮企业通过与美团、饿了么等外卖平台合作或者自行开发在线点餐平台等方式来实现营销增长。随着技术的不断发展变革,新型保鲜技术的面世也让食材存储问题得到进一步的改善。在线上门店引流方面,餐饮企业通过多种促销手段和优惠折扣来吸引顾客到店用餐,如给予进店顾客相应的伴手礼和赠送菜品,不断增加进店流量(图3-2)。

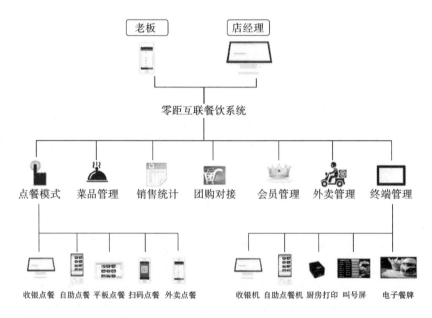

图 3-2　数字化餐厅运营管理系统

思考:餐饮企业应怎样调整营销策略来适应宏观营销环境的变化?

三、PEST 分析

PEST 分析是对宏观环境进行分析的一种方法。不同行业和企业根据自身特点和经营需要,在对宏观环境因素做分析时,分析的具体内容会有差异,但一般是对政治环境、经济环境、社会环境和技术环境这四大类影响企业的宏观因素进行分析,即 PEST 分析(图3-3)。PEST 分析的运用领域包括公司战略规划、市场规划、产品经营发展、研究报告撰写等。

政治环境包括一个国家的社会制度,执政党的性质,以及政府的方针、政策、法令等。不同的国家有着不同的社会性质,不同的社会制度对组织活动有着不同的限制和要求。作为国家意志的强制

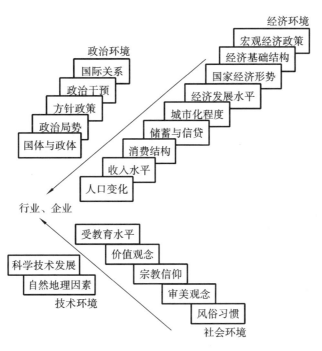

图 3-3　PEST 分析模型

表现,法律法规对于市场和企业行为有着直接规范作用。因此企业在制定战略时,对政府政策长期性和短期性的判断十分重要,要充分了解既有的法律规定,特别要关注那些正在酝酿之中的法律,这是企业在市场中生存、参与竞争的重要前提。

经济环境主要包括宏观和微观两个方面的内容。宏观经济环境主要指一个国家的人口数量及其增长趋势,国民收入、国民生产总值及其变化情况以及通过这些指标反映出来的国民经济发展水平和发展速度。微观经济环境主要指企业所在地区或所服务地区的消费者的收入水平、消费偏好、储蓄情况等,这些因素直接决定着企业目前及未来的市场大小。

社会环境包括一个国家或地区的居民的受教育水平、宗教信仰、风俗习惯、价值观念等。受教育水平会影响居民的需求层次;宗教信仰和风俗习惯会抵制某些活动的进行;价值观念会影响居民对组织目标、组织活动以及组织存在本身的认可,以及影响人们对组织活动内容、活动方式以及活动成果的态度。

技术环境除了要考察与企业所处领域的活动直接相关的技术手段的发展变化外,还应及时了解:①国家对科学技术开发的投资和支持重点;②该领域技术发展动态和研究开发费用总额;③技术转移和技术商品化速度;④专利及其保护情况。

思考:PEST 分析对把握餐饮市场宏观营销环境有何启示?

> 小试牛刀

通过以上餐饮市场宏观营销环境的概念、构成因素和 PEST 分析模型相关知识的学习,你是否对营营和销销的任务有了解决思路?接下来,请你和小组成员一起,群策群力,帮助他们完成这次挑战任务吧!

知识小测

任务闯关卡

任务名称
开展餐饮企业外卖业务的宏观营销环境调研

成果形式
餐饮企业外卖业务的宏观营销环境分析报告

成果要求
1. 报告包含六个部分：餐饮企业外卖业务宏观营销环境调研目的、调研方式与实施情况、调研内容；餐饮企业开展外卖业务的结论与建议。
2. 要求：调研目的清晰；调研对象选择合理；调研方式科学；调研内容适当且详细；团队成员分工恰当；整体调研过程规范，有较强的可行性；得到的结论与建议有较强的科学性和可行性

完成路径
详见二维码

探究与反馈
餐饮企业外卖业务宏观营销环境调研分析能为是否开放外卖业务提供有价值的依据，也是后续餐饮企业营销活动取得成功的基础。在餐饮企业外卖业务宏观营销环境调研分析报告编制的过程中，必须明确具体调研目的，找准调研对象，再根据情况选择合适的调研方式。与团队成员做好分工和协调工作，明确各自的任务和进度安排后再进行报告的编写。

在完成本次任务的过程中，你遇到了哪些困难和疑惑？你是怎么去解决的？将你在完成本次任务过程中的收获、困惑、反思及改进措施等记录下来吧！

☺ 收获：

☹ 困惑：

🤔 反思及改进措施：

项目三　洞察餐饮市场营销环境

任务二　分析餐饮市场微观营销环境

扫码看课件

扫码看微课

[职场闯关记]

销销所在的门店近期想要筹划一次外卖菜品促销活动,在此之前,需要先对市场进行相应的了解。销销收到了对周边外卖竞争者进行调研分析的任务。请你帮助销销一起想办法,收集相关信息分析周边外卖竞争者,以便为后续外卖菜品促销活动的菜品选择、价格制定、促销活动设计、渠道投放等方面提供参考。快来帮他完成这个任务吧!

任务描述

餐饮市场微观营销环境受制于宏观营销环境,又与餐饮企业营销形成协作、竞争、服务、监督的关系,直接影响并制约餐饮企业的营销效果。本任务介绍了餐饮市场微观营销环境的概念与构成因素,餐饮市场微观营销环境的分析方法。

任务目标

(1)厘清餐饮市场微观营销环境的概念和特征。
(2)掌握互联网背景下餐饮市场微观营销环境的构成因素及其对营销活动的影响。
(3)熟悉餐饮市场微观营销环境的分析方法。

任务导入

东来顺于1903年由丁德山先生在北京创建,历经百年发展,成为北方火锅文化的代表。近年来,东来顺根据整体消费市场的环境变化,启动了"老字号焕新"三年行动方案,以实现老字号"守正创新"的目标。

一是消费场景焕新,门店形象升级。2021年,东来顺相继在北京、武汉开设了五家各具特色的新门店。新门店选址均在年轻客群较多的大型综合商场、高端写字楼及主题游乐园内,装修风格更具时尚感和艺术性,在突出老字号品牌文化的同时,将年轻化视觉审美理念加入其中,营造出一种特别的社交氛围并注重满足年轻人打卡拍照等就餐需求。

二是消费选择多样,产品迭代焕新。东来顺积极拥抱消费需求的变化,在产品焕新中做有辨识的年轻化表达,逐步提升产品形象。如2021年起推出的端午粽子与月饼礼盒,展现了与以往不同的"清新雅致"。同时,在熟食系列与调料系列两大产品类,大胆尝试了"小清新"风格。在底料、酱料系列产品的设计中选取了"国潮风",运用中国传统色,使产品包装兼顾了传统与潮流。

三是消费理念焕新,营销方式多元。根据年轻消费群体在消费理念上更信任圈层和口碑的特点,东来顺在营销传播方式上更加多元化,通过开展联名营销、打造沉浸体验、探索"互联网+"等营销方式积极融入年轻消费群体的沟通圈层。

> 思考：东来顺主要从哪些方面推进老字号年轻化进程？这些做法为什么能获得成功？请尝试从餐饮市场微观营销环境的角度来剖析。

  知识精讲

一、餐饮市场微观营销环境的概念

餐饮市场微观营销环境是指与餐饮企业紧密相连、直接影响餐饮企业营销能力和效率的各种力量和因素的总和，主要包括供应商、营销中介、目标顾客、竞争者、社会公众、餐饮企业。微观营销环境对餐饮企业的营销活动有着直接的影响，所以又称直接营销环境（图3-4）。

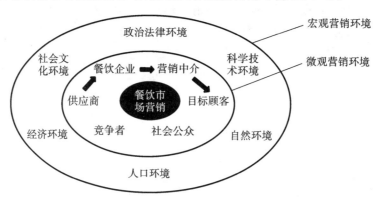

图3-4 餐饮市场营销环境的构成

二、餐饮市场微观营销环境的构成因素

（一）供应商

餐饮企业的供应商是向餐饮企业提供生产经营所需的各种资源的组织与个人，提供的资源包括各种食材、调味料、烹饪与管理设施设备、能源、劳务培训、各种消耗品（如餐具、打包盒）及其他用品等。

供应商对餐饮企业营销有实质性的影响，其所供应的原材料数量和质量直接影响餐饮产品的数量和质量，所提供的资源价格会直接影响产品成本、价格和利润。供应商对餐饮企业供货的稳定性和及时性，是餐饮企业营销活动顺利进行的前提。餐饮企业应该选择那些信誉好、产品质量好、价格合理、供应及时的供应商，并与其保持长期的良好合作关系，积极开拓多种供货渠道，同时还要加强供应商管理，以保证供应充足、及时，在必要时甚至可采取逆向发展战略，兼并或收购供应商企业来建立上游供应链，以提高自身的竞争优势。顾客对于餐饮的需求不再仅是满足基本的饮食需求，而是向更高品质、更多元、个性化的方向发展。这种消费趋势的转变对餐饮行业供应链提出了更高的要求（图3-5）。

（二）营销中介

餐饮企业的营销中介主要指协助餐饮企业将产品销售给顾客，为企业营销活动提供各种服务的企业或部门，包括中间商、营销服务机构、物流机构、金融机构以及随着互联网的产生与发展而出现的在线服务商（如小红书、抖音、大众点评等）等。一般的餐饮企业营销中介主要有营销服务机构和物流机构。营销服务机构指在餐饮企业营销活动中提供专业营销服务的机构，如广告公司、广告媒介、市场调研公司、营销咨询公司等。它们能够协助餐饮企业正确定位和促销产品。物流机构指帮助餐饮企业进行保管、储存、运输的机构，如仓储公司、运输公司等。

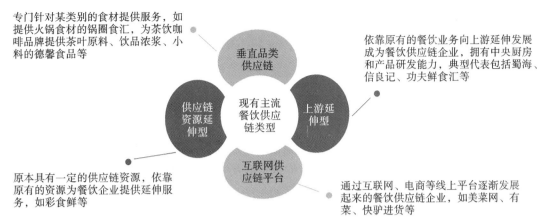

图 3-5 现有主流餐饮供应链类型

例如,"颐海"和"蜀海"作为海底捞的主要供应商和供应链服务企业被人们所熟知,但蜀海和颐海只是"海底捞家族"的冰山一角。在海底捞现有产品中,颐海国际控股有限公司主要提供火锅底料、酸菜鱼调味料和麻辣香锅等底料产品,蜀海(北京)供应链管理有限责任公司主要提供捞派净菜系列;扎鲁特旗海底捞食品有限公司主要提供羊肉产品;海鸿达(北京)餐饮管理有限公司提供外送服务;海底捞与用友集团成立的红火台网络科技有限公司提供软件服务;海底捞与科大讯飞股份有限公司成立的安徽讯飞至悦科技有限公司提供智能餐饮开发系统;北京蜀韵东方装饰工程有限公司主要为海底捞门店提供装修;北京微海管理咨询有限公司主要负责人力资源服务;北京海晟通财务咨询有限公司为海底捞和其他公司提供财务咨询等(图 3-6)。

图 3-6 海底捞供应链和营销中介

(三)目标顾客

目标顾客是餐饮企业的服务对象,也是营销活动的出发点和归宿,是影响餐饮企业营销活动最基本、最直接的环境因素,餐饮企业的一切营销活动都应以满足目标顾客的需求为中心。餐饮企业的目标顾客群体特点如下:①人数众多,市场分散;②需求差异大;③购买数量较少;④购买频次较高;⑤购买流动性大;⑥非专业购买。

(四)竞争者

餐饮企业在目标市场进行营销活动的过程中,会面对形形色色的竞争对手。餐饮企业要想在激烈的竞争中胜出,必须密切关注竞争者的举动,做到知己知彼,以便适时调整营销策略。从消费需求的角度,餐饮企业的竞争者一般可分四种类型:愿望竞争者、一般竞争者、产品形式竞争者和品牌竞争者。餐饮企业营销部门要想办法在顾客心中留下比竞争对手更有优势的印象,以赢得竞争优势。

知识链接 3-1:
餐饮企业
竞争者的类型

在进行竞争分析时,不仅要分析现有直接竞争者,还要分析间接竞争者和可能潜在的竞争者,准确识别竞争者,并采取相应的竞争策略,对餐饮企业的发展十分重要。

(五)社会公众

社会公众对餐饮企业实现营销目的的能力有实际或潜在利害关系和影响力,餐饮企业的生存和发展依赖于良好的公众关系和社会环境,社会公众对餐饮企业营销活动的成败产生实际或潜在的影响。一般来说,社会公众可分为内部公众和外部公众。其中,内部公众一般与餐饮企业有归属关系,包括股东和员工,他们的意见、态度、情感等对餐饮企业的生存与发展具有直接影响;外部公众是指与餐饮企业在经济业务、外事往来等方面有着密切联系的公众,主要包括新闻媒体、政府和消费者协会等群众团体。餐饮企业必须采取积极措施,树立良好的企业形象,力求保持和主要公众之间的良好关系,从而为餐饮企业开展市场营销活动创造良好的环境。

(六)餐饮企业

餐饮企业自身所拥有的资源与能力是非常重要的微观环境因素。餐饮企业的营销部门在制订和实施营销目标与计划时,不仅要考虑餐饮企业的外部环境力量,还必须注意餐饮企业内部环境力量的协调与配合。要考虑生产、研发、采购、人力资源、后厨管理、前厅服务、财务支持、管理层决策等餐饮企业内部环境的多方面力量能否与市场营销部门相互协调,共同完成餐饮企业的市场营销任务。对餐饮企业自身的分析可以从以下几个方面展开。

❶ **菜品竞争力** 如菜品结构与特色,能否体现独创配方、稀缺食材、文化背书、人无我有、人有我精的特点。

❷ **服务水平与特色** 服务质量的好坏决定顾客是否还会来餐厅,也会影响餐厅的经营。服务的态度和水平、服务的技巧和能力,尤其是服务特色都将成为餐饮企业对外树立形象的基础。餐饮企业要将自己与周边餐饮店相比,审视自己的餐厅环境与服务有何特色,服务水平如何。

❸ **管理能力** 作为服务性行业,餐饮业务过程复杂,受人的影响较大,管理不易控制。餐饮企业在不断发展壮大的过程中,需要逐步建立健全市场开发、客源招揽、原料采供、厨房生产、餐厅服务和成本控制等环节的管理制度、职责规范、操作流程、质量标准,要形成制度化、标准化、程序化管理模式,打造一套完善的管理体系。但管理制度的落实需要管理团队具有良好的领导力和执行力,这些都需要客观分析和评判。

❹ **品牌影响力** 品牌是餐饮企业的无形资产,能够快速吸引广泛的顾客。对餐饮品牌可以从品牌认知度(包括知名度、美誉度和联想度)、参与度(包括参与广度、参与深度、参与频度)和忠诚度(依赖性、排他性、传承性)三个方面进行分析。

❺ **团队素养** 人力资源是制约餐饮企业发展的重要瓶颈之一,无论是一线的服务人员,还是高技能的厨师队伍、专业化的管理人员和营销人才,都是高成本的稀缺资源。很多优秀餐饮企业发展扩张的步伐不快,核心原因就是没有优秀的团队。

总的来说,餐饮企业的菜品竞争力、服务水平与特色、管理能力、品牌影响力及团队素养等对于营销目标能否实现关系重大,在分析营销环境时,应当正确分析,有客观的自我认知。

> **思考**:了解微观营销环境的构成对于分析餐饮企业营销策略有何启示?

知识小测

→ **小试牛刀**

通过对餐饮市场微观营销环境相关知识的了解,你是不是对分析餐饮市场微观营销环境有了一定的信心呢?请你帮助销一起尝试做好外卖竞争者的调研分析吧!

项目三 洞察餐饮市场营销环境

任务闯关卡

任务名称 调研外卖竞争者

成果形式 外卖竞争者分析报告

成果要求
1. 报告包含四个部分：调研对象、调研过程、信息收集与分析、对外卖营销活动的建议。
2. 要求：说明对竞争者的筛选过程、将竞争者的具体信息以表格形式进行展示，将竞争者的相关信息以图文形式进行展示；对竞争者进行分析与总结，并根据竞争者的具体情况，对门店的外卖营销活动提出科学可行的建议

完成路径 详见二维码

探究与反馈

对外卖竞争者进行调研分析是许多餐饮企业的日常工作。学会筛选竞争者、多渠道收集信息、常态化对直接竞争者的动向保持关注并能够根据竞争者做出相应外卖活动的调整，是我们需要具备的重要能力。请和你的小组成员分享、探究如何更好地做好竞争者分析，并以此为基础进行拓展，尝试进行其他微观营销环境的调研分析。

在完成本次任务的过程中，你遇到了哪些困难和疑惑？你是怎么去解决的？将你在完成本次任务过程中的收获、困惑、反思及改进措施等记录下来吧！

☺ 收获：

☹ 困惑：

🤔 反思及改进措施：

任务三 综合分析餐饮市场营销环境

[职场闯关记]

营营和销销通过参与前期餐饮市场宏观营销环境和微观营销环境调研工作,得到了关于公司某品牌外卖业务的相关资料。现在需要整合相关资料,进行餐饮市场营销环境的综合分析。请你帮他们一起解决这个难题吧!

任务描述

综合分析餐饮市场营销环境能够帮助餐饮企业科学地做出营销决策。通过对本任务的学习,了解综合分析餐饮市场营销环境的意义,掌握SWOT分析法的具体步骤,并能运用该方法进行综合分析,提出和选择合理可行的营销对策。

任务目标

(1) 理解综合分析餐饮市场营销环境的意义。
(2) 掌握SWOT分析法的具体操作步骤。
(3) 能构建餐饮企业的SWOT矩阵。
(4) 能运用SWOT分析法为餐饮企业选择恰当的营销战略。

任务导入

1996年6月,第一家眉州东坡酒楼在北京开业。目前已实现以北京为中心,覆盖四川、河北、湖北、陕西等省的连锁网络门店布局。2013年12月18日,眉州东坡美国洛杉矶比弗利山庄店开业,标志着集团朝着"为全世界人民做饭"的使命迈上了新的台阶。十几年来,眉州东坡一直致力于酒店管理、营销、物流配送、食品加工等方面的创新,秉承"高档菜品平民化,平民菜品精细化"的理念,以源全5S为管理基础,以ISO9001质量管理体系为主要产品执行标准,以HACCP管理体系为食品安全管理标准。经过长时间的不断探索,眉州东坡现已发展成为拥有"眉州东坡餐饮管理(北京)有限公司""四川王家渡食品股份有限公司""北京眉州酒店管理有限公司""四州眉州东坡餐饮管理有限公司"四大公司,"眉州东坡酒楼""王家渡火锅""眉州小吃"三大业态,在全球有一百多家直营店的大型餐饮连锁企业。先后荣获"四川餐饮名店""中华餐饮名店""亚洲餐饮名店"等称号,连续三届获得"北京市著名商标",至今已成为国内运行最稳定的大型餐饮连锁企业之一。眉州东坡的成功经营绝非一朝一夕而成,更不是偶然发生的,而是源于其不断借鉴、学习其他优秀餐饮企业的管理亮点,与时俱进,不断更新完善已有营销模式的结果。

> 思考：分析眉州东坡不断发展壮大的历程，以及眉州东坡是如何凸显管理特色和营销优势的。

知识精讲

一、综合分析营销环境的意义

餐饮企业的营销环境是与餐饮企业营销活动有关的各种外部和内部因素组成的生态系统，这些因素构成了餐饮企业生存和发展的外部条件。

对营销环境进行综合分析是餐饮企业开展营销活动的前提，正确分析市场环境，能方便餐饮管理人员制定适合的营销策略。营销环境是动态的、不断变化的，它的变化既给企业的营销活动提供了机会，也带来了威胁；同一环境变化对某些企业是机会，对另一些企业则可能是威胁。营销管理的主要任务就在于掌握营销环境的变化，努力使可控的营销因素与不可控制的环境因素相适应，这是保证餐饮企业生存和发展的关键。

二、综合分析营销环境的方法——SWOT分析法

SWOT分析法又称为态势分析法，是一种能够较客观地分析和研究一个企业或产品现实情况的方法，也是市场营销环境分析中常用的方法。SWOT是英语单词strengths（优势）、weaknesses（劣势）、opportunities（机会）、threats（威胁）的首字母缩写。SWOT分析法是基于内外部竞争环境和竞争条件下的态势分析，列出内部的优势、劣势和外部的机会、威胁，并依照矩阵形式排列，然后对各因素进行系统分析，从而得出相应结论的企业战略分析方法（图3-7）。

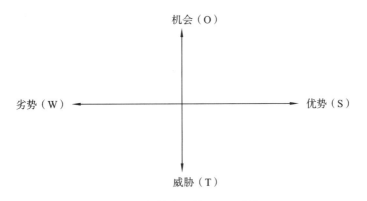

图3-7 餐饮产品的SWOT分析

（一）优势与劣势分析

餐饮企业内部的优势与劣势是相对于竞争者而言的。优势可以表现在有利的竞争态势、充足的资金来源、良好的企业形象、雄厚的技术力量、较大的市场份额、规模经济、成本优势等方面；劣势包括设备老化、管理混乱、缺少关键技术、研究开发落后、资金短缺、经营不善、竞争力差等。

分析餐饮企业的内部环境时，要从整个价值链的每个环节上将餐饮企业与其竞争者进行详细的对比分析。此外，在调查分析这些因素时，不仅要考虑餐饮企业的过去与现状，还要考虑未来发展趋势。只有充分、准确地了解餐饮企业的优势和劣势，才能扬长避短，制定合适的营销战略，从而实现

餐饮企业的经营目标。

（二）机会与威胁分析

餐饮企业的外部环境是企业无法控制的，外部环境通过对餐饮企业提供机会或产生威胁来影响餐饮企业的营销活动。机会是指对餐饮营销活动有利的、能够促进餐饮企业发展的因素，具体包括新市场、新需求、政策利好、市场壁垒解除、竞争者失误等；威胁是指对餐饮营销活动不利的或限制企业发展的各种因素，具体包括新的竞争者出现、替代品增多、市场紧缩、经济衰退、客户偏好改变以及突发事件等。

一般情况下，餐饮企业所面临的机会和威胁是并存的，在一定条件下，两者可相互转化。在综合分析营销环境时，餐饮企业可以根据机会水平和威胁水平的不同，将餐饮企业所面临的综合环境分为四种不同的类型（图3-8）。

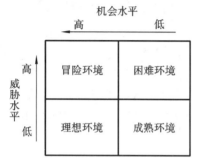

图3-8 餐饮企业综合环境的分类

❶ **冒险环境** 即高机会和高威胁的营销环境。对于冒险环境，餐饮企业应全面分析自身的优势、劣势，扬长避短，抓住市场机会，寻求突破性发展。

❷ **困难环境** 即低机会和高威胁的营销环境。对于困难环境，餐饮企业要努力改变环境、减轻威胁，或寻求新的发展空间，以摆脱困境。

❸ **理想环境** 即高机会和低威胁的营销环境。对于理想环境，餐饮企业应该适时抓住市场机会，进行产品开发和市场拓展，以赢得竞争优势。

❹ **成熟环境** 即低机会和低威胁的营销环境。对于成熟环境，餐饮企业应在经营好常规业务、维持企业正常运转的同时，寻找新的市场机会。

（三）构造SWOT矩阵

在对优势、劣势、机会、威胁进行分析的基础上，将各种因素根据轻重缓急或影响程度进行排序，构造SWOT矩阵。

将对餐饮企业发展有直接的、重要的、大量的、迫切的、久远的影响因素优先列出来；将间接的、次要的、少许的、不迫切的、短暂的影响因素排在后面。

餐饮企业内部的优势与劣势是相对的，要与外部环境的机会与威胁结合起来综合分析，并在此基础上选择正确的营销战略。根据SWOT分析法，将内外部环境结合起来综合分析，可以形成四种内外匹配的战略：发展型战略、稳定型战略、紧缩型战略、多角化战略（图3-9、图3-10）。

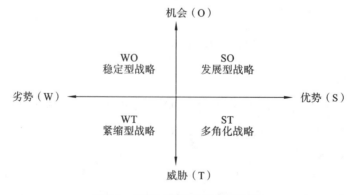

图3-9 SWOT营销战略选择矩阵

SWOT分析结果	营销战略选择	营销战略方向	营销原则	营销决策
优势(S)+机会(O)	发展型战略(SO)	产品认知	开拓	占领市场、领导同行、增强企业实力
劣势(W)+机会(O)	稳定型战略(WO)	个性突显	争取	随行就市、速战速决、抓住市场机会
劣势(W)+威胁(T)	紧缩型战略(WT)	有效回收	保守	降低成本、急流勇退、占领角落市场
优势(S)+威胁(T)	多角化战略(ST)	品牌塑造	进攻	集中优势、果断还击、提高市场份额

图 3-10 SWOT 分析法的营销战略选择

运用 SWOT 分析法选择营销战略的原则：发挥优势因素，克服劣势因素，利用机会因素，化解威胁因素；考虑过去，立足当前，着眼未来。通过 SWOT 分析，餐饮企业可以明确自身的优势，改进或回避自身的劣势，把握有利于企业生存和发展的机会，从而将优势转变为企业的竞争力。

思考：将 SWOT 分析模型运用到餐饮营销领域，对分析餐饮企业综合营销环境有何启示？

通过以上综合分析营销环境的意义、SWOT 分析法相关知识的学习，你是不是对营营和销销面临的任务有了解决的思路呢？接下来，请你和小组成员一起，群策群力，帮助他们完成这次挑战任务吧！

知识小测

任务名称	综合分析餐饮营销环境
成果形式	餐饮营销环境 SWOT 分析矩阵
成果要求	1. SWOT 分析矩阵图：列出餐饮企业自身的优势和劣势、外部的机会和威胁及对应的营销战略。 2. 要求：对优势、劣势、机会、威胁的分析合情合理，有针对性，符合企业实际；能够结合内外部的营销环境制定合适的营销战略；能选定当前复杂的营销环境下，适应餐饮企业发展的最合适的战略
完成路径	详见二维码

SWOT分析法是餐饮企业综合分析营销环境的常用方法。在餐饮产品营销项目前期调研分析的过程中,必须明确具体产品项目情况,全面分析项目优势、劣势、机会、威胁,再运用SWOT分析法选择适合的营销战略。

在完成本次任务的过程中,你遇到了哪些困难和疑惑?你是怎么去解决的?将你在完成本次任务过程中的收获、困惑、反思及改进措施等记录下来吧!

探究与反馈

 收获:

 困惑:

 反思及改进措施:

项目三
案例分析

实战演练

结合本任务所学,请你根据SWOT分析法,选择一家餐饮企业,分析其内部环境和外部环境,利用分析结果,构建SWOT矩阵,并对该餐饮企业的营销战略提供意见和建议。

闯关小结

通过本项目的闯关,营营和销销了解了餐饮营销环境的概念、特征和构成,也初步认识了餐饮市场宏观营销环境和微观营销环境的主要构成因素,理解了这些因素对餐饮企业营销活动的影响。通过学习SWOT分析法和SWOT矩阵的构建,他们进行了餐饮市场调研,根据调研信息进行了分析,并尝试给餐饮企业提供营销战略选择相关的建议。这些任务的完成,让他们对互联网餐饮营销有了更为系统的认知,也更能理解餐饮企业的经营行为,为后续做好营销工作打下了扎实的市场基础。营营和销销作为职场新人,通过前期的努力,初步获得了一定的成绩。面对接下来的职场挑战,营营和销销也满怀信心,期待更大的成长!

第二篇

营销策略篇

项目四

定位餐饮品牌

项目引入

党的二十大报告明确提出要"加快建设世界一流企业"。品牌是企业乃至国家竞争力的重要体现,也是赢得世界市场的重要资源。餐饮品牌不仅仅是一个名称或标志,更是企业的信誉和形象,是企业文化内涵和核心竞争力的体现。各级政府、行业、企业已经意识到餐饮品牌的重要性,纷纷采取措施,打造中国餐饮品牌。2024年,商务部等9部门联合印发的《关于促进餐饮业高质量发展的指导意见》中提出,要"培育知名餐饮品牌""实施地域餐饮品牌培育工程,鼓励地方深入挖掘传统烹饪技艺和餐饮文化"。近年来,中国品牌以非同寻常的韧性与活力持续在全球市场发力创新,展现出前所未有的全球传播力。中国餐饮品牌也加快了全球化的步伐,以茶饮、火锅最为突出,切中消费者需求与发挥新渠道优势的品牌收获成长。太二酸菜鱼、朱光玉火锅馆、费大厨辣椒炒肉、塔斯汀等新消费品牌快速崛起,这些品牌利用各种线上渠道,不断提高自身的品牌影响力,在抖音、快手、B站等平台的渗透率均较高。定位于"新中式汉堡"的塔斯汀在继承和发扬中餐传统的基础上,进行创新与改良,向着精致化、时尚化、国际化的方向发展,成为中式快餐的一匹黑马。

品牌就是生产力,卓著的品牌可带来广阔的市场。对于餐饮企业来说,只有强化品牌质量管理、提升品牌创新能力、加大品牌宣传推广力度、打造有竞争力的品牌,才能够在激烈的市场竞争中立于不败之地。本项目将带领大家走近餐饮品牌,探讨如何定位餐饮品牌,制定餐饮品牌策略,打造独特的品牌价值与形象,助力餐饮企业实现高质量发展。

思维导图

学习目标

1. 理解餐饮品牌定位的内涵,熟悉五大定位模块的内容。
2. 掌握餐饮品牌定位的方式,能对餐饮品牌定位进行深入分析。
3. 掌握构建餐饮品牌营销机制的主要内容,能初步分析餐饮品牌识别系统。
4. 掌握餐饮爆品策略,能结合实际打造餐饮爆品。
5. 熟悉构建营销矩阵的步骤,能初步搭建餐饮营销矩阵和配置人员。

任务一　明确餐饮品牌定位

[职场闯关记]

公司近期打算对品牌进行重新定位,经理安排营营和销销参与当前的品牌分析与重新定位工作。可是营营担心自己对餐饮品牌定位的了解非常有限,难以胜任这项工作。销销在门店工作的这段时间,也发现了一些品牌的问题,他对品牌重新定位非常感兴趣。请你和他们一起,尝试完成餐饮品牌定位这一重要任务吧!

扫码看课件

扫码看微课

▶ 任务描述

品牌是餐饮企业竞争力的重要体现,只有获得顾客认同的品牌才能实现长远的发展。餐饮品牌定位是餐饮企业成功的前提,也是餐饮品牌建设的基础。通过对本任务的学习,掌握餐饮品牌定位的主要内容与方式,能够正确地分析餐饮品牌定位,形成强烈的品牌意识。

▶ 任务目标

(1) 理解餐饮品牌定位的内涵,有弘扬中餐品牌的意识。
(2) 掌握餐饮品牌定位的主要内容,能利用3C战略三角模型分析价格定位。
(3) 理解餐饮品牌定位的方式和相关理论,能对餐饮品牌定位进行深入分析。

▶ 任务导入

餐饮界很多人都把西贝当成学习的案例。西贝的每次营销都引起了行业以及投资人的关注。西贝的4次改名,为餐饮界津津乐道。

1999年,西贝莜面村品牌诞生。

2011年2月,特劳特将西贝定位为"西北民间菜"。

2011年11月,里斯将西贝定位为"西北菜"。

2012年,里斯将西贝定位为"烹羊专家"。

2013年,贾国龙改回"西贝莜面村",并向购物中心店进行转型,提供品质便餐。

2014年,西贝完成品牌转化与LOGO的时尚化蜕变,确定了I♥莜的超级符号和西贝莜面村方型LOGO。

交了几千万定位学费之后,西贝弃用特劳特"西北民间菜"和里斯"烹羊专家"定位,门店从40多家飞速增长到200多家,2017年一年营业额达43亿元。

做了4次定位,贾国龙前前后后花了几千万。贾国龙圈内的很多朋友都说:"老贾就是折腾,花了这么多钱,不还是回来了。"但贾国龙却认为:"为了搞清楚我是谁,这钱花得就值。"

> 思考：西贝的成功，以及贾国龙的那句"为了搞清楚我是谁，这钱花得就值"告诉了我们什么道理？请尝试从餐饮品牌定位的角度进行分析。

 知识精讲

一、餐饮品牌定位的内涵

越来越多的餐饮新势力迅速崛起，其鲜明的主题、个性化的特色让这些餐饮品牌拥有了清晰的品牌辨识度。餐饮品牌定位就是餐饮企业根据市场上产品的竞争状况，为企业塑造强有力的、与众不同的鲜明个性，并将其形象、生动地传递给顾客，以期得到顾客的认同。其实质就是在顾客脑海中，为品牌建立有别于其他竞争者形象的过程，使顾客能够将其与其他品牌区别开来，并明显感觉到和认同这种差异。

二、餐饮品牌定位的内容

（一）人群定位

对于餐饮企业而言，品牌定位方向的确定过程即目标顾客的锁定过程。餐饮品牌定位不是餐饮企业想做什么，而是顾客需要什么，尤其是我的目标顾客需要什么。因此我们的目标顾客是谁？他们在哪里？他们想吃什么？他们想怎么吃？他们想在哪儿吃？他们的餐饮消费能力和餐饮消费观念等成为餐饮企业首先要了解的。人群定位是进行其他定位的前提，也是餐饮企业获得成功的关键所在。

小贴士 4-1：
Z 世代的
餐饮消费

知识链接 4-1：
餐饮品牌
如何把握
Z 世代

（二）客单定位

在餐饮品牌定位中，客单定位是一个至关重要的环节。客单一词常用于商业场景中，特别是餐饮、酒店等服务行业中。它涉及目标顾客消费的层级链接、销售的产品利润打造，同时也是餐饮市场环境差异化的经营核心。可以结合品牌自身特点、目标顾客特点以及竞争对手情况进行客单定位。

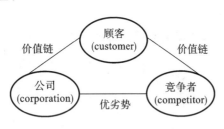

图 4-1　3C 战略三角模型

3C 战略三角模型是将顾客（customer）、公司（corporation）和竞争者（competitor）三者作为一个战略整体单位（图 4-1），按照寻求三者最大公约数的逻辑，找到三者高度契合的最优解。

在顾客维度，我们需要将目标顾客的消费特点和需求作为客单定位的起点，要了解目标顾客为了满足此类需求愿意为此支付多少钱。在公司维度，我们需要考虑餐饮企业能否在某一核心功能上取得相对优势，能否充分利用好目前的资源生产出有竞争力的餐饮产品。餐饮企业内部的这些资源和优势对客单定位的下限具有深刻影响，且最终要确保定价具有营利性。同时，分析餐饮品牌是否有独特卖点，有无地域特色、口碑和影响力等，可作为客单定位的参考依据。例如，当前有许多新中式茶饮品牌，用高品质的真茶真奶和新鲜水果提高现制茶饮的产品形象，通过高频率的口味上新、丰富的营销活动、优质的门店形象、便捷的数字化渠道等，让品牌成为年轻、时尚、潮流生活方式的代名词，获得了较高的品牌溢价。在竞争者维度，我们需要关注同行业的竞争情况，尤其是要关注相同档次、相同品类的餐饮企业的定价策略。因为顾客在购买餐饮产品时，会货比三家，仔细筛选。所以在客单定位时，要将竞争者的定价作为参考依据，以便制定具有竞争力的价格体系。

综合以上三个维度，在客单定位中应结合目标顾客特点，并结合上限（将产品与市场中相同或相似产品进行对比以提升产品的内容价值）和下限（产品市场流通成本或市场平均成本），最后参考产品价格界限（竞品、爆品的定价情况），从而得出品牌产品定价的纵向标准，制定出合理的客单区间。在这个区间内，餐饮品牌可以根据不同菜品的特点、品牌的影响力以及目标顾客的消费习惯等因素，进行具体的定价。例如，对于具有地域特色的主打菜品，可以设定稍高的价格；对于普通菜品，可以设定适中的价格；对于特色饮品和小吃等，可以设定较低的价格以吸引顾客。

（三）产品定位

产品定位是指针对顾客对某种产品某种属性的重视程度，塑造产品的鲜明个性或特色，以便满足顾客需求、与竞品区分开来，从而使目标顾客了解和认识本企业产品的过程。作为餐饮的核心，产品是定位中重要的内容。在产品定位时，要明确产品卖给谁？在什么场景下使用？解决了顾客何种核心问题？这里的产品是广义的，包括菜品、环境和服务。在餐饮定位中，特色鲜明的核心菜品、主次分明的菜单设计是重中之重。

多数餐饮企业对外面临的是产品繁多且同质化的激烈竞争环境，对内则面对产品力、品牌力不足等限制。因此很多餐饮企业选择聚焦资源着重打造一个大单品（群），突出大单品（群）的某一特色，使这个大单品（群）成为招牌，赢得顾客青睐，以此明确或者改变自己的产品定位，提升企业的品牌力、竞争力。如某餐饮企业聚焦剁椒鱼头这个大单品，打造了剁椒鱼头十大必点菜，这十大必点菜占其总销售额的80%。还有的餐饮企业将某个单品品牌化，甚至IP化，让自己的品牌被识别和记忆，成为该品类上的领航者。如魏家凉皮、阿甘锅盔、太二酸菜鱼等都是所在品类的佼佼者，它们的成功为其他餐饮企业的产品定位提供了可以借鉴的模式和实践经验。

餐饮企业提供的环境和服务也是产品的重要组成部分。在打造餐饮门店时，可以充分挖掘地域文化，凸显地域特色，将这些特色转化成餐饮品牌的重要组成部分。中国餐饮文化博大精深，各个地域有着鲜明的特色，餐饮企业可以利用地域特色在市场竞争中获得优势，为自己的品牌贴上地域的标签，融入地域文化元素，打造沉浸式的店面场景，让顾客有更直观的体验。如"小龙坎"火锅就很好地将四川地域文化融入门店中，形成了独特的品牌个性和形象。在大牌云集的市场上，小品牌也可以利用地域文化打造特色和亮点，争取引起顾客的共鸣，激发强烈的地域认同，成为打卡式、景点式餐饮品牌。

（四）场景定位

餐饮场景定位是一个涉及多方面因素的综合性任务，它需要结合目标顾客、客单定位以及产品特性来确定销售场景。餐厅在定位时，要充分考虑其所在的消费场景。例如，快餐解决的是顾客快速进餐的需求，要保证用最高的效率确保顾客摄入充分的能量；茶餐厅提供的是社交场景，顾客更需要安静的环境和优质的服务。餐饮企业四大常见场景包括主街道、社区、商场和校园（图4-2）。在不同的场景中，餐饮品牌的定位会有所差异，以满足不同消费者群体的需求和期望。

图4-2 餐饮企业常见的四种场景

❶ **主街道餐饮场景定位** 主街道餐饮场景定位主要面向的是路过的行人和游客。这部分人群通常流动性较大，因此需要提供方便、快捷且美味的餐饮产品。同时，店铺的装修和门面设计也需要吸引眼球，以使更多的行人驻足。在产品方面，餐饮企业可以推出一些便携式的快餐或小吃，以满足行人的快速消费需求。

❷ **社区餐饮场景定位** 社区餐饮场景定位则更加注重便捷性和家庭氛围。社区居民通常追求的是舒适、温馨的就餐环境,同时注重菜品的口味和品质。因此,餐饮企业可以设计一些适合家庭聚餐或朋友聚会的套餐,提供温馨、舒适的就餐空间。此外,考虑到社区居民的日常生活习惯,餐饮企业还可以提供外卖或送餐服务,以满足社区居民的便捷需求。

❸ **商场餐饮场景定位** 商场餐饮场景定位主要面向的是购物中心的顾客和游客。商场内的餐饮品牌需要具备一定的特色和创意,以吸引顾客的注意。餐饮企业可以结合商场的整体风格和氛围,设计独特的装修风格和菜品特色。同时,考虑到商场内消费群体的多样化,餐饮企业还可以提供多样化的菜品选择,以满足不同顾客的口味需求。

❹ **校园餐饮场景定位** 校园餐饮场景定位则需要考虑到学生的消费能力和口味偏好。学生通常对价格敏感,追求性价比高的餐饮产品。因此,餐饮企业可以推出一些价格适中、营养均衡的套餐或快餐,同时注重菜品的口感和外观。此外,考虑到学生的社交需求,餐饮企业还可以提供一些适合聚餐或举办活动的场地和服务。

由此可见,餐饮品牌在不同场景中的定位策略需要根据目标顾客偏好、消费能力以及产品特性等进行综合考虑。通过精准的场景定位,我们可以更好地满足顾客的需求和期望,以提升品牌的竞争力和市场占有率。

(五)渠道定位

渠道定位是一个综合性的战略决策,它涉及如何根据目标顾客和地域特点来选择合适的销售渠道,并通过线上、线下渠道来营造和优化销售氛围。餐饮企业常见的线下渠道就是实体店,餐饮企业可以针对特定人群和地域特点,选择适合的地点开设实体店。例如,在年轻人聚集的商圈或学校周边开设有特色的餐厅。线上渠道则通常是利用电商平台、外卖平台等,将产品触达更广泛的消费群体。通过与平台的合作,可以实现精准营销,以提高品牌知名度和曝光率。

在选择线上、线下渠道时,需要充分考虑各渠道的特点,双管齐下,打造品牌的良好形象。线上渠道的氛围营造主要依赖于品牌形象、产品展示、互动体验等方面。餐饮企业需要建立专业、有吸引力的官方网站或电商平台,展示精美的菜品图片、详细的介绍和优惠活动信息。同时,在社交媒体、短视频等平台与顾客进行互动,以提高品牌活跃度和顾客黏性。线下渠道则可以通过门店形象展示、异业联盟等方式来吸引更多的顾客。线下异业联盟是指餐饮企业与其他行业的企业进行合作,共同开展促销活动或提供互惠服务,可以拓展销售渠道,吸引更多潜在顾客。例如,与电影院、健身房等场所合作,提供优惠套餐或联名卡,实现资源共享和互利共赢。

在测评线上渠道和线下渠道时,餐饮企业可以关注以下两点。

一是销售业绩提升情况。通过对比合作前后的销售业绩数据,评估渠道定位的有效性。如果销售业绩有明显提升,说明渠道定位较为成功。

二是顾客反馈与满意度。收集顾客对线上渠道和线下渠道的反馈意见,了解顾客的购物体验和满意度,不断改进和优化渠道布局和服务质量,提升顾客的忠诚度和口碑传播效果。

三、餐饮品牌定位的方式

(一)精准锁定目标消费群体,获取顾客画像

以茶饮为例,在美团给出的新茶饮顾客画像中,新茶饮有71%的用户为30岁以下的年轻人,女性占76%。不难看出这两年迅速崛起的新茶饮品牌为迎合年轻消费群体与女性消费群体所做出的努力。时尚场景的设计、文化氛围的打造、产品的创新以及趣味概念包装等让新茶饮明显呈现出年

轻化与精致化的特征。例如,奈雪的茶创新打造"茶+软欧包"的销售形式,以20~35岁年轻女性为主要客群,茶饮选用各地名优茶,软欧包系列"低油、低盐、低糖",店面装修风格各异,整体温暖舒适,符合女性审美。通过精准的定位锁定目标消费群体,以顾客画像为依据进行品牌设计,帮助品牌迈出了成功的第一步。

(二)确立鲜明且与众不同的形象,或补充市场短板

同质化竞争在餐饮业非常严重,特别是新品牌进入市场时,如果没有鲜明的特色,很容易被市场淘汰。因此我们要在红海品类中打造与众不同的特色,或直接补充市场短板,进军蓝海市场,获得差异化的资本,才能在市场中脱颖而出。例如,胡桃里音乐餐厅,首创"一站式夜生活",将音乐、美食、美酒、表演融于一体,成为比酒吧更具文化氛围且提供高性价比酒水美食的丰富夜生活形式。在餐饮方面,胡桃里远没有知名品牌专业,但是胡桃里的核心特色就在于音乐与文化的融合,这也是胡桃里在定位方面的取舍之道。

(三)围绕目标顾客的消费诉求与体验升级,持续进行产品升级

虽然定位必须持续一段时间,以便使顾客建立深刻的印象,但定位并非一成不变。定位因顾客需求而生,以顾客需求为导向。所以,随着顾客消费诉求的变化,消费体验在不断升级,定位也需要随之调整。本任务中提到的西贝,从最初的突出地方特色到强调爆款餐品,再到彰显品牌时尚化、现代化、匠心餐饮以及健康卫生等元素,通过升级不断为品牌注入生命力,使顾客看到一个持续处在上升期的西贝莜面村。

(四)围绕产品进行文化或情感包装

作为一种文化包装形式,文化或情感包装是当下餐饮品牌设计中不可或缺的一部分。越来越多的餐饮品牌学会了打"情感牌",比如某主打一碗治愈暖汤的靓汤品牌,"希望用有温度的营养好汤,传递温暖,让喝汤成为一件幸福的事儿"。因此该品牌注重营造家的氛围。当前许多新茶饮品牌也强调其代表的是年轻人的一种质感生活态度。

(五)复合生态,跨界合作

如今的餐饮运营早已不仅仅局限于餐品,定位也不仅仅围绕着餐品本身进行,"餐饮+生态园""餐饮+音乐"等复合生态的出现,"餐饮+电影""餐饮+动漫"等跨界合作的出现,让餐饮有了更丰富的表现形式与内涵。长沙有家网红小龙虾馆,因频频登上热搜,成为餐饮界的地标之一。这家近两万平方米的超级文和友社区已然成为一个集文旅和餐饮于一体的"景点",一进门,仿佛回到了20世纪90年代初,老旧的社区、杂乱的广告牌、纵横交错的电线、斑驳的墙皮,糖画师、理发师、婚介人员、打麻将的老人等,好像童年时的记忆全部都回来了,浓浓的长沙市井文化和饮食文化让人倍感亲切。除此之外,它还挖掘了许多长沙老品牌、口碑小店和街头美食霸主加入,正哥牛肉串、红梅冷饮店甚至连黎叔述古书店也搬了进来。这样的复合生态为顾客带来了更富层次感的全新体验,餐饮的附加值也随之增高。

> 小试牛刀

通过以上餐饮品牌定位相关知识的学习,你是不是对餐饮品牌定位有了一定的了解呢?接下来,请你帮助营营和销销一起以工作的餐饮门店为对象,为这个门店做一个全面的餐饮品牌定位分析吧!

知识小测

任务闯关卡

任务名称 明确餐饮品牌定位

成果形式 分析餐饮品牌定位

成果要求 以文档形式进行,具体内容包括分析餐饮品牌的人群定位、客单定位、产品定位、场景定位和渠道定位,结合餐饮品牌定位的方式,对餐饮品牌的定位做出整体评价,并提出品牌定位的优化建议

完成路径

1. 小组选择某个餐饮品牌,分别查阅资料收集品牌信息,掌握品牌目标市场的顾客信息、品牌形象、竞争对手情况、产品定位、价格定位、渠道定位等情况,并进行深入分析。
2. 对照该餐饮品牌的目标消费群体需求,深入分析该餐饮品牌是否能够通过价格、产品与服务、场景、渠道等来满足该群体需求,对其产生吸引力。
3. 分析该餐饮品牌是否定位清晰,定位的内容是否均围绕目标消费群体展开,是否能体现出其与其他品牌的区别。
4. 小组集中研讨,交流意见,对该餐饮品牌的定位做出整体评价,并为其提出优化建议。
5. 分工合作撰写餐饮品牌分析报告

探究与反馈

一个明确的餐饮品牌定位对于企业的成功至关重要。品牌定位不仅有助于企业在众多餐饮品牌中脱颖而出,更能准确满足顾客的需求,增强顾客黏性。

在完成本次任务的过程中,你遇到了哪些困难和疑惑?你是怎么去解决的?将你在完成本次任务过程中的收获、困惑、反思及改进措施等记录下来吧!

☺ 收获:

☹ 困惑:

🤔 反思及改进措施:

项目四 定位餐饮品牌

任务二 制定餐饮品牌策略

[职场闯关记]

公司前期进行了品牌定位调整,接下来就需要制定品牌策略。为了更好地锻炼营营和销销,公司让他们参与了品牌策略制定的工作。营营和销销刚参与了品牌定位调整,对品牌也有了一定的了解,他们也很乐于一起探讨这项任务。请你和他们一起迎接挑战吧!

任务描述

在当今竞争激烈的餐饮市场中,制定并执行有效的品牌策略对于餐饮企业而言至关重要。它能塑造独特的品牌形象,推动企业创新发展,并帮助企业更好地应对市场风险,实现持续增长。本任务介绍了餐饮品牌营销机制的构建,餐饮品牌识别系统的建立和爆品策略等。

任务目标

(1)了解餐饮品牌的核心价值。
(2)掌握构建餐饮品牌营销机制的主要内容。
(3)熟悉餐饮品牌识别系统的主要内容,能初步分析餐饮品牌识别系统。
(4)掌握爆品策略,能结合实际打造餐饮爆品。

任务导入

老乡鸡作为中式快餐品牌,截至 2023 年已突破 1200 家店。老乡鸡的成功离不开企业正确且果断的战略定位。老乡鸡在经过市场调研与考察之后,毅然决然地砍掉"家园公司、食品公司、农牧养殖、专卖店"这四个业务形态,只保留"快餐公司"。这表明企业将核心业务集中在快餐行业。这是实现老乡鸡战略定位的第一步。第二步,企业将原本的品牌名称"肥西老母鸡"改为"老乡鸡",同时将市场定位从"特色老母鸡快餐"改为"安徽最大连锁快餐"。

品牌是成功的关键,老乡鸡打造了一场乡村级品牌发布会。与想象中的品牌发布会不同,老乡鸡品牌发布会在"农村院落、拉板车、木电线杆、泥墙上挂着大蒜等"场景下进行,这与老乡鸡自身的产品价值定位有很大关系。

老乡鸡邀请明星代言,通过其流量加持,加上老乡鸡自身热点的制造能力,和董事长的人设打造,还有对标快餐国际品牌等来进行多方互动式社交营销,充分利用了借势营销策略。

老乡鸡与代言明星之间的互动,引爆社交话题,经过网友们的二次加工,呈现出裂变式互动传播趋势。加上老乡鸡的乡村级品牌发布会,官博的文案海报,土味广告片,品牌想在市场上不火都难。

老乡鸡在发展的过程中一直坚守着自己的发展战略,持续四年深耕安徽市场,将安徽本地市场

"吃透"之后才开始逐步向外拓展,进入武汉、南京、上海等城市,也正是因为有前期积累作为基础,企业后来才能飞速发展与扩张。

> 思考:在众多企业都在思考如何推进品牌营销的时候,老乡鸡已经走向了成功。请你说说其品牌是通过哪些餐饮品牌策略引起众多消费群体关注的。

知识精讲

一、餐饮品牌的核心价值

餐饮企业依靠餐饮品牌与市场进行接触,其产品、服务等都是通过餐饮品牌呈现且被顾客认知的。所以,餐饮企业的市场营销工作应该以餐饮品牌为视角来开展。餐饮品牌必须具有自己的核心价值,即承诺并兑现给顾客最主要、最具有差异性和持续性的价值。这是餐饮品牌独一无二且具有强大感召力的部分。它能让顾客识别并记住、认同、喜欢甚至爱上。在餐饮品牌营销的过程中,要提炼餐饮品牌的核心价值,具体体现在以下三个方面。

(一)功能价值

功能价值是餐饮品牌立足的基础,它体现产品的功能性利益或物理属性,如菜品的色、香、味、形、器以及营养、价格、便利性等。在一些产品差异化较为明显的餐饮品牌中,功能价值的作用较大。简单来说,就是通过突出产品的功能特点并使其成为产品卖点,比如海底捞的优质服务、蜜雪冰城的高性价比、塔斯汀"手擀现烤汉堡坯"的中式汉堡等。

(二)情感价值

情感价值与餐饮品牌调性息息相关,餐饮企业要赋予餐饮品牌人格化,使其具备某种情感、性格或者身份,然后结合内容与场景进行营销。餐饮品牌的情感价值能让顾客在消费该餐饮品牌时被赋予更深的意义和更紧密的关系。情感价值主要表达餐饮品牌的情感内涵,如温馨、依赖、承诺等。餐饮企业可以通过打造包装与顾客形成互动,增强顾客体验,实现情感连接,通过顾客的分享与转发实现裂变式互动传播。从当前来看,情感价值与互联网的特性相符,满足顾客个性化、圈层化的趋势,因此尤其受年轻一代的欢迎,比如喜茶、江小白、星巴克等在品牌的情感价值表达上都是非常优秀的。

(三)象征价值

象征价值是餐饮品牌成为顾客表达个人主张或宣泄的方式,有个性的品牌就像人一样有血有肉。近年来品牌个性在品牌识别系统中的地位越来越重要,以至于不少人认为品牌个性就是品牌的核心价值。象征价值是品牌所蕴含的人生哲理、价值观、品位、地位等,顾客往往通过使用这样的品牌产品,体验人生追求,张扬自我个性,寻求精神寄托。

二、构建餐饮品牌营销机制

餐饮品牌营销机制对餐饮企业而言具有非常重要的作用。餐饮品牌营销机制是指餐饮企业为实现其品牌价值和市场目标,通过制定和实施一系列战略和策略,来塑造、推广和维护品牌的过程。

(一)品牌定位与规划

在餐饮行业中,品牌定位是确定品牌在市场中所处位置及其目标消费群体的关键。品牌定位要清晰明确,突出品牌特色,满足特定消费群体的需求。品牌策略需围绕品牌定位展开,包括产品策略、价格策略、推广策略等,确保品牌在市场中的独特性和竞争力。

随着餐饮市场越来越多元化,不少餐饮企业在规划餐饮品牌时也不限于单一品牌运作,餐饮企业尝试建立多个品牌,既互为补充,又协同发展,打造品牌的生态圈。具体来说,餐饮企业可以采用单一品牌、主副品牌、母子品牌、多品牌等模式。单一品牌即所有餐饮门店和产品均使用同一个品牌;主副品牌指餐饮企业在保持核心主品牌的基础上,对其他产品或品类采用副品牌,如外婆家等采用了该模式。母子品牌则是指母品牌在所有品牌之上,为所有产品共用的品牌,在下面可以根据不同产品类别有不同的子品牌。多品牌是指餐饮企业在不同业务领域、不同细分市场分别使用不同品牌的策略,各品牌之间没有关联。餐饮企业可以根据情况规划自己的品牌模式。

（二）品牌渠道布局与优化

❶ **线下渠道**　包括门店选址、装修风格、服务质量等,应确保顾客在用餐过程中获得良好的体验。同时,应与商圈内的其他品牌形成差异化竞争,以提升品牌吸引力。

❷ **线上渠道**　利用外卖平台、自有 APP（应用程序,application 的缩写）、微信小程序等工具,拓展线上渠道。优化线上点餐流程,提供便捷的支付和配送服务,以增强顾客的消费体验。

❸ **多渠道融合**　线上线下渠道相互融合,实现资源的优化配置。通过线上渠道吸引流量,线下门店提供优质服务,形成良性循环。

（三）品牌营销内容创意

❶ **主题营销**　根据节假日、季节变化等因素,推出特色菜品和主题活动,吸引顾客关注。要策划让顾客觉得值、好玩、刺激,能参与互动、能让他们产生情感共鸣的营销活动,才能在竞争中占据优势地位。例如,西贝莜面村的"亲嘴打折节"创意层出,成为西贝独特的节日,用亲吻表达爱意的同时,用美食见证深厚的情感。

❷ **会员制度**　建立会员制度,提供会员专属优惠和服务,以增强顾客忠诚度。结合社群运营,通过设计有吸引力的会员政策,让顾客了解、喜欢餐饮品牌,成为餐饮企业的忠诚顾客。

❸ **跨界合作**　与其他品牌或机构进行合作,共同推出新产品或服务,以扩大品牌影响力。

通过品牌跨界合作,可以实现资源共享、风险分担、品牌互补等目标,以提高市场竞争力和品牌影响力。在餐饮行业中,跨界合作的策划具有重要意义,可以帮助餐饮企业吸引更多的顾客,提高销售额。

小贴士 4-2：
品牌跨界
合作的
一般步骤

（四）品牌传播与推广

传统餐饮企业通常把促销当营销,把广告当法宝,不注重与顾客的沟通、互动,理念滞后、方式单一、单向传播,早已不适应当下餐饮品牌打造的需求。众多传统餐饮企业需要改变原有的理念和方式,升级品牌理念,逐步建立品牌传播体系,方能在日趋激烈的竞争中继续生存和发展。

在品牌传播与推广过程中,要以顾客需求为核心,运用各种手段建立餐饮企业与顾客的良好双向沟通关系,推进顾客对餐饮企业的价值、品牌的信任和认同。它要求餐饮企业合理分配资源,按照统一的目标和策略将营销的各种传播方式有机地结合起来,表现同一个主题和统一的品牌形象,使餐饮企业的品牌形成强大的合力,推动餐饮品牌的发展。通过统一的视觉识别系统和品牌传播策略,树立独特的品牌形象。同时,积极参与公益活动和社会责任项目,以提升品牌的美誉度和影响力。

（五）品牌管理与升级

餐饮企业要根据自己的规模、实力及经营模式构建自己的品牌部门,发挥品牌职能,招聘专业化品牌营销人才,搭建品牌运营管理体系。当然,对于大多数餐饮企业来说,难以成立同时也不需要成立大而全的品牌管理组织,但必须把握好品牌管理的基本职能,同时借助外包的方式来解决品牌管理与升级的问题。要想跟上市场步伐,一定要保持高度的市场敏锐度,根据顾客的需求变化,升级产品和服务,升级迭代餐饮品牌形象,更好地满足目标顾客的需求,让餐饮品牌保持青青。

三、建立餐饮品牌识别系统

餐饮品牌识别系统是指餐饮企业为了将经营理念和精神文化明确地、统一地传递给社会公众,有意识、有计划地刻画餐饮企业个性与精神的一整套表达系统,它能使社会公众在市场环境中对其有标准化、差别化的印象和认识。一般包括餐饮企业的理念识别(mind identity,MI)系统、行为识别(behavior identity,BI)系统和视觉识别(visual identity,VI)系统。对餐饮企业而言,可以从以下几方面来建立餐饮品牌识别系统。

(一)品牌名称

品牌名称是餐饮企业提供给顾客的第一信息。一个响亮的名称能够让人快速记住,品牌名称取得好,就会自带传播属性,如霸王茶姬、喜茶等。总体来说,品牌名称要简单明了、顺口易记、突出卖点、符合习俗、匹配定位、有一定的文化内涵等。具体来说餐饮企业品牌命名应遵循以下原则,具体见表4-1。

表4-1 餐饮企业品牌命名的原则、具体要求与示例

原则	具体要求	示例
独特性	可将餐饮企业的个性强调出来,以便于迅速扩大餐饮企业的影响力,使餐饮企业在市场中拥有清晰的形象	太二酸菜鱼、喜姐炸串
暗示性	餐饮品牌名称能暗示出产品的某种性能和用途,具有良好的提示作用	喜茶、尊宝比萨、瑞幸咖啡
易传播性	简明:简明的名称容易记忆 朴实:朴实的名称给人一种诚信感,而顾客对品牌的诚信感是提升品牌美誉度的基础 易读:易读性包括易懂、易写 亲切:贴近顾客的日常生活,有亲切感	正新鸡排、豪客来牛排 大娘水饺、袁记云饺、阿香米线 外婆家、茶颜悦色 老乡鸡、兰湘子、蛙来哒
保护性	品牌的名称要能够受法律保护,要能够注册,为此餐饮企业应该注意:①该品牌名称是否有侵权行为;②该品牌是否在允许的注册范围之内	—

餐饮企业品牌的命名通常包括以下几个步骤(图4-3)。

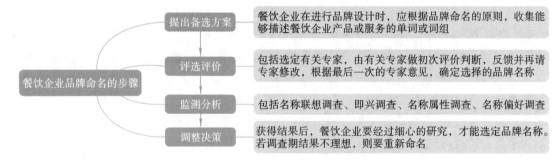

图4-3 餐饮企业品牌命名的步骤

(二)品牌标志

品牌标志包括标志的字体、图案、颜色及标志物等。生活中充满了各式各样的餐饮品牌标志,难以识别和记忆。优秀的餐饮品牌标志往往带有鲜明的个性和强烈的视觉冲击力,方便识别和记忆,并让人产生很强的品牌联想。标志等形象系统往往能直观反映出品牌的调性。

知识拓展4-1:部分知名餐饮企业的品牌名称及标志(截至2024年9月)

（三）品牌附加因素

品牌附加因素是指品牌说明、品牌口号、门店形象、品牌故事、品牌广告曲、品牌包装、品牌代言人等。接下来仅介绍以下三个与餐饮品牌密切相关的附加因素。

❶ **品牌口号**　品牌口号是指广告中用以介绍品牌的短语，是对品牌的解释，能帮助顾客了解品牌的内容，包括品牌的含义和特色等。品牌口号在设计时也应像品牌名称一样独特、简明、朴实、易读、亲切、有含义。

❷ **门店形象**　门店形象是餐饮品牌的重要表达方式。独特的门店装修风格已成为顾客选择餐饮企业的重要影响因素，可吸引大量顾客前往"打卡"。许多优秀的餐饮品牌会精心设计餐厅门店形象，尽量使门店的视觉形象与品牌定位相匹配。具体可以从颜色、灯光、空间布局、设施等方面来精心设计。

❸ **品牌故事**　品牌故事是指餐饮品牌在创立和发展过程中有意义的一些逸事，它可通过公司手册或著书等手段进行传播。品牌故事体现了品牌的理念或文化，能增加品牌的历史厚重感和权威性，能加深顾客对品牌的认知，增强品牌的吸引力。一个好的品牌故事具有潜移默化的传播效果，有助于塑造品牌形象。餐饮企业可以挖掘核心产品、创始人等的故事，强化品牌特色、文化、匠心、情怀等，通过品牌故事引发顾客的情感共鸣。

四、爆品策略

（一）爆品策略的内涵

餐饮行业优秀的产品层出不穷，但能让人记住的产品却不多。餐饮的爆款产品（简称"爆品"）远不止好吃那么简单。成功的爆品会助推品牌成功，被顾客记住，迅速吸引顾客的关注和促成购买，还能够带动整个餐饮品牌的知名度和销售业绩的提升。爆品策略是指在餐饮行业中，针对特定目标市场、消费群体和渠道，通过精心策划和营销手段，打造出一款或几款具有独特卖点、高人气、高销量的明星产品，即所谓的"爆品"。

（二）打造餐饮爆品

餐饮爆品的打造需要紧密结合目标人群、客单价以及渠道来进行策划和执行，以实现爆品效应。以下是打造餐饮爆品的具体流程。

❶ **明确目标人群**

（1）市场细分：对餐饮市场进行细分，识别潜在的目标人群。例如，可以根据年龄、性别、收入水平、口味偏好等因素进行划分。

（2）定位目标人群：根据品牌定位和产品特性，选择最具潜力和价值的目标人群作为主打市场。这有助于集中资源，提高营销效率。

❷ **确定客单价**

（1）调研市场：了解目标人群的消费能力和目标市场的竞争态势，确定合理的客单价范围。可以通过市场调研、竞品分析等方式进行。

（2）制定定价策略：根据品牌定位、成本结构和市场接受度，制定具有竞争力的定价策略。可以考虑采用心理定价、组合定价等多种策略，以提高客单价和市场份额。

❸ **选择合适的渠道**

（1）线上渠道：利用社交媒体、短视频平台、外卖平台等进行品牌宣传和推广。这些渠道具有传播速度快、覆盖范围广的特点，有助于迅速扩大品牌知名度和影响力。

（2）线下渠道：利用实体店面、商场、超市等场所进行产品展示和销售。线下渠道可以提供更直观的产品体验，增强顾客的购买意愿。同时，可以通过举办促销活动、参与行业展会等方式提高品牌曝光度。

❹ 打造爆品效应

（1）产品创新：根据目标人群的需求和喜好，开发出具有独特性和竞争力的产品。通过不断创新和优化产品，提高顾客的满意度和忠诚度。

（2）营销造势：结合线上线下渠道，开展有针对性的营销活动。如：利用社交媒体进行话题挑战、KOL(key opinion leader，关键意见领袖)合作推广等；通过外卖平台进行限时优惠、满减活动等。这些活动可以迅速提高产品的曝光度和购买率，实现爆品效应。

（3）口碑传播：鼓励顾客分享自己的用餐体验和对产品的评价，形成良好的口碑传播。可以通过提供优惠券、积分奖励等方式激励顾客进行分享和传播。

（4）持续优化：在打造爆品的过程中，需要不断收集顾客反馈和市场数据，对产品和服务进行持续优化和改进。通过不断创新和优化产品、开展有针对性的营销活动和口碑传播，可以实现爆品效应并提升品牌影响力和市场竞争力。

知识小测

▶ 小试牛刀

通过以上餐饮品牌策略相关知识的介绍，你是不是对餐饮品牌策略有了一定的了解？接下来，请你帮助营营和销销一起选择品牌进行自主拆解分析并制定优化方案吧！

任务闯关卡

任务名称	制定餐饮品牌策略
成果形式	餐饮品牌策略优化方案
成果要求	PPT形式，内容主要包含餐饮品牌的基本介绍（如品牌名称、发展历程、品牌识别系统、品牌定位等内容）、存在的问题和具体优化措施三个方面。要求图文并茂，逻辑清晰地分析某个餐饮品牌，并提出合理可行的优化措施
完成路径	1. 小组成员选定某个连锁餐饮品牌，分别查阅资料，了解该餐饮品牌的发展历程，收集品牌识别系统的相关信息如品牌标志、品牌口号、品牌故事、门店形象、品牌包装等，掌握该餐饮品牌的爆品及相关营销机制。 2. 小组成员集体研讨该餐饮品牌的核心价值，其品牌识别系统是否充分地反映了品牌的核心价值，爆品策略是否科学合理，品牌营销机制是否能匹配其品牌定位。 3. 根据研讨结果，对该餐饮品牌的现状、问题等进行梳理，并提出品牌策略优化的具体措施。 4. 小组共同完成展示PPT，并进行汇报

项目四 定位餐饮品牌

在竞争激烈的餐饮市场中,建立良好的品牌形象和制定有效的品牌策略至关重要。通过建立独特的品牌形象和采用针对性的策略,餐饮企业可以实现品牌认知度的提升,吸引更多顾客,促进业务的增长和发展。

在完成本次任务的过程中,你遇到了哪些困难和疑惑?你是怎么去解决的?将你在完成本次任务过程中的收获、困惑、反思及改进措施等记录下来吧!

探究与反馈

☺ 收获:

☹ 困惑:

🤔 反思及改进措施:

任务三 构建餐饮营销矩阵

扫码看微课

[职场闯关记]

 餐饮企业可以通过构建营销矩阵全面、高效地传递品牌信息,提高品牌知名度和曝光率。随着互联网技术的发展,餐饮营销矩阵的形式和内容也在不断演变。公司为了更好地做好品牌管理,达到更好的营销效果,希望营营全面梳理营销矩阵现状,并结合公司当前现实,提出优化策略。请你想办法帮他一起来完成这项挑战吧!

➡ **任务描述**

营销矩阵是餐饮企业常用的一种营销策略,餐饮企业需要根据目标人群、营销渠道和平台等因素确定营销矩阵,并定期评估和调整,以达到最佳营销效果。本任务介绍了营销矩阵的概念及类型,构建营销矩阵的基本步骤,营销矩阵团队的搭建。

➡ **任务目标**

(1) 熟悉营销矩阵的概念和常见类型。
(2) 掌握构建营销矩阵的基本步骤,能初步构建餐饮营销矩阵。
(3) 能结合餐饮企业的实际情况,初步搭建营销矩阵团队。

> **任务导入**

臭豆腐是长沙经典小吃的一张名片。在社交平台上,黑色经典臭豆腐的传播内容随处可见,显示出其在互联网时代的精准营销策略。

黑色经典臭豆腐成功抓住了互联网流量的红利,通过精准 SEO(search engine optimization,搜索引擎优化)投放,让品牌在搜索引擎上更容易被找到,从而吸引了大量消费者,特别是在年轻消费群体中建立了强大的品牌认知。通过在年轻人中"种草",黑色经典臭豆腐树立了"网红"小吃的形象,引发了大量消费者的兴趣和关注,成功地激发了新的消费需求。这一策略不仅提升了品牌知名度,还有效地将线上流量转化为线下实际购买力。通过优化社交媒体内容和提高搜索引擎排名,网络推广与线下排队的双重效应,黑色经典臭豆腐在短时间内迅速扩大了知名度和提高了市场占有率。

为了进一步巩固和提升品牌价值,黑色经典臭豆腐积极开展跨界合作和策划营销事件。例如,其与知名饮料品牌合作推出联名款产品,参与地方美食节和全国性美食展览,通过各种形式的营销活动不断增强品牌曝光度和提高消费者认知度。通过这些努力,黑色经典臭豆腐从一个新兴品牌逐步发展成为行业知名品牌。

> **思考**:黑色经典臭豆腐是如何实现品牌蜕变和成长的?请收集相关资料,从营销矩阵的角度谈一谈黑色经典臭豆腐的成功对餐饮企业有何借鉴意义。

> **知识精讲**

一、营销矩阵的概念及类型

(一)营销矩阵的概念

矩阵本身是一个数学概念,如今将这个数学概念和营销相结合,其实就是全方位进行营销的一种方式。我们经常听到的新媒体矩阵、内容营销矩阵等,其核心都是企业与顾客进行有效沟通,是企业整体营销中的一部分。互联网矩阵式营销模式就是一种综合利用互联网和数字化技术的营销策略,它强调整合和全面传播,通过在不同的互联网平台和渠道进行全方位、多渠道、多层次的营销活动,以实现更广泛的曝光、更高的用户参与度和更好的市场效果,提高品牌影响力和竞争力。它的核心在于建立一个由多个互相交叉的营销渠道组成的整体体系,将想要传达的信息通过不同的平台和账号组合,达到精准触达的目的。这个整体体系就形成了营销矩阵。营销矩阵是一种系统化的营销策略模型,通过整合多种营销渠道和手段,以达到企业在市场中的最佳营销效果。我们通常所说的营销矩阵,一般多指传播和渠道矩阵。在"互联网+"时代,构建一个高效的餐饮营销矩阵不仅是餐饮企业提升竞争力的重要手段,更是实现顾客价值最大化的关键步骤。

(二)营销矩阵的类型

营销矩阵可以分为横向矩阵、纵向矩阵和横纵联合矩阵。

❶ 横向矩阵 横向矩阵指餐饮企业在全媒体平台的布局,包括自有 APP、网站和各类新媒体平台,如微信、微博、抖音、快手、淘宝、小红书、今日头条等,也称为外部矩阵。例如,西贝莜面村在多个新媒体平台上进行布局,包括微信、微博、抖音、小红书等,通过这些平台发布品牌故事、介绍美食和优惠信息,实现了品牌的广泛传播和顾客的引流。

❷ 纵向矩阵 纵向矩阵主要指餐饮企业在某个平台上的生态布局,是其各个产品线的纵深布局,也称为内部矩阵。餐饮企业布局的纵向矩阵平台一般是大平台,如必胜客在微信平台上构建了

纵向矩阵,布局了订阅号、服务号、小程序和微信社群。通过订阅号发布品牌故事和新品介绍,通过服务号提供会员服务和优惠券,通过小程序实现在线点餐和配送,通过微信社群与会员互动和收集反馈,提升了顾客黏性和忠诚度。

❸ **横纵联合矩阵** 横纵联合矩阵指餐饮企业既在某一个新媒体平台上布局多个账号,又在其他新媒体平台上布局多个账号,也就是同时联合运用纵向矩阵与横向矩阵。横向矩阵和纵向矩阵可以单独存在,也可以同时存在,具体的布局方式需要根据餐饮企业的自身情况而定。餐饮企业在进行新媒体营销时,通常是先搭建纵向矩阵,待时机成熟再搭建横向矩阵。例如,星巴克在微信、微博、抖音、小红书等多个平台上布局多个账号,同时在每个平台上进行深度运营。星巴克在微信平台上布局了订阅号、服务号和小程序,在抖音上布局了多个内容账号,通过这些账号发布品牌故事、新品介绍和活动信息,实现了品牌的全方位传播和顾客的全面覆盖。

二、构建营销矩阵的基本步骤

营销矩阵的构建并不是一蹴而就的,而是一个循序渐进的过程,其具体步骤包括分析运营状况、细分目标人群及其需求、选择合适的营销平台、完善传播体系和内容、分析和优化获客体系。

(一)分析运营状况

构建营销矩阵的第一步是分析餐饮企业在互联网营销中的运营状况,确定餐饮企业营销的发展阶段。营销人员要根据餐饮企业每个阶段的运营目标来判断是否需要构建营销矩阵,并确定构建营销矩阵的时机。

互联网营销的运营一般要经历四个阶段:启动期、增长期、成熟期和衰退期。不同运营阶段的工作重心不同。

❶ **启动期** 餐饮企业主要在某个平台或某几个平台进行尝试,或者可以选择一个有红利的平台逐步蓄力,以找到核心发力点为目标。餐饮企业在此阶段处于探索期,更多的是试错。

❷ **增长期** 餐饮企业选择某些表现较好的平台进行重点运营,逐步向稳定发展阶段过渡。此阶段的主要目标是寻找聚集流量,建立核心运营模式。

❸ **成熟期** 餐饮企业开始进入盈利期,可根据具体需求进行进一步的探索,并逐步分化,运用横纵联合矩阵来深化扩展。

❹ **衰退期** 运营进入衰退期,用户关注度下降,餐饮企业可根据实际情况,一方面选择关停无效账号,把精力集中在核心平台上,重点运营核心平台账号;另一方面根据目标进行动态调整,以寻找新的增长点为目标,或者以进一步深化现有矩阵、向纵深方向发展、扩大影响力为主要目标。

一般情况下,餐饮企业或品牌商尽量不要在启动期就开始打造互联网营销矩阵,因为一方面市场验证时间较短,前期积累还不够充分;另一方面这样做容易分散精力,餐饮企业或品牌商不如集中优势资源先把主要平台做好。当运营进入增长期后,餐饮企业或品牌商就可以开始考虑是否搭建营销矩阵。通常在增长期或成熟期,如果各平台账号的用户群体已经达到一定的规模,并有稳定的核心用户群,且用户差异性较为明显,此时就非常适合构建互联网营销矩阵。当然,餐饮企业还要结合自身的运营情况及流量需求与资金、团队的资源情况进行判断。

(二)细分目标人群及其需求

在启动期积累了一定数量的用户以后,营销人员要对用户进行目标人群细分。营销人员可以通过以下几个步骤进行目标人群细分。

❶ **收集、整理需求** 用户越多,需求就越多样,营销人员要注意收集所有的需求信息并将其整理成清单。每一种需求背后都要对应不同的目标人群,以便深入了解该类群体,知道需求由哪些用户产生,他们有什么特征,以及他们出于什么原因产生了这样的需求等。

❷ **筛选、确定需求** 整理好需求清单之后,营销人员要结合餐饮企业互联网运营团队、资金资

源、已有计划等,通过目标人群定位进行需求筛选和确定。

❸ 确保相关性 被确定的需求应与核心营销账号内容高度相关。例如,微信公众号"有书"对用户群体及其需求进行细分后,把用户分为对听书有需求的人群、对营养学知识有阅读需求的人群、对职场内容有阅读需求的人群等,细分人群及其需求与账号发布的内容高度相关。

(三)选择合适的营销平台

细分出目标人群及其需求后,营销人员就要选择相应的营销平台进行矩阵布局规划。这里所说的平台主要是指可以入驻的新媒体或电商平台,即新媒体外部平台,如图4-4所示。营销人员首先要了解一些常规的泛内容平台,如微信、微博、今日头条、小红书等。平台的选择主要分为初选、复筛、确认3个步骤。

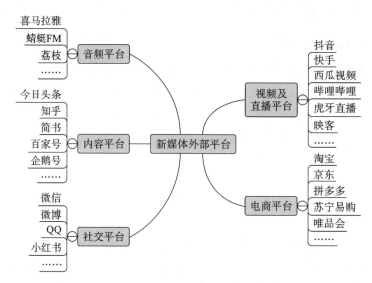

图4-4 新媒体外部平台

❶ 初选 营销人员根据企业垂直领域的业务初步选择新媒体平台。例如,餐饮企业可以选择大众点评、小红书、抖音、微信、微博等。营销人员可以参考各类APP的细分榜单或垂直网站名单,寻找合适的新媒体平台。

❷ 复筛 对初选的平台进行进一步筛选,筛选出2~3个平台,再对筛选出的平台进行多维度考核,一般首先看平台类型,该平台在同类平台中的排名、量级和成熟度,其中成熟度和平台成立的时间长短、用户活跃情况及商业化变现情况相关;其次是看平台所属的企业、平台在企业中的地位、平台在企业中的未来发展潜力、企业目前的实力及未来发展潜力;再次就是评估运营层面,评估标准包括用户的纯净度(目标用户在某平台用户中的占比)、运营的自由度(新媒体营销人员在平台上的发挥空间)、用户的价值(平台的用户对后续转化的影响程度),以及平台对营销人员的支持力度等。

❸ 确认 通过初选和复筛,营销人员对选出的平台进行试运营。需要注意的是初选和复筛离不开营销人员的主观意见,结果只能提供参考,并不能当作定论,营销人员可以利用以上方法和步骤进行分析,再根据试运营期的实际评估结果进行人力和资源的分配。需要注意的是,营销矩阵是动态的,会随着业务的变化而发生纵向、横向的变化。

(四)完善传播体系和内容

好内容即生产力,从营销矩阵产生的那天开始,就与内容息息相关。矩阵与内容的结构如同蜂巢,其中矩阵为框架,内容为蜂房。营销的内容要承载丰富的品牌和产品信息,要做到真实、有趣、差异化,才能打动人心,才能驱动企业增长。具体来说,可以在营销矩阵中投放如下内容。

❶ **借助热点的内容** 将推送的产品或文案与人们关心的热点人物、热点问题和热点事件联系起来,搜索热点的图文素材,撰写相应的内容。

❷ **借助时效性的内容** 将推送的产品或文案与当下流行的新闻热点相结合,通过标题和内容来吸引人们关注,内容形式可以是新闻通稿,也可以是民间段子、歌曲、视频等。

❸ **借助权威性的内容** 相比时效性内容,百度百科、果壳网、知乎等社区的内容多以相对权威性的介绍和解读内容为主,存留时间长,在搜索引擎的排名中靠前。如果能在这些内容中展示自己所要营销的产品,将会非常有价值。

❹ **促销性内容** 对餐饮企业来说,节假日促销是营销的日常工作。在各种节假日、纪念日、传统节气等重要时间节点前后发布内容,可以制作成节日吃喝指南、饮食文化趣谈、特色食材展示、特色菜品推荐等专题,提供顾问式的内容。

在内容创作过程中,营销人员需要有较强的市场敏锐性,娴熟的内容营销技巧,以及坚持和匠心。在不同的营销平台上,要根据平台特点来投放内容,如在抖音平台创作富有创意的短片;微信公众号平台深耕品牌故事和深度内容等。内容营销需要通过有价值的内容来沉淀、拉动消费,需要较长时间积累才能获得消费者关注,往往需要不断尝试,才能真正找到有效的内容营销策略。

(五)分析和优化获客体系

不论是传统营销还是互联网营销,"获客"都是营销工作的重心。每个营销人的心里都有一个营销漏斗,从引起目标用户群体的关注,直至最终成交。在这个模式下需要做的,就是尽可能地把漏斗的规模做大,从漏斗的入口,源源不断地让新的用户进来,最终让尽量多的用户完成购买。餐饮企业目前最常用的获客渠道,主要包括线上和线下两大部分。

❶ **线上获客免费渠道** 线上获客免费渠道包括 SEO、知识平台、自媒体平台和社交软件等。

(1) SEO(搜索引擎优化)。即采用易于被搜索引擎索引的技术方法,以及对网站结构及表达方式的优化,提高网站在搜索引擎结果中的排名,进而达到网站推广目的的技术。一般运用搜索引擎在网上搜索内容的时候,是按照一定规则进行的。搭建的网站,内容的编排要尽量符合这个规则,让用户能够更容易搜索到。用户主动搜索的流量是最精准的流量,因为这时用户需求已经明确,转化率会很高,对于餐饮企业来讲,是绝对不能浪费的。

国内搜索引擎的龙头企业是百度。虽然搜索引擎不止一家,但各家的算法大同小异,只要提升餐饮企业在百度搜索中的排名,其在其他搜索引擎中的排名自然能获得提升。SEO 有一定的技术含量,能做的专业人士很多,成本也不高,餐饮企业可选择专业的人去做。

(2) 百度百科、百度知道、知乎等知识平台。百度百科、百度知道、知乎等虽都属于知识平台,但在内容呈现形式上不完全相同。百度百科像是一本网上的大百科全书,各种名词术语都以词条的形式展现出来,而且经过专家的审核,有一定的权威性。百度知道、知乎采用的是问答形式,针对网友提出的问题给出定义或解答。这些解答仅经过平台简单的审核,专业性和权威性还需要网友自己去判断。对于餐饮企业来讲,各类知识平台上的各种内容,针对的目标人群非常精准。平台上的很多内容是可以由用户自己编写上传的,比较容易植入广告。但正因为如此,平台对有广告性质的内容审核和管控比较严格。广告的植入,需要和 SEO 配合使用,通过在文章中突出一些关键词,引导用户到餐饮企业的推广页面,完成用户引流。而餐饮企业的推广页面,一定要围绕关键词做好 SEO,才能让用户很容易找到。

(3) 自媒体平台。信息传播逐渐去中心化,如今自媒体平台的流量不容小觑。自媒体平台除了流量大,还有目标人群相对精准,有很好的口碑和关注度,用户黏性比较强、影响力比较大的特点。商家选择自媒体平台引流获客,关键是要选择与自己目标客户群体重叠度高、影响力大的自媒体。在方式上,可以选择直接广告投放、软文植入等,也可以选择评论区留言的方式获得流量。自媒体平台有很多,其中以抖音、微信、微博等较为普及。

(4) 微信等社交软件。商家可以在微信、QQ等社交软件中，通过各种社群进行引流。当然社群的质量也有很大差别，在选择社群引流的时候要认真甄别群成员的质量和活跃度。要进行社群引流，首先要确保账号比较有吸引力，能够让人信服，头像、签名、朋友圈等要认真包装，让目标客户一看到便产生兴趣。主动添加通常有被拒和封号的风险，可以通过输出一些有价值的话题，以吸引客户主动添加，这是最好的选择。

❷ **线上获客付费渠道** 线上获客付费渠道包括 SEM 竞价、信息流平台广告投放、付费软文推广和各类视频平台。

(1) SEM 竞价。很多时候在搜索引擎内，仅仅做 SEO 是不够的，这就需要通过 SEM(search engine marketing，搜索引擎营销)进行付费推广。百度、360等搜索引擎都面向商家提供开放的竞价广告投放平台。通过这种方式，商家可以让自己的推广链接直接出现在用户搜索结果的首页，以提升搜索的曝光量，该途径获得的客户相对精准、转化率高、变现快，但因为大家都知道这种方式能够有效获得客户，所以商家间的竞价会把推广的价格抬得很高。这就需要商家在投放的时候根据自己的盈利能力，认真核算获客成本和投入产出比。

(2) 信息流平台广告投放。现如今，各种信息流广告投放渠道特别多，几乎各大搜索信息流、APP 信息流、门户类信息流等都有自己的广告投放平台。各平台覆盖的人群不一样，用户数量不同，价格也不同。目前主流的信息流平台有今日头条、腾讯广告、搜狐汇算等。这些平台大多可以支持对特定人群的内容投放，商家可以根据用户的特征标签来筛选哪些用户能看到广告，这就大大提高了广告的投放效率。但这需要对目标用户群体有一个相对清晰的定位。

商家如果是首次尝试这种方式或在新的平台进行广告投放，前期可以针对目标用户做少量测试，根据实际的获客成本和投入产出比，优化标签和投放内容，获得较好效果后再逐渐加大投放力度。

(3) 付费软文推广。软文推广是将广告完美植入到一些文章中，文章的内容对用户是有价值的，能够吸引用户阅读，同时起到商业宣传的作用。巧妙的植入不但不会让用户反感，反而能将广告深深地印在用户心中。如果餐饮企业和产品，能得到主流媒体的报道，就能有效提升餐饮企业品牌的公信力。

在软文中广告的植入一定不能太生硬，新接触软文推广的商家有时候很难把握这个尺度，或者没有很好的发布渠道，可以寻找相关网络营销公司提供这类专业服务。

(4) 各类视频平台。现在的视频类内容越来越火，除了很多专业的短视频、直播、内容视频平台有大量的视频类内容外，也有很多其他平台有视频类内容，如：抖音有短视频也有直播；淘宝也有直播频道；甚至很多垂直行业 APP 如大众点评也都有自己的直播频道等。现在流量比较大的短视频平台有抖音和快手等，其他如爱奇艺、搜狐视频、优酷视频、腾讯视频、哔哩哔哩、微信视频号、西瓜视频等平台的流量和用户黏性也很强。通过视频平台完成获客引流，常见的方式有合作带货、直接广告投放等。这些投放方式和上文所讲大同小异，只是形式上由图文变成了视频，具体哪种方式更适合，商家需要根据实际情况来判断。

❸ **线下获客渠道**

(1) 门店及周边客流。开设线下门店是获客最传统的手段。门店选址是一门学问，当然过路客流的数量和质量是第一位的。位置选好后，还要通过周边路口的引路牌、门头灯箱、招牌、进店海报、易拉宝等，引导顾客到店，展示门店所提供的热销产品。

餐饮企业也可以借助互联网手段，通过线上线下相结合的方式实现门店引流。如提供免费WiFi、利用周边小程序、地图标注、小区服务群等方式，实现对周边需求顾客的触达。很多地域性比较强的门店，如餐厅、银行、超市等，重点借助地图周边服务可提升顾客的进店量。

线下流量是非常宝贵的，现在很多餐饮企业都已经开始把线下门店作为流量入口，把线下客流引导到线上进行深度运营，目的也是留住老顾客，然后促进复购。

（2）异业合作。异业合作是指两个或两个以上不同行业的企业通过分享市场营销中的资源，降低成本、提高效率、增强市场竞争力的一种营销策略。很多不同的商业形式，目标顾客相近，无论在线上还是线下，进行顾客的相互导流，会得到双方或多方共赢的结果。异业合作的形式有很多，也很常见，如健身房提供轻食餐服务、甜品店为庆典公司提供甜品台服务、地图软件提供餐饮预订服务等。通过异业合作搭建场景，是实现线下获客的有效手段。异业合作的前提是双方有相近的目标人群，不存在竞争甚至有可互相提升的不同产品，在一定场景下的合作。这种获客方式成本低，目标人群精准，流量充沛，且在特定场景下更容易实现成交转化。

（3）传单发放。很多餐饮企业可能会觉得用这种形式会损害自己的品牌形象。实际上，在餐饮企业起步阶段，要在一定区域内实现线下获客，传单发放不失为一种非常有效的手段。如餐饮企业可以在人流密集处发放餐饮优惠券、促销信息传单等来吸引顾客进店。当然，传单发放不仅仅限于纸质传单，有些餐饮企业与电信运营商合作，对周边人群进行短信群发，或者通过微信在定点地区的朋友圈做广告也是传单发放的一种形式。

（4）展览和会议。行业展览是商家值得一去的地方，各行业或者地区定期或不定期举办的展览会有很多企业参加，一方面可以获取客户或者拓展渠道，另一方面可以了解行业动态，优化经营。

（5）各种形式的地面推广。在目标人群相对聚集的地方，采用摆设摊点、开展演出活动、拜访陌生顾客等方式进行地面推广活动，可以与目标人群面对面地沟通，这也是餐饮企业比较常用的推广获客手段。

三、营销矩阵团队的搭建

餐饮企业构建营销矩阵，离不开运营团队人员的合作。如何进行运营团队人员的配置是企业需要重点考虑的内容。餐饮互联网营销矩阵运营团队人员的配置可以参考以下两种方法：按业务模块配置和按平台配置。

（一）按业务模块配置

运营工作通常可分为4种：内容运营、用户运营、活动运营和投放运营，其各个业务模块又可以进一步细分。营销矩阵运营团队可以根据这些业务模块配置人员。

餐饮企业可以根据业务模块合理配置人员，所以该类营销矩阵也称模块型互联网营销架构。四大模块可以细分为不同的小模块，例如，内容运营从形式上可以分为文案撰写、图画设计、视频拍摄制作，那么运营团队就可以分成文案组、图画组和视频组。各制作小组分别做好相应的内容，再在各大新媒体平台上发布内容。用户运营、活动运营和投放运营也同样如此。例如，负责活动运营的人员会统筹各个平台上的活动。模块型互联网营销架构如图4-5所示。

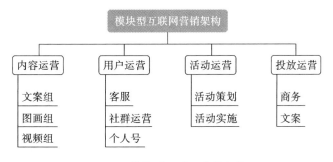

图 4-5 模块型互联网营销架构

知识链接 4-2：
餐饮营销矩阵运营团队的 KPI 设计

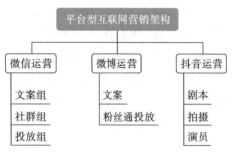

图 4-6 平台型互联网营销架构

（二）按平台配置

餐饮企业可以按照不同平台进行人员分配,这类互联网营销矩阵又称平台型互联网营销架构。例如,企业可以根据投放的平台将负责营销的人员分为微信运营、微博运营及抖音运营三大团队,其具体人员配置如图 4-6 所示。虽然微信运营团队可以进一步细分为文案组、社群组和投放组,但此时文案组只负责微信平台上的内容输出,不用负责微博平台上的内容。

以上两种配置方法没有好坏之分,主要看哪一种更适合餐饮企业自身的情况。第一种配置方式更加灵活,第二种配置方式更适合在某一平台上运营规模非常大的餐饮企业,例如,在抖音平台上有 20 个以上账号的餐饮企业就可以为抖音平台配置专门的运营团队,之后根据具体情况再进行调整。

知识小测

 小试牛刀

任务闯关卡

| 任务名称 | 构建餐饮营销矩阵 |

| 成果形式 | 餐饮营销矩阵分析报告 |

| 成果要求 | PPT 形式,深入分析餐饮品牌的内容,绘制某餐饮品牌的营销矩阵,并分析其在不同平台的营销重点以及当前的运营情况,结合实际情况进行评价,并为其提供建议。要求逻辑清晰,图文并茂,建议合理 |

| 完成路径 | 1. 选择任务二的餐饮品牌,进一步收集相关资料,分析其目标市场和营销需求。
2. 小组分工合作了解该餐饮品牌在当前主流的互联网营销平台,如微信、抖音、大众点评、美团、微博、小红书等的布局,了解该餐饮品牌在各平台的营销重点和运营现状。
3. 小组进行讨论,绘制该餐饮品牌的营销矩阵,探讨其营销矩阵的具体问题和原因,并制定相应的策略。
4. 按照成果要求将讨论结果整理成餐饮营销矩阵分析报告,并派代表进行汇报 |

通过该任务的探究,你将对互联网营销平台有更深入的理解。选择合适的营销平台是构建餐饮营销矩阵的重要环节,能够帮助餐饮企业更有效地触达目标人群,提高品牌曝光率和顾客转化率。

在完成本次任务的过程中,你遇到了哪些困难和疑惑?你是怎么去解决的?将你在完成本次任务过程中的收获、困惑、反思及改进措施等记录下来吧!

探究与反馈

😊 收获:

☹ 困惑:

😕 反思及改进措施:

知识链接 4-3:
餐饮店矩阵
号怎么做?

实战演练

以小组为单位,选择学校附近的一家餐饮店,根据其经营情况,结合本项目所学,以打造校园餐饮品牌为目的,为其调整定位,制定营销策略,初步构建营销矩阵,撰写餐饮门店定位调整分析报告,帮助该餐饮店明确发展方向。

闯关小结

通过本项目的闯关,营营和销销认识到了餐饮品牌对于餐饮企业的重大意义,深入了解了餐饮品牌的核心价值和品牌定位的内涵,对于品牌定位的五大模块——人群定位、客单定位、产品定位、场景定位和渠道定位有了全面的认识。通过对餐饮品牌进行分析,他们能够初步提出品牌定位和品牌识别系统优化的建议,提出打造餐饮爆品的思路,并能按照科学的步骤构建餐饮品牌营销机制。最后,他们尝试构建了餐饮营销矩阵,以系统化的思维来深刻理解餐饮品牌的整体营销。他们在工作中表现出了对这些知识和技能的深入理解和灵活运用,能够精准地把握目标顾客的需求,制定出符合市场趋势和品牌定位的策略,提升餐饮品牌形象和影响力。通过不断学习和实践,他们成功地将所学知识转化为实际工作能力,为餐饮品牌的发展贡献了自己的力量。相信在未来的工作中,他们将继续保持学习的热情,为餐饮企业的高质量发展做出贡献。

项目五

开发餐饮产品

项目引入

2023年全国餐饮收入首次突破5万亿元大关,这一里程碑式的数字不仅彰显了餐饮行业的蓬勃发展,更是经济社会全方位发展进步的生动写照。如今,人们的餐桌上物品愈发丰盛,口味愈发多元,这背后反映的是消费者对生活品质的追求和社会经济发展的繁荣。2024年,商务部等9部门联合印发的《关于促进餐饮业高质量发展的指导意见》中指出,要"全面提升餐饮服务品质""进一步释放餐饮消费潜力,推动餐饮业高质量发展,更好满足人民日益增长的美好生活需要"。餐饮企业要创新发展,不断开发餐饮产品,适应新的消费需求。

中国消费者的餐饮消费观念正在发生深刻变化,他们既注重餐饮产品的多样性,又看重餐饮产品的质量。在消费升级趋势下,更营养健康、更具性价比、更有体验感的餐饮产品更受消费者青睐。这些变化在推动餐饮产业高质量发展的同时,也对餐饮企业提出了更高的要求。一些餐饮老字号"穿新衣",焕新消费场景,强化特色与氛围感,吸引了很多年轻人来打卡;社区食堂、音乐餐厅、猫咖(即猫咪咖啡馆)等另辟蹊径,满足了不同消费群体需求;新中式茶饮、特色小吃、轻食餐、"一人食"等餐饮产品持续走红,餐饮企业在消费升级和市场竞争的双重压力下不断创新,开发餐饮产品,提升产品品质和服务水平,满足消费者日益多样化的需求。正是这些丰富多元、推陈出新的餐饮产品,不仅推动餐饮业在创新中高速发展,也让中餐美食和文化走向国际舞台,焕发着新的生命力。本项目将重点探讨如何开发餐饮产品,助力大家形成餐饮产品创新思维,传承与发扬中华美食。

思维导图

学习目标

1. 熟悉餐饮产品组合的概念,能合理规划餐饮产品组合。
2. 掌握餐饮新产品开发的策略,能提出餐饮新产品开发的思路。
3. 理解餐饮产品生命周期,能根据该理论采取对应的营销策略。
4. 熟悉餐饮产品定价的特点和原则,能合理制定餐饮产品定价策略。

项目五　开发餐饮产品

任务一　规划餐饮产品组合

扫码看课件

扫码看微课

[职场闯关记]

为了进一步突出品牌定位，提高餐饮产品的盈利能力，营营所在的餐饮企业决定对现有餐饮产品结构进行优化调整。请你帮助营营和销销，一起认真分析现有餐饮产品存在的问题，并提出餐饮产品组合优化调整的建议，完成这项具有重要意义的任务吧！

任务描述

餐饮产品是餐饮企业持续发展的基石和核心竞争力。在餐饮市场营销活动中，科学合理地构建和优化产品组合是至关重要的一环。本任务介绍了餐饮产品的层次、餐饮产品组合及餐饮产品的分析方法等。

任务目标

(1) 了解餐饮产品的概念及层次。
(2) 了解餐饮产品组合的内涵及其三个维度。
(3) 掌握餐饮产品组合的相关策略。
(4) 掌握餐饮产品的分析方法。

任务导入

海底捞品牌创建于1994年，历经三十年的发展，海底捞国际控股有限公司已经成长为国际知名的餐饮企业。它的品牌理念是通过精心挑选的产品和创新的服务，创造欢乐火锅时光，向世界各国美食爱好者传递健康火锅饮食文化。海底捞的产品结构主要包括以下几个方面：①火锅：海底捞最为著名的产品就是火锅，其口味丰富多样，包括麻辣、清汤、番茄等多种口味，同时还提供各种配菜和调料。②小食：海底捞还提供一系列小食，如烤串、冷菜、凉皮等。③饮品：除了传统的饮品如茶水和果汁外，海底捞还推出了特色奶茶和芝士奶盖等饮品。④外卖产品：随着外卖市场的兴起，海底捞也开始推出外卖服务，并开发了一系列适合外卖配送的产品。

2022年7月，海底捞成立全新业务模块"海底捞社区营运事业部"。该业务模块通过对海底捞内外部资源的整合，形成"外卖＋社群＋直播＋线上商城"的社区营运模式。海底捞社区营运围绕外卖业务、快餐业务和预制菜业务等核心业务进行探索。海底捞社区快餐聚焦午晚餐场景，一荤一素一米饭，致力于为顾客提供极具性价比和品质的快餐体验。海底捞外送和捞派小厨满足的是消费者及时性的需求；海底捞预制菜业务是次日达，包括小酥肉、炸鲜奶、奶酪以及番茄锅，这些都是海底捞预制菜中的爆款，预制菜满足的是消费者次日达囤货的需求。海底捞的优势在于结合大数据和人工智能洞察顾客的喜好，以此提供更好的服务；同时海底捞拥有强大的供应链，有研发、仓储、配送部门等,使之能够通过产品迭代、成本控制、食品安全保障等打造海底捞产品的口碑,为消费者带来更好的体验。

> 思考:近些年海底捞推出了哪些新产品?其产品结构做了哪些优化调整?

 知识精讲

一、餐饮产品的层次

(一)产品层次

现代营销理论认为,产品是指由企业提供给市场,能引起人们注意、获得、使用或消费,从而满足某种需要的一切东西。餐饮产品就是餐饮企业为市场提供的具有上述属性的实物和无形服务的总称。现代营销学之父菲利普·科特勒提出的产品三层次结构理论,认为产品包含核心产品、形式产品和附加产品三个层次。第一层为核心产品,即消费者购买的核心驱动,指产品的有用性、使用价值或效用,是产品的灵魂、消费者真正购买或使用的动因。第二层为形式产品,即消费者购买的决定要素,是核心产品的具体表现形式和消费者视角下产品内涵的有形载体,看得见、摸得着,是最直观、吸引消费者的层次。第三层为附加产品,即消费者购买的影响要素,是在前两层之外的服务与利益,可以给予消费者完整的满足感,帮助提高消费者的满意度及复购率,带来传播效应。

(二)餐饮产品层次

餐饮产品由于其生产与消费的复杂性、有形性和无形性结合的特点等,更需要对其整体产品的层次进行深入理解。

核心餐饮产品就是餐饮企业向顾客提供的餐饮产品的基本效用或利益。它是餐饮产品最基本、最主要的部分,是餐饮产品的灵魂。一般情况下,顾客购买餐饮产品,要满足其基本的生理需要,但是随着人们生活水平的提高,越来越多的人在看重"吃喝"的同时,也注重产品的社交性、便捷性、欣赏性等。餐饮企业在开发餐饮产品时,首先就要考虑自身的餐饮产品能够为顾客提供哪些效用或利益。

形式餐饮产品则是产品本体,是核心餐饮产品借以实现的形式,是顾客能够识别和感受到的,如菜肴、酒水饮料、现场服务、菜品造型、餐具、菜单、包装、餐厅环境等,都是顾客用餐过程中最基本、最重要、最直接接触到的产品和服务内容。形式餐饮产品是顾客购买的直观依据,因此餐饮企业也要重视如何以独特的形式将顾客追求的核心利益呈现出来。

附加餐饮产品是餐饮企业为了进一步完善餐饮产品或为追求更高产品收益而在核心餐饮产品和形式餐饮产品外附加的餐饮产品和服务元素,如某些餐厅提供的美甲服务、儿童看护服务等。丰富或独特的附加餐饮产品可以帮助品牌和产品建立起立体化的消费体验。

餐饮产品的三个层次构成了餐饮产品的整体概念,对餐饮产品的开发具有重要的意义。首先,餐饮企业要明确顾客所追求的核心利益的重要性。在物质越来越丰富、选择越来越多元的今天,顾客追求的利益也越来越复杂,把握好顾客追求的核心利益,对于准确把握餐饮产品竞争的方向非常重要。其次,餐饮企业要重视产品的无形方面,包括整体形象、品牌、服务等。最后,餐饮企业可以挖掘新市场、开展多层次的竞争。餐饮产品整体概念的提出,给餐饮企业带来了新的竞争思路,可以从多个方面创造差异来确立产品的市场地位,赢得竞争优势。

(三)菜品层次

菜品是餐饮企业的灵魂,是餐饮企业提供给顾客的核心价值。菜品开发是餐饮产品开发的重点,因此有必要深入理解菜品层次。随着消费的年轻化和个性化,菜品早已不局限于色香味俱全,还应具有丰富的层次和内涵,能带给顾客综合的餐饮体验。结合经典的产品三层次结构理论,菜品的核心产品通常指菜品的味道,这是菜品的基本属性,一般由食材和烹饪工艺来决定。形式产品通常是指菜品的外形、器皿、包装、分量、价格等方面,这是菜品给顾客的直观感受。在竞争激烈的餐饮市场,菜品的颜值也备受关注。在菜品开发时,要注重食材的色彩搭配,通过精选餐具、精心摆盘、精美包装等来吸引顾客。附加产品通常包括产品名称、产品故事、产品卖点、产品荣誉、菜谱设计、仪式感、衍生产品、产品口碑等。例如,湖南某餐厅的招牌菜品剁椒鱼头有抬轿子上鱼头、点火仪式、开鱼仪式等,吸引顾客自发打卡传播。菜品的三个层次如图 5-1 所示。

图 5-1　菜品的三个层次

二、餐饮产品组合

大多数顾客到餐厅消费时,所寻求的并非是单一的产品,而是一个综合、满足多元需求的餐饮产品组合。餐饮产品组合涵盖了餐饮企业向市场提供的所有产品的结构,即餐饮企业的产品线和产品项目的有机组合方式,这直接反映了其业务经营范围。餐饮产品组合的核心概念包括三个维度:广度、长度和深度。

（一）餐饮产品组合的广度

餐饮产品组合的广度是指餐饮企业所生产和经营的不同产品线的总和,也可以理解为餐饮企业所拥有的产品线的数量。产品线是指组合中包含的具有相似功能或用途的一组产品。例如,喜茶在创业初期主要聚焦于茶饮这一大产品线;而奈雪的茶则在起步阶段就同时规划了茶饮和软欧包两条产品线。产品线多则称为宽产品线,少则称为窄产品线。宽产品线的组合因其产品丰富、适应性强,能够多方面满足顾客需求,从而拓宽市场、增加销售额、提高经济效益。同时,它还有助于餐饮企业充分利用资源,减少市场变化带来的风险,增强餐饮企业的调节功能和应变能力。相对而言,窄产品线的组合则更有助于餐饮企业集中力量,提升产品质量,促进专业化水平的提升,并降低经营成本。

（二）餐饮产品组合的长度

餐饮产品组合的长度是指每一条产品线内不同产品项目的数量。这代表了餐饮企业在每一个产品线内所提供的并具有不同特色、类型、档次或品种的单项产品的数量。例如,一家西式快餐店在咖啡这一产品线下可能有拿铁、卡布奇诺、美式咖啡三个产品项目,而在小食产品线下则可能包含酥饼、薯条、炸鸡块、蛋挞、红豆派五个产品项目。因此,咖啡产品线的长度为 3,小食产品线的长度为 5。产品线的长度越长,意味着为顾客提供的产品选择越丰富,这有助于提高顾客满意度。而长度较短的产品线则有助于餐饮企业发挥自身特色和专长,塑造品牌形象,吸引顾客,增加销量,并可通过批量生产实现规模效益。

（三）餐饮产品组合的深度

餐饮产品组合的深度是指每一个餐饮产品项目下所提供的不同品种、规格、质量或价格的产品的具体数量。如:餐厅常提供的薯条产品可能包括小份、中份、大份三种规格;乌龙茶产品则可能有芭梨恋语乌龙、恋桃乌龙茶两种口味。在这种情况下,薯条产品和乌龙茶产品的深度分别为 3 和 2。产品组合的深度反映了餐饮企业在特定产品项目下的市场细分能力和差异化经营能力,有助于满足不同顾客的需求和偏好。

三、餐饮产品的组合策略

餐饮产品组合没有固定标准,通常中式正餐类餐饮企业的产品组合可以按照凉菜、热菜、汤羹、点心、酒水等来进行产品线划分。对于其他类型的餐饮企业,如快餐、休闲类餐饮企业等,可以根据以下五点来划分产品线:一是产品功能上的相似性;二是产品生产流程的类似性;三是产品消费上的连带性,即消费 A 产品是否就会消费 B 产品;四是是否供给相同的顾客群;五是是否有相同的销售渠道或者属于同一种价格范围等。对于餐饮企业来说,正确的餐饮产品组合主要有以下两个作用:一是更好地满足顾客需求。餐饮顾客的需求总是在不断发展变化着的,在不同的时代和地区,餐饮顾客的需求各有特点,这些多样化的需求是餐饮企业开发餐饮产品组合的重要依据,餐饮企业通过对不同规格、不同档次、不同类型的餐饮产品进行整合,使餐饮产品的结构更趋合理、更能适应市场需求的变化。二是提高餐饮企业竞争力。通过对餐饮产品进行组合,合理控制食材、能源和人工费用,提高工作效率,将优质资源集中到最能够满足消费者的产品上去,可以使餐饮企业更具有竞争力,实现餐饮企业的最大经济效益。餐饮产品的组合策略一般包括以下两种。

(一)扩大餐饮产品组合

在原餐饮产品组合的基础上,增加产品线,延伸产品线长度或增加产品组合深度,都可以扩大餐饮产品组合。增加产品线数量,即扩大经营范围,进入新的生产经营领域。例如,原来以经营湘菜为主者,增加粤菜、川菜等产品线,这就是扩展餐饮产品组合的广度;在湘菜产品线中增加一些新的菜品,这就是延伸餐饮产品组合的长度;针对辣椒炒肉这个菜,推出不同的辣度、分量或者创新口味等,即增加餐饮产品组合的深度。

(二)缩减餐饮产品组合

在原餐饮产品组合的基础上,减少产品线或产品项目,尤其是在经济不景气或原料供应紧张的时期需要采取此种策略,目的是放弃那些获利能力差的产品,以便集中力量发展获利能力强的产品,提高产品品质,获得规模效益。例如,某专营牛蛙产品的餐饮品牌,一开始牛蛙类菜品仅占 30% 左右,后来砍掉鱼类、小龙虾类等产品,专攻牛蛙类菜品,从而成为该品类市场上的佼佼者。从当前趋势来看,很多餐饮企业开始摒弃"大而全",转向"小而精"的餐饮产品组合方式,聚焦单一品类,如锅盔、饺子、酸菜鱼、肉蟹煲等,希望做精某类产品,形成该品类中的品牌。

餐饮企业在成立之初,就需要合理规划餐饮产品组合。当企业提供的餐饮产品组合过长过宽过深时,会导致供应链管理难度加大,厨房生产效率低下,还会影响设备的采购和厨房的动线;最重要的是,顾客看到菜单上琳琅满目的菜品,却难以快速做出选择,点餐时间较长,影响翻台率,在消费完以后也不会给顾客留下深刻印象。但餐饮产品组合过窄过短过浅,顾客的需求就没办法得到满足,因此餐饮企业应从顾客需求和企业发展角度出发,不断优化产品结构,突出产品特色,不断更新迭代,持久吸引顾客。

四、餐饮产品的分析方法

餐饮企业对餐饮产品组合进行调整时,需要科学分析,谨慎做出选择。目前,餐饮企业常用的产品分析方法有 ABC 分析法、波士顿矩阵法。

(一)ABC 分析法

❶ ABC 分析法的原理 ABC 分析法由意大利经济学家维尔弗雷多·帕累托首创,又称帕累托分析法、重点管理法等。它是根据事物在技术或经济方面的主要特征,进行分类、排序,分清重点和一般,从而有区别地实施管理的一种分析方法。该分析方法的核心思想是在决定一个事物的众多因素中分清主次,识别出少数的但对事物起决定作用的关键因素和多数的但对事物影响较少的次要因素。

餐饮企业管理者一般以"销售额"作为 ABC 分析法的指标(基准),通过收集近 3 个月的菜品销售数据资料,确定重点菜品(A 类)、需调整菜品(B 类)以及可淘汰菜品(C 类)。其中,A 类为占总销售额前 70%的菜品;B 类为除了 A 类以外的,剩下的菜品中占销售额排名前 20%的产品,C 类为剩下的 10%的菜品。具体如图 5-2 所示。

❷ **ABC 分析法的操作步骤**　餐饮企业管理者在确定好需要分析的菜品后,可以按照以下步骤进行分析。

(1)步骤 1:统计菜品近 3 个月的销售额(菜品销售额=销售份数×单价)。

(2)步骤 2:计算每种菜品销售额占总销售额的百分比,并进行降序排列。

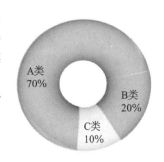

图 5-2　ABC 分析法

(3)步骤 3:按序列计算出累计百分比,并按照比例将菜品分成 A、B、C 三类,其中累计百分比到 70%的菜品为 A 类,70%到 90%的菜品为 B 类,其余的为 C 类。

(4)根据菜品分类情况,餐饮企业管理者对菜单进行优化调整。

❸ **ABC 分析法示例**　餐饮企业管理者运用 ABC 分析法对菜品进行分析(表 5-1),确定 A 类、B 类及 C 类菜品,从而确定餐饮企业的重点菜品(A 类)、需调整菜品(B 类)以及可淘汰菜品(C 类),优化产品结构,提升餐饮企业经济效益。

表 5-1　ABC 分析法示例

序号	菜名	销量/份	单价/元	销售额/元	占总销售额百分比	累计百分比	分类
1	aa	398	28	11144	19.41%	19.41%	A 类
2	bb	490	22	10780	18.78%	38.19%	A 类
3	cc	380	25	9500	16.55%	54.74%	A 类
4	dd	382	20	7640	13.31%	68.05%	A 类
5	ee	295	22	6490	11.30%	79.35%	B 类
6	ff	183	28	5124	8.92%	88.27%	B 类
7	jj	206	15	3090	5.38%	93.65%	C 类
8	hh	158	12	1896	3.30%	96.95%	C 类
9	ii	146	12	1752	3.05%	100.00%	C 类
总　　计				57416	100.00%	—	—

❹ **ABC 分析法的适用范围**　餐饮企业根据各种菜品对销售额的贡献,确定菜品的重要程度,为菜单优化调整提供依据。ABC 分析法易操作且方便简单,但是,以销售额为基准评价菜品贡献的方法有一定的局限性,因为不同菜品的价格悬殊较大,销售额很难反映其销量的真实情况,因此,ABC 分析法一般适用于对同类型且毛利水平相当的菜品进行分析。

(二)波士顿矩阵法

❶ **波士顿矩阵法的原理**　波士顿矩阵又称市场增长率-相对市场份额矩阵、四象限分析法等。根据销售增长率和市场份额将产品分成四类,分别是金牛产品、明星产品、问题产品和瘦狗产品(图 5-3)。通过以上两个因素相互作用,会出现四种不同性质的产品类型,形成不同的产品发展前景。

❷ **波士顿矩阵法的操作步骤**　餐饮企业管理者在确定好需要分析的菜品后,可以按照以下步骤进行分析。

(1)步骤 1:统计一定时期每种菜品的销售额(菜品销售额=销售份数×单价)。

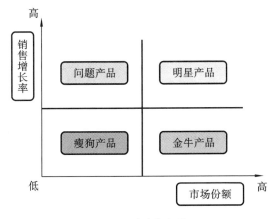

图 5-3　波士顿矩阵

(2) 步骤2:计算每种菜品的毛利额(菜品毛利额=销售额-成本)。

(3) 步骤3:计算每种菜品畅销度(菜品畅销度=菜品实售百分比÷菜品应售百分比,其中菜品实售百分比=菜品销量÷总销量,菜品应售百分比=100%÷菜品数量)。

(4) 步骤4:根据菜品毛利额和畅销度情况,确定菜品分类,菜品毛利额>平均毛利额为高毛利,反之为低毛利;菜品畅销度大于1为畅销,反之为不畅销。

(5) 根据菜品分类情况,餐饮企业管理者对菜单进行优化调整。

针对明星产品,餐饮企业可继续投入大量资金,以维持餐饮企业的高市场份额。如果能一直维持高市场份额,该产品将成为餐饮企业利润的主要来源。例如,某家餐厅的特色产品"招牌烤鸭",因其独特的口味和高质量而广受好评。由于近年来中式烤鸭市场的快速增长,该产品的销售额也大幅增长,占据了市场的较大份额,餐厅应继续投资该产品以保持其市场地位,并探索进一步扩大市场份额的可能性。

金牛产品已经进入成熟期,低增长是它的特点,但是市场份额高,具有相当于垄断的地位,对餐饮企业而言投入低、利润高,非常理想。例如,很多餐饮门店都有自己成熟的、稳定的招牌菜品,这些菜品往往是金牛产品。如经典菜品麻婆豆腐,其市场增长率低,但相对市场份额高。麻婆豆腐作为一道经典的中式菜品,拥有稳定的消费群体,由于其深受顾客喜爱,销量一直保持稳定。餐厅可以通过提高产品质量和服务水平来维持其市场份额,并考虑如何创新以吸引新顾客。

瘦狗产品竞争激烈,盈利能力低,不能成为餐饮企业的主要利润来源,需要收缩或者减少经营范围,甚至退出。例如,餐饮门店可根据菜品销量和利润下架一些销量不高、利润率低的产品。

问题产品需要投入大量资金以维持高的销售增长率,但是由于市场份额低,此类业务如果运营得当可以转化成明星产品,反之则会转化为瘦狗产品,因此需要重点分析,决定是否重点投资。例如,餐饮门店开发了某个新菜品,并且在短时间内销量可观,可以考虑加大推广力度,培养其成为明星产品。

❸ **波士顿矩阵法示例** 餐饮企业管理者运用波士顿矩阵法对菜品进行分析,如表5-2所示。

表5-2 波士顿矩阵法示例

序号	菜肴名称	售价/元	销量/份	单位成本/元	实售百分比	应售百分比	畅销度	畅销情况	销售额/元	成本/元	毛利额/元	平均毛利额/元	毛利额情况	分类
1	AA	10	370	4	17.37%		1.22	畅销	3700	1480	2220		低毛利	金牛产品
2	BB	16	420	7	19.72%		1.38	畅销	6720	2940	3780		高毛利	明星产品
3	CC	18	290	8	13.62%		0.95	不畅销	5220	2320	2900		高毛利	问题产品
4	DD	18	250	10	11.74%	14.29%	0.82	不畅销	4500	2500	2000	2536	低毛利	瘦狗产品
5	EE	20	300	11	14.08%		0.99	不畅销	6000	3300	2700		高毛利	问题产品
6	FF	18	350	10	16.43%		1.15	畅销	6300	3500	2800		高毛利	明星产品
7	JJ	18	150	9	7.04%		0.49	不畅销	2700	1350	1350		低毛利	瘦狗产品

❹ **波士顿矩阵法适用范围** 波士顿矩阵法分析的指标全面、合理,对菜品重要性的分析有更强的指导性,但是餐饮企业在使用此方法时,针对同类型菜品进行比较分析才更有意义。其中,分类参照指标数值可根据餐饮企业实际经营情况确定。

▶ **小试牛刀**

通过以上餐饮产品组合相关知识的介绍,你是不是对餐饮产品组合有了一定的了解?接下来,在调研了解某家餐饮企业产品的基础上,营营和销销想做一份波士顿矩阵图,请你帮助营营和销销一起完成吧!

任务闯关卡

任务名称：优化餐饮产品组合

成果形式：餐饮企业餐饮菜单优化方案

成果要求：
1. 方案要求：主要包含餐饮企业的菜单,对餐饮产品组合的宽度、长度和深度进行简要分析,结合调研资料分析餐饮产品并提出优化建议。
2. PPT要求：以精练的文字和精美的图片等资料展示现有菜单、分析过程和优化建议,并由小组成员代表或集体分工合作进行汇报

完成路径：
1. 小组成员选定某个餐饮企业作为调研对象,从互联网收集相关资料,并进行实地考察,掌握不同类型餐饮产品生产、销售情况等信息,尽可能全面地获取餐饮产品的相应信息。
2. 结合本任务知识精讲的内容,分析餐饮产品组合的宽度、长度、深度等,从消费者需求和企业的角度进行餐饮产品组合的优化,并尝试结合数据分析餐饮产品。
3. 小组集体讨论对该餐饮企业菜单的优化建议,形成一致看法后分工完成优化方案和展示PPT

互联网餐饮营销发展迅速,餐饮产品也变化万千,每个人对餐饮产品有自己的见解。大家可以通过和同学、企业导师、老师进行多方交流,形成不一样的观点。

在完成本次任务的过程中,你遇到了哪些困难和疑惑?你是怎么解决的?将你在完成本次任务过程中的收获、困惑、反思及改进措施等记录下来吧!

探究与反馈：

☺ 收获：

☹ 困惑：

❓ 反思及改进措施：

任务二　创新餐饮产品

[职场闯关记]

为了响应顾客的需求并实现营业额增长,公司要求各部门紧密合作,共同研发新的菜品。在此关键时刻,营销部积极响应,派出营营和销销全力支持和配合产品开发工作。他们不仅将提供有价值的菜品研发建议,还将协助进行新产品测试、调整和推广。请你帮他们一起来解锁这项新任务吧!

任务描述

餐饮新产品开发是驱动餐饮企业持续发展的关键因素。在市场营销活动中,不断推出符合市场趋势和消费者需求的新产品,是餐饮企业保持竞争力的重要手段。通过任务二的学习,我们将深入了解新产品开发的概念、策略及相关理论,在理解产品生命周期的基础上,掌握不同周期对应的营销策略。

任务目标

(1) 了解新产品开发的概念及策略。
(2) 理解产品生命周期的内涵。
(3) 掌握产品不同生命周期应采取的营销策略。
(4) 掌握菜品的更新和升级策略。

任务导入

奈雪的茶,创立于2015年,品牌独创"茶饮+软欧包"双品类模式,目标瞄准新一代年轻消费者。茶作为中国传统文化的重要组成部分,已有数千年的历史。在产品线方面,奈雪的茶推出了霸气鲜果茶、芝士奶盖茶、冷泡茶、现泡高端茶等多个系列,以满足不同消费者的口味需求。此外,奈雪的茶还注重时令水果的运用,每月都会根据当季水果推出限定新品,让消费者在品尝美味的同时,也能感受到四季变换的魅力。在另一条产品线软欧包方面,奈雪的茶也做了很多创新的尝试,面团经过长时间的发酵,再融入坚果与各种杂粮,呈现出丰富的口感和营养价值。

在品牌发展上,奈雪的茶于2018年开始着重发展新零售业务,通过集结各地优质茶叶、创新茶杯设计以及节日风格的茶礼盒等方式,提升消费者的购物体验。同时,奈雪的茶还以四季变换为主线,通过"镜、花、雪、月"四种具象载体,打造出四种独特的空间概念风格,既融入了东方文化,又与产品核心"中国茶"相互呼应,为消费者营造了一个舒适、优雅的品茶环境。

在门店环境上,奈雪的茶的门店逐渐转为小型PRO店。与两三百平方米的标准门店主打"茶饮+软欧包"不同,PRO店精简掉烘焙区域和部分客座,面积更小,使开店速度更快,人力及租金成本更低。据奈雪的茶调研,标准茶饮店在转为PRO店后,在门店位置相同或者类似时,PRO店的收入与标准茶饮店基本一致,且PRO店的租金及人力成本整体有所下降。

思考：1. 奈雪的茶推出的新产品有什么特点？请尝试从新产品开发的角度来剖析。
2. 门店环境的改变给奈雪的茶带来了什么影响？

 知识精讲

一、餐饮新产品开发

新产品开发是指从研究选择适应市场需要的产品开始到产品设计、工艺制造设计，直到投入正常生产的一系列决策过程。从广义而言，新产品开发既包括新产品的研制也包括原有的老产品改进与换代。餐饮新产品开发是指餐饮企业为了满足市场需求、提升竞争力或扩大市场份额，通过研发、改进或创新现有产品，推出新的产品或服务的过程。这一过程涵盖了从市场调研、目标市场确定、方案策划、原材料采购、厨师试做、评估测试到上市推广等多个关键步骤。新产品开发是餐饮企业研究与开发的重点内容，也是餐饮企业生存和发展的战略核心之一。

（一）餐饮新产品开发时应考虑的因素

❶ **目标市场分析**　在开发餐饮新产品之前，餐饮企业需要进行充分的市场分析，确定目标市场和目标消费群体。通过细分市场，了解不同消费群体的需求和偏好，有针对性地开发餐饮新产品来满足顾客的需求。

❷ **创新与差异化**　在进行餐饮新产品开发前，应充分考察同类餐饮产品和相应替代产品的技术含量和特点。在竞争激烈的餐饮市场中，创新与差异化是吸引顾客的重要因素。餐饮企业应该注重创新，提供与众不同的产品和服务，通过引入新的菜品、独特的包装设计、特殊的烹饪技巧等方式来吸引顾客，并与竞争对手形成明显差异化。

❸ **顾客需求变化速度和变化方向**　随着人们物质生活水平的提高，顾客的需求呈多样化趋势，并且变化速度很快，需要及时引入新鲜的概念和元素。如：结合健康概念，推出低卡路里、低糖或者素食产品；或者结合行业数字化转型加入科技元素，开发智能点餐系统、无人机送餐等创新服务等。

❹ **高质量原材料**　餐饮新产品的开发不仅需要创新，还需要确保产品的质量。餐饮企业应该选择高质量的原材料，注重食品安全和营养均衡。与供应商建立长期合作关系，确保供应链的稳定性和质量。

（二）餐饮新产品开发的策略

餐饮企业投入资金、人力、物力开发餐饮新产品的目的是更好地满足顾客的需求，获取更大的利润。但是餐饮新产品开发的风险是客观存在的，不同的餐饮企业，由于实力不同，在餐饮新产品开发上的能力也各不相同，因此餐饮企业应根据具体情况，选择适当的餐饮新产品开发策略。餐饮新产品开发策略主要有以下几种。

❶ **抢先策略**　抢先策略是指餐饮企业在老一代产品衰退前率先推出新产品，使其占领市场的餐饮新产品开发策略。采用抢先策略的餐饮企业，必须随时注意市场上顾客的需求动向，同时把握竞争对手的状况，当顾客的需求开始变化时，及时推出新产品，始终占据市场领先地位。采用该策略的餐饮企业一般应具有较强的技术和管理实力，并且有一套灵敏的市场数据收集和反馈系统。例如，部分餐饮企业设立专门的菜品研发部门，组织专业化的菜品研发员，确定一系列的任务指标，这些就是在餐饮新产品开发上采用抢先策略的表现。

知识链接 5-1：
菜品的开发
流程与管理

❷ **仿制策略** 仿制策略是指餐饮企业借鉴市场上已经存在且竞争者很少的其他餐饮企业的产品，仿制成自己的新产品的策略。使用这种策略要求餐饮企业随时关注市场上新产品的动向，包括新的餐饮形式、餐厅风格、餐饮经营新模式等；也包括其他餐厅推出的受市场追捧的新菜品。

❸ **最低成本策略** 最低成本策略是指在餐饮新产品开发时力求降低成本，以便用较低的价格渗透市场，提高市场占有率。该策略要求餐饮企业在餐饮新产品开发时，通过餐厅经营模式等的创新，烹饪方法、原料使用等的改进，或通过生产组织消耗成本控制等管理水平的提高，努力降低餐饮新产品的成本，使之迅速占领市场。

❹ **市场服务策略** 市场服务策略是在原有产品基础上，通过提供附加服务，增加产品的让渡价值，进一步吸引目标消费群体关注的策略。市场服务策略创造的实际是一种改良新产品，也是使产品寿命周期再循环的一种手段。

二、餐饮产品生命周期

（一）产品生命周期各阶段分析

产品生命周期（product life cycle，PLC），指产品的市场寿命，即一种新产品从开始进入市场到被市场淘汰的整个过程。经济学家认为：产品生命是指市场上的营销生命，要经历引入期、成长期、成熟期、衰退期 4 个时期（图 5-4）。

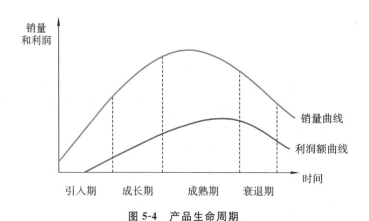

图 5-4　产品生命周期

❶ **引入期** 产品从设计投产直到投入市场进入测试阶段。新产品投入市场，便进入了引入期。此时产品品种少，顾客对产品还不了解，除少数追求新奇的顾客外，几乎无人实际购买该产品。生产者为了扩大销路，投入大量的促销费用对产品进行宣传推广。该时期由于生产技术方面的限制，产品生产批量小，制造成本高，广告费用高，产品销售价格偏高，销量有限，企业通常不能获利，甚至可能亏损。

❷ **成长期** 当产品进入引入期，销售取得成功之后，便进入了成长期。成长期是指产品试销效果良好，购买者逐渐接受该产品，产品在市场上站住脚并且打开了销路的时期。这是需求增长阶段，需求量和销售额迅速上升。生产成本大幅度下降，利润迅速增长。与此同时，竞争者将纷纷进入市场参与竞争，使同类产品供给量增加，价格随之下降，企业利润增长速度逐步减慢。

❸ **成熟期** 产品开始大批量生产并稳定地进入市场销售，经过成长期之后，随着购买者增多，市场需求趋于饱和，该产品即进入成熟期。此时，产品普及并日趋标准化，成本低而产量大。销售增长速度缓慢直至开始下降，由于竞争的加剧，导致同类产品生产企业之间不得不加大在产品质量、规格、包装服务等方面的投入，在一定程度上增加了成本。

❹ **衰退期** 随着科技的发展以及人们消费习惯的改变等原因，产品的销量和利润持续下降，产

品在市场上已经不能适应市场需求,市场上已经有其他性能更好、价格更低的新产品足以满足顾客的需求,此时产品进入了淘汰阶段,即衰退期。此时成本较高的企业就会陆续停止生产,该类产品的生命周期也就陆续结束,直至最后完全退出市场。表 5-3 显示了餐饮产品生命周期市场情况。

表 5-3 餐饮产品生命周期市场情况

生命周期 市场情况	引 入 期	成 长 期	成 熟 期	衰 退 期
市场增长	慢	加速	平缓	下降
市场渗透率	低	高	更高	最高
市场细分程度	针对冒险顾客	整体市场	细分程度最高; 目标市场	不再有目标市场; 获利可能最少
产品差异化状态	独一无二或 差异化程度高	竞争者加入, 差异化程度降低	产品改造、调整; 但本质上无太大差别	竞争者退出; 市场上出现新的产品, 但只是尝试性的
竞争产品种类	很少	增多	最多	减少的速度很快
竞争者数量	几乎无竞争对手	增多	最多	减少很快

(二) 不同生命周期餐饮产品的营销策略

随着顾客就餐需求变化越来越快,餐饮产品的更新换代、创新升级、下架淘汰速度也随之加快。这就要求餐饮企业必须重视产品生命周期管理,把握好产品推陈出新的力度和节奏。营销部门要持续性、多维度跟踪分析每一个产品的数据及其变化趋势,监控各个菜品及品类的量、利、价波动,并结合顾客反馈等,提出不同时期、不同时令的产品营销策略以及产品改进措施。

❶ **引入期营销策略** 在引入期,对新产品的市场营销一般着重考虑价格和促销两个因素,共有以下四种策略。

(1) 快速撇脂策略。以高价格和高促销的市场营销组合推出新产品,采用这种营销策略的目的是以最快速度获取利润。这里将利润比喻成牛奶表面的奶油层,所以该策略称作"撇脂"。快速撇脂策略适用的条件:①产品目标市场的知晓度极低;②一旦顾客知道这种产品就会有强烈的消费愿望,并有相应的支付能力;③餐饮企业有能力尽快建立顾客的品牌偏好,以应对可能迅速招致的竞争者。

(2) 慢速撇脂策略。以高价格和低促销的市场营销组合推出新产品,高价格是为了撇脂获利,低促销费用是为了节约市场营销成本。由于促销力度小,产品渗透市场的速度就慢。慢速撇脂策略适用的条件:①市场范围不大,只需要较低促销费用就可以充分传播新产品的信息;②目标市场顾客绝大部分都知道该产品;③对该产品有购买意向的顾客愿意支付高价并有支付能力;④竞争者介入有一定困难,不容易引发激烈竞争。

(3) 快速渗透策略。低价格容易吸引更多的顾客购买,所以向市场的渗透力强,而且由于较高的促销费用投入,渗透速度可能很快。快速渗透策略适用的条件:①市场范围大;②新产品在目标市场上知晓度很低;③目标市场顾客对该产品的价格敏感;④在竞争较大的市场上;⑤能够通过销量的提高迅速降低成本。

(4) 慢速渗透策略。低价格在市场的渗透力强,低促销不易引起顾客的关注,两者的组合使产品具有慢速渗透的特征。慢速渗透策略适用的条件:①市场范围大;②目标市场顾客大多知晓和熟悉该产品;③目标市场顾客属价格敏感型,即价格弹性较大;④具有一定的潜在竞争者。

❷ **成长期营销策略**

(1) 改进和提高产品质量,在餐饮企业中主要指改进菜品和服务两个方面的质量。

(2) 寻找新的市场细分,通过进一步细分市场或对现有细分市场进行重新分析,确定商品尚未满足的顾客群,迅速进入这一新市场。一般来说连锁企业的新店使用这种策略。

(3) 一方面,改变广告宣传的重点,餐饮企业的广告从介绍传达产品信息转为说服和引导顾客接受和购买产品;另一方面,将广告重心转移到宣传产品形象上,逐渐树立产品品牌。

(4) 对价格敏感型的市场采取适当的减价措施,餐饮企业由于接待能力有限,所以只有当接待容量有剩余时才能使用此策略,或在同一地区开分店时适时使用降价策略。

❸ **成熟期营销策略** 成熟期的产品营销重点是保持已有的市场份额,若有能力,再进一步提高市场份额。

(1) 市场改良。通过增加购买人数和增加顾客消费量进行,其目的是增加市场份额,具体可采取的策略如下:①寻找新的顾客或转变未购买者;②进入新的细分市场;③争取竞争对手的顾客;④寻求能够刺激顾客、增加消费量的方法。

(2) 产品改良。成熟期产品的改良是保持和提高市场占有率的有效途径,重点从菜品、服务、流程等方面加以考虑,具体如下:①尚有接待容量的情况下,可考虑适当降低价格或采用较大的数量折扣,也可考虑增加免费的服务项目;②重新检查原有广告的有效性,通过调整广告的诉求,重新激发顾客的关注;③成熟期的产品需要更加灵活的促销方式及不断创新的促销方法,这样才能激发顾客继续选择产品的热情,如采取"集点优惠""消费排名"等促销活动。

❹ **衰退期营销策略** 面对衰退期的产品,餐饮企业应根据自己的市场营销能力和实际市场状况,决定继续经营还是放弃该产品。

(1) 继续策略。继续延续成熟期的营销策略,既不增加投入也不减少投入,继续原有目标市场的经营,直至完全退出市场。

(2) 收缩策略。大幅度降低促销水平,尽量减少销售和促销费用,以增加目前的利润。这种策略有可能导致产品加速衰退,但仍能从该产品的顾客中继续获得利润。

(3) 放弃策略。对于衰退比较迅速的产品,应当机立断,放弃经营。

(三) 麦当劳餐饮产品生命周期示例

麦当劳作为全球知名的快餐连锁品牌,其产品生命周期涵盖了从产品研发、上市、成熟到衰退的整个过程。

首先是产品的研发阶段。在这一阶段,麦当劳采取的措施主要包括以下几个方面:①明确产品创意:麦当劳的产品创意来源于对市场需求的深入理解和顾客需求的洞察,这些创意可能来自内部团队的创新,也可能来自外部的建议或反馈。②明确产品定位:在确定产品创意后,麦当劳会进行市场定位,明确产品的目标消费群体、竞争对手和市场空白点,以确保产品具有竞争优势。③产品设计与研发:产品设计阶段麦当劳会考虑产品的外观、口感、营养成分等,以满足目标消费群体的需求,麦当劳会聘请专业的设计师和研发团队进行产品研发。在产品研发阶段,麦当劳会进行多次试验和改进,以确保产品的品质和口感达到标准。同时,研发团队还会考虑产品的生产效率和成本控制。④产品测试:产品测试是评估产品的市场表现和顾客反馈的关键环节。通过产品测试,麦当劳可以了解顾客对产品的接受程度和购买意愿,以及产品在市场上的竞争地位。同时根据产品测试的结果,麦当劳会对产品进行必要的改进和优化,以提高产品的市场竞争力。改进可能涉及产品的口味、包装、营养成分等方面。

其次是产品的上市阶段。在这一阶段,麦当劳采取的措施主要包括以下几个方面:①确定市场推广策略:利用广告,通过电视、网络等多种媒体进行广泛宣传,提高产品知名度;开展公关活动,组织各类活动(如新品发布会、品酒会等)吸引媒体关注,增加曝光度;进行口碑营销,鼓励顾客在社交媒体上分享产品体验,利用口碑传播扩大影响力。②选择营销渠道:线上渠道,如利用电商平台、官方网站和移动应用等销售产品,提供便捷的订购服务;线下渠道,如在实体门店销售产品,提供堂食和外带服务,以满足不同顾客需求;合作伙伴,如与其他企业合作,共同推广产品,扩大销售渠道。

再者是产品的成熟阶段。在这一阶段,麦当劳采取的措施主要包括以下几个方面:①进行销售数据分析:包括销量、销售额和顾客反馈三个指标。通过分析销售数据,了解产品的销量变化,判断产品是否进入成熟阶段。分析产品的销售额变化,了解产品的市场接受程度和销售趋势。顾客反馈指的是收集顾客对产品的反馈意见,了解产品的优缺点和市场竞争力。②产品优化与升级:通过在产品原有基础上增加附加值,如推出新口味、新包装等,提高产品吸引力,进行品质提升;针对产品存在的问题和不足,进行品质提升和改进,提高产品竞争力。通过优化生产流程和采购渠道,降低产品成本,提高性价比。

最后是衰退阶段。在这一阶段,麦当劳采取的措施主要包括以下几个方面:①逐步减少产量:在退出市场前,逐步减少产品的产量,避免突然停产导致市场供应不足。②清仓销售:在退出市场前,进行清仓销售,以减少库存积压和降低损失。③品牌转型:如果品牌形象和市场定位需要调整,可以考虑将原有品牌转型为其他相关领域的品牌。

技能手册 5-1:
外卖招牌
菜品开发

小试牛刀

通过以上餐饮新产品开发相关知识的介绍,你是不是对开发餐饮新产品有了一定的思路?接下来,请你和小组成员一起,群策群力,完成这次挑战任务吧!

知识小测

任务闯关卡

任务名称	制定餐饮新产品开发策略
成果形式	餐饮新产品开发策略分析
成果要求	1. 文档形式:主要包含餐饮企业产品生命周期情况说明、产品组成策略和未来市场营销发展建议。 2. 要求:以精练的文字和精美的图片、视频等资料展示内容,并由小组成员代表或集体分工合作进行汇报
完成路径	1. 小组成员分别查阅资料,分析和探讨餐饮产品结构的现状。 2. 小组选定一个连锁型餐饮企业,分工合作查阅文献资料及微信公众号、微博、抖音、小红书等社交平台资料,全面了解该餐饮企业产品情况,思考该餐饮企业产品生命周期情况,并将收集到的资料总结分享。 3. 小组集体讨论该餐饮企业的餐饮新产品开发策略等,形成一致看法后分工完成总结文案

互联网餐饮营销发展迅速,变化万千,每个人都可以有自己的见解。大家可以通过和同学、企业导师、老师进行多方交流,形成不一样的观点。

在完成本次任务的过程中,你遇到了哪些困难和疑惑?你是怎么去解决的?将你在完成本次任务过程中的收获、困惑、反思及改进措施等记录下来吧!

探究与反馈

 收获:
_____

 困惑:
_____

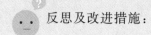 反思及改进措施:
_____

任务三　制定餐饮产品定价策略

[职场闯关记]

公司近期打算对菜单进行价格调整。总部委派市场营销部的营营开展调研工作,为菜单价格调整提供决策参考。总部要求各门店积极参与,配合该项工作。销售作为门店对接此项工作的负责人,很开心能和营营一起参与这项挑战。请你帮他们一起来完成这项任务吧!

➡ **任务描述**

价格制定是餐饮企业经营者决策体系中至关重要的一环,同时也是市场竞争中的核心策略之一。制定既合理又具竞争力的价格策略,对于各类餐饮企业经营者而言,都是一项具有深刻现实意义的重大策划任务。通过深入学习任务三的内容,全面了解餐饮产品定价的特点、原则及相关理论,掌握有效的定价方法与策略,从而为餐饮企业制定出更科学、更合理的价格体系,以支持餐饮企业的稳健发展和市场竞争力的提升。

➡ **任务目标**

(1)了解餐饮产品定价的概念及餐饮产品定价的策略。
(2)理解、掌握餐饮产品定价策略的适用情形。

（3）正确运用餐饮产品定价策略给餐饮产品定价。

任务导入

M连锁快餐公司目前主要提供早餐、汉堡、饮料、小食等产品品类。在价格方面，这些产品的单价基本在5元至50元之间，占据了公司全部产品品类的80%以上份额，同时也是公司主要的营业收入来源。除了这些基础食品外，M公司还针对低龄小朋友推出了开心乐园餐和甜品，价格主要在5元至30元之间，这部分产品成为公司的第二大营业收入来源。开心乐园餐因其独特的吸引力，主要消费群体锁定在小朋友和青少年，消费时间相对集中，主要在周末、节假日等休闲时段。

M连锁快餐公司在制定和调整产品定价策略时，一直保持着相对保守的态度。这样的策略既有助于维系老顾客的信任，同时也保证了公司收入和利润的稳定。然而，在当前竞争激烈的市场环境下，仅仅依靠保守的定价策略难以应对挑战。竞争对手K连锁快餐公司采用的产品定价策略则相对激进，经常通过多渠道宣传各种优惠活动，吸引顾客进行消费。同时许多其他的连锁快餐公司也采取各种价格策略努力抢占市场，M连锁快餐公司面临的市场竞争越发激烈。为了持续保持市场份额和竞争优势，M连锁快餐公司需要对其定价策略进行重新审视和调整。在保持产品品质的基础上，考虑在特定时段或节假日推出更具吸引力的优惠活动，以吸引新顾客并维系老顾客的忠诚度。

> **思考**：M连锁快餐公司的产品价格有什么特点？如果要你来调整M连锁快餐公司的定价策略，你会如何做？

知识精讲

定价是销售和成本控制的一个重要环节，价格将会直接影响企业的经济效益，并体现餐饮品牌的定位。价格也是企业营销的重要手段，在餐饮企业营销组合的诸多因素中，价格是作用最直接、见效最快的一个，在提高市场占有率和推广新产品时，价格是一个常用的营销策略。

一、餐饮产品定价的特点

（一）复杂性

由于影响定价的因素很多，如市场需求、竞争环境、市场发展等经营者无法控制的因素，给餐饮产品定价带来了很多困难，使其变得极其复杂。

（二）季节性

对于大多数城市的餐饮市场来说，由于受到旅游市场的影响，餐饮市场呈现明显的季节性变化，餐饮经营的淡、旺季是比较突出的。因此，餐饮产品定价也应随着季节的不同而有所调整，这是餐饮产品定价决策不可忽视的特点之一。

（三）时段性

时段性是指比季节性变化更小的时间因素。人们到餐厅进餐，主要是社交活动的需要或是单纯为了享受美食佳肴，因而即使在同一季节内，甚至是同一月份、同一周内，餐饮的需求量也是不完全相同的。餐饮需求往往会随着各种节日的到来而出现高潮，周末也往往是餐饮需求的高峰。例如，很多餐厅的优惠券和优惠套餐仅在工作日可用，周末和节假日不能用，以此来调整餐饮市场的供求关系。

（四）灵活性

餐饮产品既包括有形部分（如菜品），又包括无形部分（如环境和服务），因此它的定价较其他有形产品的定价要灵活得多,这既是餐饮产品定价的优势,又是它的弱势。因为餐饮产品定价的空间相当宽广,如果运用得好,可以给餐饮企业创造很好的经济效益,这就要求餐饮经营者能及时地根据餐饮经营环境的变化而做出相适应的调整或变更价格。而正是因为它的多变与灵活,价格决策者在具体操作时不易准确把握,给决策者带来了较大的困难和压力。

二、餐饮产品定价的原则

价格是否适当,往往会影响市场的需求变化及整个餐厅的竞争力,最终影响到餐厅的盈利。因此,餐饮企业在进行餐饮产品定价时必须遵循以下原则。

（一）价格要反映餐饮产品的价值

一般而言,餐饮产品的价格要反映它的价值,这是餐饮产品定价的基本原则。以菜品为例,菜品的价格是以其价值为主要依据制定的,其价值包括三个部分:一是菜品原材料消耗的价值,以及生产设备、服务设施和用具等耗费的价值;二是以薪金、奖金等形式支付给餐饮企业服务人员的报酬;三是餐饮企业上缴国家的税金。

（二）价格必须适应市场需求

餐饮产品定价还应反映供求关系。档次高的餐厅,其定价可适当高些,因为该餐厅不仅能满足顾客对饮食的需要,还能带给顾客一种饮食之外的舒适感,增加了商品的"隐含价格"。但是价格的制定必须适应市场的需求,价格超过一般顾客的承受能力,或让顾客感到"价非所值",必然会导致顾客降低消费水平、减少消费量。

（三）定价既要相对灵活,又要相对稳定

餐饮产品定价应根据供求关系的变化而采用适当的灵活价,如优惠价、季节价、浮动价等。根据市场需求的变化有升有降,调节市场需求以增加销量,提高经营效益。但是价格过于频繁地变动,会给潜在的顾客带来心理上的压力和不稳定感,甚至打击顾客的消费积极性。因此餐饮产品定价要有相对稳定性。价格不宜变化太频繁,更不能随意调价;每次调价幅度不能过大,最好不超过10%。

（四）定价要参照国家的物价政策,接受物价部门指导

餐饮企业需要在规定的范围内确定本餐厅的毛利率,贯彻按质论价、分等论价、时菜论价的原则,以合理成本、费用和税金加合理利润的原则来制定价格。

三、餐饮产品定价的方法

（一）竞争导向定价法

竞争导向定价法又称"随行就市法",这是一种最简单的定价方法,即参考竞争同行的餐饮产品价格确定自己的产品定价。这种以竞争为导向的定价策略在实际中比较常用。使用这种方法要注意以成功的定价为依据,避免把不成功的定价搬为己用。此方法的特点:价格、成本、需求无直接关系,缺点主要是以竞争导向定价不能体现产品的独特价值,且容易导致价格战。

（二）成本导向定价法

成本导向定价法是餐饮企业以产品的成本为基础,再加上一定的利润和税金而形成价格的一种定价方法。成本导向定价法简便易行,是我国现阶段基本、普遍的定价方法。

餐饮行业有一个基本的定价方法,即成本加成法:最终售价=产品生产成本×(1+成本利润率)。餐饮店经营者可以在菜品的成本上,加上适当比例的利润,由此来计算出菜品销售时的价位。而售价与成本之间的差额,即为加成。比如某种菜品的生产成本为20元,加上50%的利润,那么这个菜品的售价为20元×(1+50%)=30元。

(三) 需求导向定价法

需求导向定价法又称顾客导向定价法，是指餐饮企业根据市场需求状况和餐饮顾客的不同反应分别确定产品价格的一种定价方式。其特点如下：平均成本相同的同一产品价格随需求变化而变化。比如同样一件产品在高铁站和在普通超市的定价有差异，这就是利用需求导向定价法，根据不同场景需求进行定价。

四、餐饮产品定价的策略

在餐饮企业经营过程中，合理的价格定位才能让顾客和经营者实现双赢。一般来说，餐厅在开店前要对主营菜品价格进行定位，并且后期各种活动促销都要以主营菜品为主。菜品价格的稳定关系到顾客对餐厅的信赖度。餐饮企业在进行产品定价时，可采取以下策略。

(一) 高位定价策略

这类定价策略适合知名度高的餐饮品牌企业，但是采用这种策略通常要具备两个条件：一是产品应具有独特性，市场上竞争对手较少，容易在市场中占据主导地位；二是餐饮企业本身的品牌效应强，信誉卓著，具有一定的高消费顾客群。

(二) 渗透定价策略

与高位定价策略相反，渗透定价策略是指餐饮企业将推出的产品以较低的价格投放市场的策略。为了促销新产品、出清存货或加快现金周转，餐饮企业把某些产品的价格定在接近边际成本的价格，以提高本类产品及相关产品的市场接受率，达到薄利多销的目的。餐饮企业采取渗透定价策略，应具备下列条件：一是市场对价格的敏感度高时，采用渗透定价策略有助于拓展市场；二是要以增加销量来降低餐饮企业产品的单位成本；三是餐饮企业应具有一定的耐受力，可阻止其他竞争者采用低廉价格的策略进入市场。

(三) 亏本定价策略

亏本定价策略是一种较激进的定价策略，具体表现为餐饮企业将部分餐饮产品以低于其成本的价格进行销售。这种策略的主要目的是吸引顾客购买本餐饮企业的其他产品，进而实现整体盈利。在一些餐饮门店，店家往往会基于所采购的食材和店铺的独特风格，在常规菜单之外增添厨师的精选推荐菜品以及特惠菜品。这些特惠菜品，实际上是由主要食材的剩余部分或边角料精心制作而成。例如，许多牛排餐厅会将切割整块牛排后剩余的边角料巧妙地剁成肉馅，进而制作出特惠的汉堡肉饼进行销售。尽管这些特惠商品在价格上非常亲民，几乎接近成本，但它们在品质上丝毫不逊色于其他产品，为顾客提供了物超所值的用餐体验，同时可以刺激顾客购买本餐饮企业的其他产品。

(四) 折扣定价策略

折扣定价策略指的是利用顾客乐于享受各种优惠待遇的心理需求制定产品价格。餐饮经营者在原有菜品价格的基础上给顾客实在的优惠，使顾客在购买此菜品时比原来便宜。还可以采用回赠优惠券、发放实物礼品、赠送菜品、免费享受特价菜品等做法来吸引顾客。

(五) 心理定价策略

心理定价策略是餐饮企业经常使用的一种定价策略，主要是利用顾客想要购买廉价产品的心理，通常这种价格都是非整数的，并且以零头数结尾，让顾客产生一种便宜的感觉。心理学分析和市场调查的统计数据显示：在顾客的心目中，9.9元与10元、39.9元与40元的对比定价，在理性认识上，这些价格是一回事；但是在实际消费过程中，顾客对这些价格的心理反应不同，他们认为9.9元比10元、39.9元比40元更便宜。

（六）时段定价策略

时段定价策略是一种根据特定时间段或场景设定不同价格的策略。在餐饮行业，这一策略是根据顾客就餐的不同季节、日期、时段等采取不同层次价格的策略，如季节优惠、周末优惠、时段优惠等。例如，某些餐厅在工作日的午餐时间提供特价菜品或优惠套餐，以吸引上班族中午来餐厅用餐，而周末和晚上一般没有此类优惠。

（七）地点定价策略

地点定价策略是一种根据产品或服务提供地点来设定价格的策略。这种策略通常考虑到不同地区的成本、市场需求、顾客购买力以及竞争状况等因素。地点定价策略也称分价消费，例如，餐饮企业一般会将包厢和大厅的消费价格分开，堂食与外卖的消费价格分开。在高铁站和飞机场，一般餐饮门店的价格会高于路边餐饮门店，或者是无法享用优惠套餐政策。

（八）套餐定价策略

知识链接 5-2：餐饮菜品定价的方法

套餐定价策略指的是将多种产品或服务组合在一起，以一个整体价格向顾客提供，这个整体价格通常比单独购买这些产品或服务时的总价要优惠。如在某快餐店，一份盖饭的价格是 20 元，一份汤的价格是 10 元，一个卤蛋的价格是 2 元，而在点餐过程中，很少有人同时点这三样菜品，但是快餐店可推出套餐，包括一份盖饭、一份汤、一个卤蛋，合计只需要 26 元，也就是说在盖饭价格的基础上只要再加 6 元就可以多得到一份汤和一个卤蛋，这样的套餐组合会让顾客觉得很实惠，购买的人自然就多了，这三样产品的销量同时也得到了较大提高。

知识小测

> 🏁 **小试牛刀**

通过以上餐饮产品定价相关知识的介绍，你是不是对价格制定以及实施有了一定的思路？接下来，请你帮助营营和销销一起完成一份餐饮产品定价分析报告。

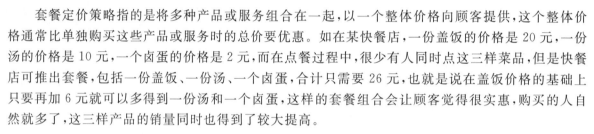

任务名称	餐饮产品定价分析
成果形式	餐饮产品定价分析报告
成果要求	文档形式，通过对餐饮企业价格制定策略的调研，掌握基本的定价方法，能够进行产品定价，提升对产品定价基本策略的综合分析能力
完成路径	1. 提前做好储备：仔细阅读价格相关理论和餐饮企业背景资料。 2. 小组讨论调研计划，进行任务划分、归类，确定各项任务的工作量。 3. 通过团队的分工协作，进行讨论交流，形成餐饮产品定价分析报告。 4. 以团队形式进行展示

探究与反馈

在完成本次任务的过程中,你遇到了哪些困难和疑惑?你是怎么去解决的?将你在完成本次任务过程中的收获、困惑、反思及改进措施等记录下来吧!

☺ 收获:

☹ 困惑:

😕 反思及改进措施:

实战演练

请选择你经常光顾的餐厅,将其餐饮产品组合用思维导图的形式画出来,并从产品生产、消费等方面考虑其餐饮产品组合的广度、长度、深度的合理性。然后为其设计一款新产品,并合理定价,作为当季主推产品。

闯关小结

通过本项目的闯关,营营和销销了解了互联网餐饮产品开发的内涵,理解了餐饮产品的结构和组合策略,也初步认识了餐饮产品的生命周期和与之对应的定价与营销策略。通过收集相关的餐饮产品信息,分析产品结构,他们了解了餐饮产品的开发与管理,同时能根据产品特点、餐饮企业自身定位和市场竞争情况对产品进行定价。这些任务的完成,让他们对互联网餐饮营销有了清晰的认识,也对餐饮产品的开发有了全面的了解,使后续学习有了明确的方向。在任务闯关过程中,他们互帮互助,利用数字化工具完成了任务。互联网营销随着市场变化仍然在不断创新,营营和销销决定继续努力学习,他们满怀信心地准备迎接下一个挑战!面对接下来的职场挑战,营营和销销也摩拳擦掌,期待有更大的成长!

项目五 案例分析

第三篇

营销实战篇

项目六

微信营销

项目引入

　　微信是一款能在 PC 端和移动智能终端设备上使用的社交工具软件,截至 2021 年,已拥有超 13 亿用户,是目前用户数非常多、应用非常成功的移动社交网络平台。微信已非一个单一产品,也不只是一个互联网平台,而是一个生态。由微信个人号、公众号、微信支付、小程序、企业微信与其他功能共同组成的微信生态圈使得微信用户黏性不断增强,也使得微信营销以其独特优势成为当下极具影响力的互联网应用之一。

　　伴随着微信这一载体的迅速更新,微信营销呈现出更加自由和更加灵活的特点,其优势远超电视、报纸等传统营销方式。作为一个拥有庞大用户群体的社交平台,微信在营销、企业管理、品牌传播上具有相当重要的意义。微信为企业提供了各种与用户实时互动的渠道,企业可以通过微信个人号、公众号、社群、小程序等多种方式,展示产品信息,进行品牌推广,吸引潜在用户,提高品牌知名度和影响力;也可以通过客服功能、消息推送等方式,及时回答用户问题,解决用户疑虑,提升用户满意度。

　　微信也为用户带来了全新的消费体验和购物方式,成为当下非常热门的网络营销渠道之一。餐饮企业营销人员可开通微信个人号,借助其维护客户关系,通过朋友圈打造个人 IP(influential property,影响力资产)。餐饮企业官方公众号也成为对外宣传推广和树立品牌形象的渠道之一,微信社群成为获取私域流量的重要途径。现在,我们试着深入微信平台,去探讨在餐饮行业中如何利用微信开展营销活动。

思维导图

学习目标

1. 熟悉微信个人号和公众号、微信社群的设置方法。
2. 树立正确的微信营销理念,掌握微信营销的相关礼仪。
3. 能管理微信个人号,利用朋友圈进行营销。
4. 能撰写具有吸引力的微信公众号推文。
5. 能独立运营微信社群,提升社群活跃度。

项目六　微信营销

任务一　微信个人号营销

扫码看微课

[职场闯关记]

为了提高公司品牌形象,规范企业人员的微信营销行为,提升微信营销能力,店长要求大家对自己的微信个人号进行整理和优化,并提出微信朋友圈运营计划。销售平常都是照搬其他销售的做法,接到这个任务后有些犯难。好朋友营营也来帮他出主意了,请你也一起来帮他完成这项挑战吧!

任务描述

微信个人号已经成为餐饮企业日常工作所必备的工具之一,也是其获取客户信任和维护客户关系的有效途径。通过对任务一的学习,理解微信个人号的营销价值,掌握微信个人号设计技巧和营销技巧,理解微信朋友圈的设计逻辑和方法,学会用微信获取信任,在朋友圈开展营销活动。

任务目标

(1) 了解微信个人号设计技巧及运营技巧。
(2) 掌握微信好友的管理方法。
(3) 能够掌握微信朋友圈设计逻辑和方法。
(4) 能够策划微信朋友圈营销活动。

任务导入

西贝非常重视使用微信与客户建立联系。西贝副总裁认为,内容是性价比最高的营销投资,营造口碑比广告投放重要,持续互动比单向推送重要。

那么,西贝究竟是如何开展微信营销的呢?

首先,西贝几百家门店客户经理通过微信,与客户进行连接,并将商城、微信点餐小程序添加到对外资料页中,客户通过联系工作人员就可以直接下单,也促进了线上服务的转化。

其次,西贝还通过社群、朋友圈的方式来触达客户。在到店就餐后,许多客户都和西贝店长互加微信,形成一种品牌和客户的私人化强链接。店长不会在朋友圈里"硬广刷屏",主要分享生活感悟、烹饪技巧或者分享温馨的用餐氛围,以生活化的视角,发送与品牌调性相关、符合品牌营销需求的菜品和场景内容。

最后,向客户进行精准推荐。西贝的客户经理们运用微信打标签功能,按不同口味为客户做标记,这样他们就能精准地为每位客户推荐菜品。比如2、3月份是返工潮,西贝就特别推出了企业工作团餐,然后借助朋友圈快速曝光,促进销售。

总体来说,西贝打造的是具有"品牌人格"的传播矩阵,用品牌人格形象与客户互动。

113

> 思考：你认为西贝在微信营销上有哪些值得借鉴的地方？如果你是餐饮企业员工，你如何利用微信个人号来进行营销？

知识精讲

一、微信个人号的营销价值

微信个人号是个人在微信生态圈中使用的微信账号，即登录微信时使用的账号，等同于我们自己的个人微信号。微信个人号是微信营销的主要阵地之一。微信个人号的营销价值主要体现在以下三个方面。

（一）打造个人品牌

企业、产品需要建立品牌，个人也需要在职场、生活中打造个人品牌。依托微信所提供的即时通信、朋友圈等功能，个人能够在微信平台上充分展示自己的专业知识、技能和经营理念，传递个性和情感特征，在符合大众的消费心理或审美需求的情况下，使自身成为可转化为商业价值的一种"注意力资源"。

（二）刺激产品销售

对于餐饮营销人员来说，微信个人号能够有效地促进其进行产品销售。通过微信个人号的朋友圈发布产品信息，用微信聊天为客户提供即时的产品咨询服务，如用餐环境、菜单介绍、菜品搭配、价格等详细信息以及售后服务，进行日常关系维护等，用微信支付功能完成付款。这些都能够帮助餐饮营销人员更好地销售产品，从而实现"社交电商"。

（三）维护客户关系

微信是人与人之间便捷沟通的"桥梁"。如果由于业务关系添加了很多客户的微信，通过个人会话模式聊天或朋友圈互动，就有了与客户加深情感连接、让客户进一步了解自己和企业的机会，从而建立和维护良好的客户关系。

微信个人号不仅是沟通交流的工具，也可以作为营销和个人品牌打造的名片。微信个人号已经成为餐饮企业员工日常工作所必备的工具之一，也是获取客户信任和维护客户关系的有效途径。在利用微信个人号进行营销时，需要对微信个人号的设置、微信好友的添加、维护与管理以及朋友圈内容进行精心设计。

二、微信个人号设计

微信个人号设计指对微信上的名片进行设计，尤其是餐饮营销人员，应当重视这张重要的名片。正所谓"人靠衣装"，微信的个性化形象也需要进行精心设计，给人以良好的印象。这些形象打造主要包含以下几个方面。

（一）昵称设计

在使用微信交流时，人们往往会先关注微信昵称。一个好的昵称，可以快速建立起良好的第一印象。一般而言，对于微信个人号昵称，基本要求是简洁明确、易记亲切。主要注意以下几点。

❶ **品牌一致，重复刺激** 建议餐饮营销人员将微信昵称设置为自己的真实姓名，以提高微信个人号的真实性、可信度。

❷ **字数简短，方便记忆** 微信昵称应该尽量简短，不采用生僻字，方便客户记忆。

❸ **拼写简单，搜索便捷** 应该能够方便客户在搜索时迅速拼写出来，不建议采用难拼、难认的

汉字或者外文。

④ **提供标签,对号入座** 标签的目的在于帮助客户迅速找到餐饮企业,减少沟通成本。如果本身是知名度较高的餐饮企业品牌,可以直接采用"品牌名称+个人实名"。

⑤ **长期使用,拿出真诚** 不建议经常更换昵称,在名字前加"A"的做法也需要谨慎,容易让人感觉这就是个营销号,产生防备心理。应真诚以待,用长期不变的昵称来建立信任。

（二）头像设置

微信个人号头像与昵称一样,是留给客户的第一印象,也象征着个人品位、整体形象和信任度,因此要用心设置,尽可能减少沟通成本。头像设计时应注意以下几点。

① **辨识度高,清晰自然** 微信个人号头像一般使用本人照片、特色标志（如公司品牌、吉祥物、主打产品）等,要求有较高的辨识度,照片清晰,背景干净,不出现过多元素。

② **头像风格应尽可能贴近职业** 微信个人号头像应与自己的专业或职业相匹配,如餐饮营销人员可以拍摄亲切温和风格的职业形象照,让客户感觉更专业,值得信任。

打造营销个人 IP 最重要的是真实可靠,安全可信,所以建议真人出镜,而且要选择画质高清的照片,人物主体和背景的比例要合适,不能太小。可以选用职业形象照,也可以找专业人士制作风格独特的"简笔卡通自画像"等作为个性化头像。

（三）个性签名设计

个性签名是展示个人风格和个性的窗口。通过头像和昵称,只能初步认识一个人,但还不够深入了解。个性签名,就是对个人昵称的补充。个性签名不要空着,否则浪费了个人展示位。同时也要避免生硬的广告,以免让人产生防范心理。主要注意以下几点。

① **简洁** 个性签名应该简洁明了,不要过于冗长或复杂,否则会显得烦琐或乏味。一般来说,个性签名的长度不要超过 15 个字,最好是一句话就能表达出自己的想法和风格。

② **独特** 个性签名建议是独特有趣的,不和别人雷同,否则会显得缺乏创意或个性。比如,可以选择一些有特色的句子,加上自己适当的改编,形成自己的风格和色彩。

③ **适合** 个性签名最好是适合自己的,不要和自己的性格、兴趣、状态等不符,否则会显得虚假或不协调。可根据自己的变化和心情,随时调整和更新自己的签名,让自己的签名能够贴合自己的生活和工作状态。

（四）地区设置

地区设置是展示个人地理位置和进行身份确认的重要窗口。它会被展示在个人资料页面上,能够帮助客户了解餐饮企业所在地。在地区设置上,不建议虚拟所在地区,选择自己工作所在的真实地区,能够增加信任感。

（五）拍一拍设置

微信拍一拍功能支持用户在群聊和个人对话中提醒对方,有意思的拍一拍设置能让互动交流更加有趣。拍一拍能够展现出个性特征,可以结合行业特征或者个人喜好来进行设置。例如,某茶饮店人员将拍一拍设置为"您的这杯奶茶我请了",幽默风趣,能为客户提供一定的情绪价值。

（六）朋友圈封面设置

朋友圈封面是指微信朋友圈顶部的背景图片,是别人进入朋友圈后第一眼看到的图片。餐饮营销人员可以把握好这个关键图片的展现,让客户快速抓取到重要信息。通常可以利用朋友圈封面图打造个人形象,把自己精选的经历、头衔、能提供的资源或与品牌相关的精美图片置于朋友圈封面图中,以突出专业履历,传达企业属性。

微信个人号运营的第一步就是进行人设的打造,从个人号的昵称、头像、个性签名、地区、拍一拍、朋友圈封面等方面进行精心设计,以便能够在客户心中留下更好的印象。

> 思考：请打开你身边餐饮营销人员的微信个人号，评估他的微信个人号设计是否合格，从昵称、头像、个性签名、地区、拍一拍、朋友圈封面等方面进行评估并提出改进建议。

三、微信个人号用户运营

微信个人号设计完成后，如果没有足够数量和一定质量的微信好友，也是达不到营销效果的。接下来，从微信个人号好友的添加与维护方面来开展微信个人号用户运营。

（一）寻找和添加好友

❶ 线上引流 可以借助"添加朋友"、二维码、社群引流、软文推广、有奖活动、社交媒体平台推广等进行线上引流。

（1）使用微信"添加朋友"功能：打开微信的"添加朋友"功能，选择"手机联系人"，点击添加，可以快速将已有的联系人转化为微信好友；选择"雷达加朋友"功能，可搜索并添加附近同样开启此功能的人，适用于线下聚会、活动等场合，可快速扩大社交圈。

知识链接 6-1：
微信个人号
添加好友
的方式

（2）使用二维码：微信设置中生成的微信二维码名片，他人可直接扫描并添加好友。可将二维码印在名片、宣传单、海报等物料上，或者通过线下活动、展会等场合展示，吸引潜在客户扫描添加。

（3）社群引流：可以创建微信群，邀请目标客户加入，通过群内互动、分享有价值的信息等方式，增强客户黏性，促进添加好友的行为。也可加入相关微信群，与群内成员互动，逐渐建立信任并添加好友。

（4）软文推广：可利用微信公众号，撰写有价值的文章，嵌入微信个人号或二维码，同时分享到微信群、朋友圈等，吸引读者添加好友以获取更多内容或交流机会。

（5）有奖活动：举办抽奖、答题等活动，提供添加好友的奖励（如专属优惠券），提高客户参与度和积极性。也可使用第三方工具，生成短链接或活码，通过海报裂变的形式，方便客户分享和传播，提高推广效果，精准添加好友。

（6）社交媒体平台推广：利用微博、抖音、知乎等其他社交媒体平台，发布有趣、有价值的内容，并在内容中附带微信个人号或引导语，吸引感兴趣的客户主动添加。

❷ 线下引流

（1）门店引流：可以在餐厅前台显眼位置放置微信二维码名片，引导进店消费的顾客添加为好友，以获取更多服务或优惠信息，以便后续的客户管理与转化。

（2）社交引流：通过参加各类社交活动如朋友聚会、行业交流会等，主动与参与者交流并互加微信，这样可以扩大社交网络。在正式的社交活动中，可将微信二维码名片印在个人名片上，交流过程中递给对方，方便建立更长久的线上联系。

（3）口碑推荐：提供优质的产品或服务，让客户满意并愿意主动分享给亲朋好友，通过口碑传播吸引更多人添加微信个人号。

（4）亲朋推荐：引导朋友或家人在其朋友圈推荐你的微信个人号，这种建立在信任基础上的引流效果往往更好。

（5）外部合作：与其他企业或品牌建立合作关系，通过互推、共享资源等方式，扩大微信个人号的曝光度，吸引更多潜在客户添加。

（二）好友分组

微信好友分组即创建好友标签。每添加一位好友，应及时进行备注和设置标签，以便快速识别好友身份，即便对方更改昵称，依然能够识别好友。具体分组方法如下。

❶ 备注分组法 备注就是根据好友的公司等重要信息，加入合适的昵称备注前缀。每位客户

都有不同的性格和特点,想要抓住客户就要掌握其实际情况和感兴趣的方面。做好微信好友的备注分组,有利于开展针对性营销。

通常来说,餐饮营销人员可以从以下几个维度将客户进行备注分组,如表6-1所示。

表6-1 微信分组常用方式

序号	分组依据	备注信息
1	交易数量	VIP客户、待跟进、老客户、潜在客户、新客户、已成交、有意向
2	基础信息	姓名、性别、年龄、生日、工作单位、联系方式、居住小区
3	喜好偏向	爱好、性格特征、风格
4	消费行为	收入、每个月到店消费情况、喜欢包厢或大厅、访问来源、经常点的菜品、营销反馈、互动参与

❷ **标签分组法** 不同层次的客户创造的价值是不同的,要做好微信客户分层管理,就需要使用标签功能,对不同客户进行区分。

通过设置备注和标签选项,将所有好友进行标签化管理,根据渠道来源、沟通频次、是否进群、是否付费等多个维度对好友进行分层,再根据不同层次好友的价值采取不同的营销方式。通过分类,餐饮营销人员可以采用不同的营销手段和营销话术,使每一类客户进行更好的转化。一般来说,等级高的客户优先转化,等级低的客户引导其进入企业的长期流量池。

在具体设置标签时,可以尝试使用ABCD客户分层管理法设置微信好友标签,见表6-2。设置好标签后,在进行消息群发、朋友圈推送时,可以给不同等级、不同标签的客户推送不同的内容,使客户接收到最感兴趣的内容。

表6-2 微信个人号标签管理参考一览表

好友流量(A)	精准流量(B)	意向用户(C)	真实用户(D)	铁粉用户(E)	社交关系(F)	核心人脉(G)
刚加新好友(A1)	精准客户(B1)	在犹豫(C1)	看了就买(D1)	经常转介绍(E1)	同事(F1)	优质人脉(G1)
有互动来往(A2)	有意向(B2)	疑虑没打消(C2)	问过就买(D2)	关系很好(E2)	家人(F2)	贵人朋友(G2)
略有好感(A3)	有聊过(B3)	不表态不说话(C3)	经常买(D3)	有直接合作(E3)	朋友(F3)	合作伙伴(G3)

知识链接6-2:
微信个人号
标签管理

❸ **重点星标法** 对于重要客户或者需要重点关注的好友,可以采用重点星标法。具体操作方法是在好友资料设置里,找到"设为星标好友",选中即可。被设为星标好友的客户,会显示在微信通讯录的前列,可以重点对他们进行关系维护。

在微信用户运营中,添加微信好友仅仅是营销的开始,如何让关系层层递进,最终实现微信好友交易转化,需要做好长期客户运营,成为客户信赖的人。

四、微信朋友圈营销

朋友圈是抢占客户碎片化时间的主阵地,也是不容忽视的微信个人号运营渠道。很多人添加好友后,第一个动作就是翻看朋友圈,这是了解对方的第一步,甚至会从朋友圈直接判断对方是什么样的人,可见朋友圈建设的重要性。对于微信个人号来讲,好的朋友圈内容会加快对方对你产生信任感的速度。餐饮营销人员可以利用朋友圈发布内容资讯,更新营销信息,打造品牌形象,塑造个人IP,提高产品曝光度等。

(一)微信朋友圈的内容运营

在策划餐饮企业的朋友圈内容系列时,可以结合以下四大主题,以营销餐饮企业的产品为重点。

❶ **美食展示** 通过精美的食物图片展示、美食描述等,引起客户的食欲和兴趣。展示令人垂涎欲滴的菜品,激发客户用餐欲望。可以每周或每月进行特色推荐(可以是特色菜品或套餐),介绍该菜品的独特之处、原材料来源、制作过程等,让客户了解菜品的特点和背后的故事。同时可以分享一

些烹饪秘诀或烹饪技巧,如制作某道菜的窍门、调配食材的建议等,展示专业知识和独特之处。

❷ **客户互动** 激励客户在朋友圈中分享他们在餐厅用餐的照片、感受和评价,鼓励客户生成内容。可以设立相应的标签或活动,让客户参与并展示他们用餐的体验。在朋友圈转发、分享客户的故事和用餐体验,增加其他客户的兴趣和信任度。此外,也可以在朋友圈发起一些互动挑战活动,如菜品猜猜猜、拼图游戏、抽奖活动等,鼓励客户参与并将挑战活动分享到朋友圈,增加活动的传播范围。

❸ **企业宣传** 可以从健康理念、企业文化、企业员工故事等方面来进行宣传。通过分享一些健康食谱、营养知识或有关饮食健康的文章,强调餐饮企业的健康饮食理念,吸引关注健康生活方式的客户。通过分享餐厅环境、前厅员工服务、后厨员工精心烹饪的工作照片,强调安全、卫生的产品制作过程和积极阳光的员工风貌,传达以客户为中心的文化。通过宣传企业典型人物,如企业家、优秀店长、匠心大厨、服务明星等的故事,塑造良好的企业形象。

❹ **餐厅活动信息** 定期提供朋友圈独享的优惠和折扣,吸引客户到店消费。可以是团购活动、限时优惠券、生日特权等,激发客户消费欲望。在节日时举办特别活动,利用各种节日和特殊时刻,设计相应的朋友圈活动,如情人节套餐、春节特色菜品、中秋节礼品卡等,增加节日氛围和吸引力。

朋友圈的内容应该精心制作,以吸引客户的注意力并激发互动。与此同时,确保内容真实、有用和有趣,以提升客户对企业的认知和兴趣。至于在发布朋友圈时是否加上地理标签,可以根据内容而定,一般来说,品牌背书的朋友圈动态需要加上公司总部所在地的地理标签,这样显得较为专业和权威。

(二)微信朋友圈注意事项

在利用朋友圈进行营销时,餐饮营销人员还应该注意以下事项。

❶ **不过度推销和商业化** 定期发布朋友圈内容,但不要过于频繁。根据客户的喜好和互动情况,合理控制发布频率,避免对客户造成骚扰或给客户信息过载的感觉。不要过度推销产品或服务,以免让客户感到厌烦或被认为是垃圾信息。在朋友圈中,保持内容的均衡,包括与生活、兴趣爱好、行业动态等相关的内容。发布朋友圈动态之前,做好微信好友的标签筛选与更新。发布动态时,为避免过多打扰,可以设置为仅某部分客户可见,但是关于品牌背书、产品指南等普适性的内容可设为所有朋友可见。

❷ **关注互动和反馈** 积极鼓励顾客参与互动,如提出问题、邀请评论、征集意见等。回复客户的评论和消息,建立积极的互动关系,提高客户的参与度和忠诚度。关注客户的反馈和互动情况,及时调整策略和内容。倾听客户的意见和建议,优化朋友圈营销方式。

❸ **注意文案和配图的选择** 朋友圈发布的内容,应精心选择文案和配图,确保文案与图片内容相关,有较强的吸引力。尽量用企业原创图片,遵守《中华人民共和国著作权法》《中华人民共和国著作权法实施条例》《信息网络传播权保护条例》等相关法律法规的规定。避免使用低质量、侵权或不合法的图片和文案。

❹ **遵守朋友圈规则和社交礼仪** 遵守微信朋友圈的规则和社交礼仪,不恶意刷屏,不发布低质量、不合法或侵犯他人权益的内容,以免被他人投诉或拉黑。在发布朋友圈时,要尊重个人关系和隐私。避免过度曝光个人信息或敏感内容。同时尊重客户的选择和意愿,如果客户不感兴趣或不希望收到朋友圈内容,避免强制推送或频繁提醒客户,以免引起不适和负面反应。

通过遵循上述建议,可以在微信朋友圈中实现有效的营销,同时避免负面影响和被拉黑的风险。总而言之,与客户建立积极的互动关系和提供有价值的内容是关键。

知识链接 6-3:
微信朋友圈
的内容发布
技巧

知识小测

▶ **小试牛刀**

通过以上微信个人号相关内容的学习,你是不是对微信个人号营销有了一定的了解?接下来,请你协助销售开展微信个人号的设计和朋友圈内容运营的优化吧!

技能手册 6-1:
微信公众号
注册操作
步骤

任务名称	微信个人号优化方案
成果形式	微信个人号优化方案 word 文档
成果要求	1. 微信个人号优化:主要包含头像、昵称、地区、个性签名、拍一拍、朋友圈封面等设计。 2. 朋友圈内容策划:对照自己的朋友圈定位,请你写下自己的微信朋友圈定位策划
完成路径	1. 请打开朋友圈中你熟悉的营销型微信个人号,查看其个人设置的头像、昵称、地区、微信状态和朋友圈发布内容等。 2. 根据任务一所学,以自己的微信个人号为例进行个人设置的修改,并提出朋友圈内容运营的规划和建议。 3. 整理全部内容,将微信个人号优化方案以 word 文档形式来呈现,包括该微信个人号的现状、问题及优化建议
探究与反馈	微信功能不断发展完善,为餐饮企业营销提供了新的方式。对于微信个人号营销,每个人都可以有自己独到的见解。大家可以通过对朋友圈中优秀的营销人员进行分析,再与同学、学长学姐、企业人员、老师进行多方交流,碰撞出不一样的观点。 在完成本次任务的过程中,你遇到了哪些困难和疑惑?你是怎么去解决的?将你在完成本次任务过程中的收获、困惑、反思及改进措施等记录下来吧! ☺ 收获: ☹ 困惑: 😕 反思及改进措施:

扫码看微课

任务二　微信公众号营销

[职场闯关记]

在市场营销部工作的营营接到领导新任务,领导想让其尝试公众号运营。当前有一项紧急任务就是配合近期公司的活动,完成公众号文章的撰写。营营不知道要怎么选题和进行文案撰写,感觉压力很大,好朋友销销也来帮他出谋划策。请你和他们一道来解锁微信公众号营销的具体任务吧。

➡ 任务描述

微信公众号早已成为企业的重要营销平台。在互联网营销过程中,微信公众号运营是餐饮企业的基础工作之一。本任务介绍了微信公众号的价值、微信公众号内容创作的技巧及图文排版的技巧。

➡ 任务目标

（1）了解微信公众号的价值。
（2）掌握微信公众号内容创作的技巧。
（3）掌握微信公众号图文排版的技巧。

➡ 任务导入

太二酸菜鱼是九毛九集团旗下第二个餐饮品牌,太二酸菜鱼餐饮门店的分布主要集中于华南地区。太二酸菜鱼的成功之处在于迎合年轻客户的喜好,线上线下联合打造高质量营销活动。

太二酸菜鱼的营销团队深知二次元社群的强大集结力和粉丝（英语单词"fans"的音译,俗称追星族）购买力,在太二酸菜鱼爆火前,火的是其微信公众号。

太二酸菜鱼在微信上采用"公众号＋小程序"的形式进行营销,营销活动文案迎合客户的喜好,走潮流路线。太二酸菜鱼在公众号成立第二年便统一了漫画风格:黑白木版画,粗线条。漫画主角人设为严肃的二老板和活泼的小二哥,两者个性鲜明,反差巨大,很有故事性,便于和消费者沟通互动,可以有效地拉近品牌与消费者的距离。这些很"二"的故事,常常由人物矛盾带来情节转折,从而顺滑地推出品牌活动或新品。太二酸菜鱼公众号大部分推送文章的阅读量达 10 万＋,夸张风趣的人物对话,生动形象的视频演绎,又土又拽的动画形象斩获了一众二次元粉丝的喜爱。另外,太二酸菜鱼利用微信小程序设置营销活动,用户可以通过发送链接的形式直接将这些营销活动分享给朋友,故这些营销活动在微信好友中传播速度是相当快的。除此之外,太二酸菜鱼也会经常性地推出各种与粉丝联动的活动,作为"粉丝福利",这样的个性化互动也让它圈粉无数,精准狙击 Z 世代消费者,匹配了他们热爱社交和注重圈层文化的消费特征。

思考：餐饮企业的微信公众号怎么做才能符合用户的需求，从而达到品牌营销的目的？

 知识精讲

一、微信公众号的营销价值

餐饮企业只有深刻理解微信公众号背后的价值，才能结合用户的需求，确定通过微信公众号提供什么样的服务。微信公众号的营销价值主要体现在以下几个方面。

（一）品牌形象和专业性展示

基于移动互联网的特点，用户不需要通过搜索引擎搜索关键词或输入网址来访问企业的官方网站入口，只需搜索微信公众号就可以获得企业介绍、产品服务、联系方式等信息，也可以在移动端点击微信公众号中的菜单直接跳转到官网。企业可以通过微信公众号打造独特的品牌形象，通过自定义的界面、图文等展示企业的专业性和价值。

（二）大范围传播和营销成本降低

微信公众号可以吸引更广泛的受众群体，具有更大的传播范围和潜在影响力。微信公众号平台可以承载文字、图片、音频、视频等多种形式的内容，能及时、有效地把最新的营销活动告知用户，具有互动性较好、信息传递快捷和信息投放精准的特点，让用户不仅可以接收品牌信息，还可以更方便地参与品牌互动活动，从而扩大品牌传播范围，降低企业营销成本。

（三）丰富的功能和数据分析

企业可以利用微信公众号实现销售引导，及时把产品或服务信息推送给用户，促成交易，缩短营销周期。物流查询、客户服务甚至都能够通过微信实现。微信公众号提供了多种功能和工具，如自定义菜单、调查投票、数据分析等，可以让企业更好地与用户互动，并了解用户行为和兴趣。这些数据分析可以帮助企业优化营销策略和提升活动效果。

（四）精准链接和维护用户群体

微信作为沟通工具，极大地方便了企业与客户沟通。将微信公众号与企业原有的客户关系管理（CRM）系统结合，可实现多人人工接入，提高客户的满意度。通过设定好的关键词，微信公众号可以实现自动回复，这可以大大节约人工客服的人力成本。同时，微信可以直接接触到精准用户群体，因而可以省去大笔经费。

（五）投放广告和商业合作

微信公众号可以通过投放广告和商业合作来获取额外的收入。企业可以选择在微信公众号上展示广告或与其他品牌合作，使微信公众号获得一定的商业价值。

二、微信公众号内容运营

微信公众号的内容运营主要是指通过图片、文字、音频、视频等形式，采用创作、采集、编辑等手段生成内容来满足用户的需求，达到吸引并留住用户、为产品或品牌带来商业转化的目的。

（一）微信公众号内容选题技巧

❶ 内容选题的核心要素　一篇文章之所以能成为爆款，一定是在"天时、地利、人和"的情况下产生的。"天时"就是热点，"地利"就是内容本身的价值，"人和"就是人群的传播。这就涉及内容选题的核心要素，包括关注度、价值感、新鲜感、话题时机、转发设计。

（1）关注度。关注度是指对某一事件、某一事物或人物的关注程度。创作者需要尽量选择领域内关注度较高的话题。一是省去找选题的时间，可直接追踪热点话题；二是让用户知道关注领域内发生的影响力较大的事情。根据热点话题进行内容创作也更容易被平台推送，这样能提高微信公众号的内容曝光度，增加点击量。例如，2024年4月1日，太二酸菜鱼公众号连续结合关注度较高的小米造车、愚人节两大热点，官宣也要入局造车，并设计了一款逼真的鱼骨形概念车，用"酸菜发酵能源""仿生鱼骨合金"等体现太二产品卖点，短时间内就获得10万+阅读量。

（2）价值感。价值感是指内容对用户的实际价值和意义。用户更喜欢那些能够提供有用信息、解决问题或引发思考的内容。创作者需要了解用户的需求，提供符合他们需求的有价值的内容。选题的价值感可以包括引发共鸣，颠覆认知，提供新知，提供解决方案、情感价值、新闻价值等。在新媒体时代，好的选题一定是替读者表达自己，能引起读者的共鸣，读者看了有关内容后，会忍不住感慨："这就是我想说的话啊！"例如，年夜饭是展示厨艺的时机，海底捞火锅公众号在2023年的除夕推出"妥了！今年就靠这道菜征服全家人！"推文，用图文、视频等形式介绍了菜品制作方法，让用户一看就能上手。

（3）新鲜感。新鲜感是指内容的新颖程度和创意程度。用户更喜欢那些新颖、有趣、有创意的内容。创作者要善于把握当前热门话题和流行趋势，并尝试将热门话题融入内容创作中。这可以让内容更具有时效性和新颖性，吸引更多用户的注意力。但是新鲜感是很容易被过度消费的，一个新的选题，写的人多了流量就会递减。因此，对于同一个话题，可以从不一样的角度来探讨或者以不一样的形式来呈现，这样可以增加新鲜感。

（4）话题时机。话题时机是指选择适当的时机发布内容以获得最大的关注度。为了找准话题时机，创作者需要关注当下热点事件，选择与用户相关的话题，在适当时机进行内容发布。我们需要衡量当下的时间节点有无与选题相关的热点事件，或者选题是否反映了某种流行文化。如果某一话题在当下是热门，关注度高，则该话题能给我们的运营活动带来更多的流量。例如，在节假日期间发布有关节日主题的内容就非常容易引起用户的关注和转发。

（5）转发设计。转发设计是指通过设计传播点、发酵点以增加其在平台上的分享和转发。一个有利于用户转发的选题可以产生裂变或者病毒传播，而不利于用户转发的选题则可能只会被自己朋友圈的用户看到，难以形成爆款。用户转发内容，从某方面来说也是在塑造自己的形象。因此，转发设计需要注意圈层效应、社交价值和转发点设计。要明确目标用户的朋友圈是什么类型、我们的内容能为用户提供什么样的社交价值、内容中是否有适合转发的传播点或发酵点（如投票、问答等）。

❷ **内容类型**　确定选题后，还需要继续策划选题对应的具体内容类型。餐饮企业微信公众号常见的内容类型有以下几种。

（1）教程型。教程型内容旨在教用户如何进行某项操作或制作某种物品。这种类型的内容通常具有步骤性和实用性。比如分享一些烹饪秘诀或者调配食材的建议等，展示专业知识和独特之处。假设一个餐厅以手工披萨为特色，其微信公众号可以发布一篇教程文章，教用户如何在家中制作正宗的手工披萨，同时附上餐厅的披萨制作视频和食谱。这种内容不仅增强了用户的参与感，也间接宣传了餐厅的特色产品。

（2）故事型。故事型内容通过讲述一个或多个故事来吸引用户，通常涉及情感、人物或事件。餐厅可以分享其背后的创业故事，如创始人是如何因为对美食的热爱而开设这家餐厅的，或是讲述某个菜品背后的小故事，增大菜品的吸引力。

（3）观点型。观点型内容主要表达作者或品牌的观点、见解或立场。餐厅可以在其微信公众号上发布关于当前餐饮行业趋势、食材选择或健康饮食等方面的文章，展示其专业性和前瞻性。

（4）整合型。整合型内容将多个相关的资源或信息整合在一起，为用户提供一站式的参考服务。餐厅可以整合当地的美食活动、餐饮优惠或食材供应商的信息，为用户提供丰富多样的餐饮选择。

（5）广告型。广告型内容主要用于宣传或推销产品或服务。餐厅可以发布关于新菜品、限时优惠或会员特权等的广告信息，吸引用户到店消费。

（6）UGC型。UGC型内容是由用户创作并分享的内容，如评论、照片、视频等。餐厅可以鼓励用户在餐厅微信公众号上分享他们在餐厅的用餐体验、美食照片或点评，这样既可以提高用户的参与度，也可以传播餐厅口碑。鼓励用户在朋友圈中分享他们在餐厅用餐的照片和评价，可以设立相应的标签或活动，让用户参与并展示他们的用餐体验。

（7）资讯型。资讯型内容主要提供新闻、事件或数据等信息，帮助用户了解某个领域或行业的最新动态。餐厅可以发布食品安全常识、健康饮食建议、餐饮行业新闻等资讯，保持用户对餐饮行业的关注，并展示餐厅的专业形象。

（二）微信公众号内容创作技巧

目前，微信公众号内容的表现形式以图文为主，而在内容创作上，运营人员不仅应追求文章整体质量的提升，还应在文章的标题、开头与结尾处运用一定的创作技巧，吸引用户点击观看、引导用户点赞和评论、提升文章整体阅读数据。

1 标题创作　在新媒体时代，用户一般会先看文章的标题再点击进入。一个具有吸引力的文案标题对于提高用户阅读率和转化率具有至关重要的作用。因此在创作微信公众号新媒体文案的标题时，需要先了解文章的标题类型，再应用一定的撰写技巧，写出有吸引力的文章标题。常见的新媒体文案标题类型有以下几种。

（1）直言式标题。直言式标题是一种直观、简明扼要的文案标题。这种标题通常会直接传达某种信息或利益点，使用户能快速获取所需信息。例如，"重要提醒！明天中午，老乡鸡真的免费吃！"这种标题类型适用于各种促销、特价活动等场景，具有较强吸引力。

（2）提问式标题。提问式标题通过提出引人注意的问题来吸引用户关注。这种标题类型可以激发用户的好奇心，引导其深入阅读文案内容。例如，"吃西贝面筋，为什么一定要喝汤？""送儿童套餐|有机！有机！到底什么是有机食材？一条视频告诉你！"这种标题类型通过利用用户的好奇心理来提高点击率。

（3）新闻式标题。新闻式标题以报道事实为主，具有较强的说服力。这种标题类型通常用于介绍新产品、企业重大决策等近期发生的有意义的事实。例如，"××海鲜再次荣登中国海鲜餐饮品牌影响力榜首品牌"。这种标题类型可以让用户快速了解到行业新品和市场动态。

（4）话题式标题。话题式标题包含热点话题（比如热门影视剧、广受关注的社会事件、网络热词等），能够吸引用户参与讨论和分享。例如，某微信公众号发布了标题为"热播剧《狂飙》带火的'猪脚面'，能成为下一个重庆小面吗？"的文章，就结合了热播电视剧的热度。结合时事热点和流行趋势，并融入标题中，可以增加关注度。例如，"迎接节日的美食盛宴，让你在家也能过年味十足。"

（5）命令式标题。命令式标题通常包含明确的动词，具有祈使意味，能够让用户感觉到查看文案的重要性，进而产生点击行为。例如，"赶快行动！库存有限，先到先得！"这种标题类型适用于促销活动、紧急通知等场景，具有较强的驱动性。

（6）危机式标题。危机式标题主要通过制造危机感吸引用户关注。这种标题类型使用夸张或警告的手法让用户产生某种担忧，从而吸引其关注文章内容。例如，"不健康的饮食,正在悄悄毁掉你的身体！"这个标题可以让用户觉得他们需要了解更多的健康饮食知识。餐饮企业通常可以使用词语或短语制造紧迫感，让用户觉得不点击就会错过重要信息或优惠。例如，"限时优惠,抢购倒计时开始！"或者"今晚七点开启,限量特色菜品上线！"注意，危机式标题的文章内容应基于事实，引导用户改变认知。

（7）对比式标题。对比式标题通过同类产品或相似的人、物之间的对比来引起用户的注意。对比式标题一般是为了突出产品的特点和优势，加深用户对产品的了解。例如，海底捞微信公众号的标题"海底捞奶茶PK海底捞月饼？谁是中秋人气王？""酸菜鱼VS椒麻鱼！进来看看有多香！"对比式标题选择的比较对象应具有普遍性，标题内容应符合事实，不可虚构事实或贬低比较对象。

(8) 悬念式标题。悬念式标题通过设置悬念，利用用户的好奇心激发其对文案的阅读兴趣。这种标题类型适用于故事类、揭秘类等文章。例如，麦当劳微信公众号发布标题为"揭秘！人气1+1组合竟然是……!?"海底捞微信公众号的"大揭秘！火锅牛排「膨胀到冒泡」？这是咋回事？!"在设置悬念时，需要考虑是否与用户有关，这样更容易吸引用户深入探究。设置的悬念应浅显易懂，不能故弄玄虚。

> 思考：你感兴趣的餐饮企业微信公众号文案标题主要采用了哪些类型？

无论使用哪种类型的标题，都要保证内容真实、有吸引力并且符合用户的需求，这样才能真正吸引到更多的用户并提高转化率。在拟定文章标题时，可以使用以下技巧。

一是简洁明了。标题要简洁明了，用少量的文字传递核心信息。避免使用过长或复杂的标题，让用户一目了然地知道你要传达的内容。例如，微信公众号标题连标点符号在内，最多可以写64字节，但若字数过多，推送或用户转发时，标题会被折叠，无法全部展现，再加上用户是浅阅读，所以标题最好简单、精练，在25个字以内。

二是独特性和创意。尽量给标题增加独特性和创意，以激发用户的兴趣和好奇心。使用一些新颖的词汇、俏皮的表达方式或有趣的搭配，让标题脱颖而出。

三是引发情感共鸣。使用能够触动用户情感的词语或表达方式，引发他们的共鸣。例如，使用诱人的形容词描述美食的味道、质地或外观，让用户产生口水直流的感觉。

四是问题引发兴趣。使用提问式标题，激发用户的好奇心和兴趣。通过问题来吸引用户的注意，让其有点进文章看答案的冲动。例如，"你知道这个季节最适合品尝哪种美食吗？"或者"你敢挑战这道超辣菜吗？""小龙虾重金属超标？有寄生虫？检测报告来了"（央视新闻微信公众号）。

五是常识反差。在用户惯性认知、熟悉事物的基础上，我们可以添加一点新的信息，这样更容易激发用户的好奇心。即你讲的事物用户很熟悉，但内容却是闻所未闻的，连标题都颠覆了大众的固有认知。在写此类标题时，标题要与文章内容自恰。不能为了冲突反差，去做"标题党"，伤害用户的预期，或去捏造一些明显不符合常识的内容。要对用户负责，对自己负责。

六是数字和清单。数字和清单式的标题往往能吸引用户的注意力。例如，"十大必尝特色菜单，你尝过几道？"或者"五种绝佳食材搭配，带你领略不一样的美味"。这种标题直接把文章要分享的经验、技巧透露出来，给用户一个不得不看的理由，使用户产生"花最小力气办最大事"的预期。

七是个性化定位。根据餐饮企业的特色和目标受众，实现标题定位个性化。例如，如果餐厅以健康食品为主要特色，可以以"轻享美味，健康你我"为标题。

整体来说，标题要符合文章内容，并能够真正激发用户的兴趣。在创作标题时，可以多尝试不同的表达方式，通过测试和分析找到最有效的标题形式。

❷ **开头写作** 微信公众号文章的开头作为文章主体内容的一部分，决定了用户是否愿意继续阅读该篇文章后续的内容。一个好的文章开头可以迅速锁定用户注意力，激发用户的阅读兴趣。

常见的微信公众号开头写作技巧有以下几种。

(1) 开门见山。所谓开门见山就是直截了当，直奔主题，不拖泥带水，直接说明文案主题。若是产品文案，则开篇直接表述某产品的优点，介绍如何解决用户痛点。这种写作方法常以标题为立足点进行直接阐释，避免用户产生落差感。若标题为疑问句，则开篇可以直接回答问题。以企业一篇推文为例。

标题为"冰火楼柏郡店酒店大堂吧茶点上市|全场茶点限时5折福利来袭"。

开篇则是：　　　柏郡 1F 大堂吧开业

茶点全新上市

新品独享　感恩回馈

(2) 内心独白。内心独白在文案创作中是一种非常有力的表达方式。它能够直接触动读者的情感。通过人物的内心独白，读者可以更深入地了解他们的情感、思考和动机，从而更深入地理解产品或服务。在撰写内心独白的文案时，你需要让读者感觉他们正在亲身经历故事，同时避免虚假和矫情。通过展现人物的个性和情感，打动读者的心，引起他们的共鸣和信任。

(3) 以新闻热点引入。在文案开篇使用新闻热点话题吸引用户的注意力。在品牌推广时，可借助重大行业活动等进行推广，如徐记海鲜微信公众号推文《2023年凤凰网美食盛典，徐记海鲜荣获金梧桐·人气餐厅！》。通常，这样的文案阅读量都很高，也很受欢迎，所以在写作过程中可以适当地借助热点。一般来说，从微博热搜榜获取热点信息是比较快的，也可酌情考虑从今日头条热榜、百度热搜、天涯社区最热主题、搜狗热搜、360 热点头条等获取信息。

(4) 利用故事。利用故事指文章开篇使用故事进行导入，通过使用富有哲理的小故事或与要表达的中心思想相关的小故事作为开篇，可以吸引读者的注意力，同时为他们提供一种深入思考和感知的情境。通过选择合适的故事，揭示道理，插入商业元素，创造情境和调动情感，你可以写出一篇富有感染力和吸引力的文案。

在某一品牌的官方微信公众号上，有一篇名为《到文和友过七夕！"爱的恰恰"新品首发，感受不一样的长沙味！》的文章。这篇文章通过讲述品牌与七夕节结合的故事的方式，推荐了品牌新推出的菜品——爱的恰恰，同时对品牌的历史和文化进行了介绍。该文章通过讲述情感故事的方式，引起了读者的共鸣，获得了很高的阅读量和转发量。

开头是文章创作的重中之重，需要我们不断尝试、创新和优化，以创造最佳的营销效果和阅读体验。

❸ **结尾写作**　在新媒体时代，一篇优秀的文章，不仅要有一个引人入胜的开头，更要有一个能够引发用户共鸣、提升品牌形象、促进转化的结尾。常见的文章结尾设计有以下几种形式。

(1) 互动式结尾。在结尾处设置话题，吸引用户参与讨论，一般采用提问的方式。这些问题可以是关于产品使用的、品牌认同的或者是与行业相关的，以此激发用户的参与和回应。

运营人员最好选择用户可能感兴趣的话题，例如茶颜悦色微信公众号结尾经常会设置话题讨论。例如，在《茶颜新品还有戏吗？》推文的最后，有两个互动话题：①欢迎大家分享你和戏曲的记忆。②谈谈对这款蜜兰香单枞茶的印象。

同时，给出了互动的利益点——请评论区 20 位朋友每人 2 杯「花旦·限量稀缺版」，这样就很容易提高用户的参与积极性。

(2) 点题式结尾。点题式结尾即在文末总结全文，点明中心。有的文章在开头和中间只对有关问题进行描述与分析，到结尾时，才将意图表达出来。

(3) 神转折式结尾。神转折式结尾指巧妙地利用转折技巧，让文章内容与结尾形成特殊的逻辑关系。这个结尾往往会让人觉得无厘头或出乎意料，但与前文有一定逻辑关系，让用户不得不惊叹文章构思之巧妙，从而产生意想不到的传播效果。比如一些推广软文，在正文部分，一直在叙述与推广产品无关的内容，但在结尾部分，突然转折到另一个看似与之前叙述的内容毫不相干的话题，或是在结尾部分亮出一个出人意料、峰回路转的结局并展示广告。

(4) 引导式结尾。引导式结尾即在结尾引导用户转发、点赞、收藏、留言、跳转链接了解商品详情、关注、购买等具体行为的结尾方式。运营人员在写作时可以借助情感、利益等提高引导的效果。例如，某餐饮企业微信公众号在中秋月饼礼盒预售宣传推文中写道，"百里挑一·预售开启　点击图片购买""月饼礼盒首发 VIP 社群福利，每日红包雨，手气最佳免费包邮，送出一份海上生明月中秋月饼礼盒，连续送 15 天"等宣传口号。

知识链接6-4：
微信公众号
内容排版
技巧

技能手册6-2：
微信公众号
图文排版
操作步骤

知识小测

（5）金句结尾。以充满哲理的句子结尾，可以帮助读者领悟文章核心，引起共鸣。常用的金句有名人名言、经验总结等。这种结尾可以深化文章主题，加深文章的意蕴，给用户留下言有尽而意无穷之感。在文章结尾处埋下金句，画龙点睛，往往转发率较高。

（6）抒情议论式结尾。通过"以情动人"的写作手法，激起用户内心的波澜，并引起用户的共鸣。这种结尾方式有强烈的感染力，多用于故事类文章的写作。例如，某品牌微信公众号在母亲节推出的一篇宣传文案就采用了抒情议论式结尾。"陪伴是最长情的告白，所有的言语都比不过真实的陪伴……余生不长，剩下的路，换我们牵着她走吧，从一次陪伴开始，从一顿海底捞开始，祝天下的妈妈们幸福安康，母亲节快乐！"

（7）首尾呼应式结尾。首尾呼应式结尾是指一种与文章的标题或开头相互呼应的结尾，可使文章的结构更清晰。通常有以下两种用法：一是直接重复标题或开头，起到强调主题的作用；二是解释说明标题或开头，即标题或开头提出观点，中间进行分析，结尾自然而然地回到标题或开头的观点，使文章结构完整。

总的来说，结尾设计要做到言简意赅、一语中的。通过巧妙的结尾设计，让用户对品牌或产品产生更多的兴趣、信任和认同感，最终促进转化和传播。

小试牛刀

通过以上微信公众号营销相关知识的学习，你是不是对营营和销销面临的任务有了解决的思路呢？接下来，请你和小组成员一起，群策群力，帮助营营和销销完成他们的这次挑战任务吧！

任务闯关卡

任务名称	餐饮企业秋季菜品上新微信公众号营销活动
成果形式	餐饮企业秋季菜品上新微信公众号推文
成果要求	1. 微信公众号文案撰写：根据该餐饮企业所上新秋季菜品和活动内容，进行文案撰写。 2. 微信公众号图文排版：进行图文排版，完成一篇完整的公众号文章。
完成路径	1. 选定一家你感兴趣的餐饮企业，关注其微信公众号并分析其微信公众号推文的特点。 2. 根据该餐饮企业的特点，结合该餐饮企业秋季菜品特点与活动内容，进行微信公众号文案撰写。 3. 观看技能手册的内容，用微信公众号后台或秀米、壹伴等工具进行图文排版，并生成微信公众号推文链接。

项目六 微信营销

本次任务中的微信公众号文案撰写和图文排版是餐饮企业微信公众号运营中的常见任务。

在完成本次任务的过程中,你遇到了哪些困难和疑惑?你是怎么去解决的?将你在完成本次任务过程中的收获、困惑、反思及改进措施等记录下来吧!

探究与反馈

😊 收获:

☹ 困惑:

😕 反思及改进措施:

任务三 社群营销

扫码看微课

[职场闯关记]

 销销所在门店建立了微信社群,但并没有对该微信社群进行很好的运营。其他门店也存在类似的问题。为了加大社群营销的力度,帮助门店销售团队提高微信社群营销能力,公司总部让营营负责带领门店一起打造微信社群。销销很开心又能和好朋友一起迎接挑战啦!请你也来一起参与吧!

任务描述

社群营销已经成为目前餐饮企业将公域流量转化为私域流量的有效方式之一。本任务介绍了社群的内涵和构成要素,社群规则的设置技巧,保持社群活跃度的技巧。

任务目标

(1)理解社群的内涵和构成要素。
(2)掌握创建和管理社群的方法。
(3)能策划社群活动,保持社群活跃度。

> 任务导入

霸蛮湖南米粉打造出体量数百万的用户社群,搭建了互联网电商+实体门店一体化经营模式,实现了从餐饮连锁品牌向"零售+"餐饮品牌的突破和转型。

创业之初,霸蛮湖南米粉瞄准既定消费人群——在北京的湖南人,通过微博搜索关键词"北京""湖南",并且筛选出"粉丝数大于1000人"的用户,私信他们并让他们加入微信群,搭建起了霸蛮社群的雏形。霸蛮湖南米粉要做正宗的湖南米粉,赋予了正宗传统美食传递出来的那一份乡情。"霸蛮社"是以湖南人乡土情结为核心建立起来的社群,霸蛮是湖南人的精神特质,让年轻人内心充满不服输、做自己的信念,成为最有力量、最霸蛮的生物,这便是"霸蛮社"一种正能量的传递,也符合当下年轻人的理念。通过自建品牌社群"霸蛮社",将核心粉丝群体拉进一个微信群,每个月的新品发布后,都会在社群里与用户沟通交流,将他们的意见作为依据,创造出让用户满意的产品。"霸蛮社"还会组织社群嘉宾分享会、线下免费试吃、福利活动、粉丝素材征集等活动。同时根据社群成员的兴趣将其分为若干小组,如登山社、跑步社、狼人杀社等,再对接一些活跃的粉丝作为"团长"或者"社长"协助开展线下活动。通过"霸蛮社"培养出自己的忠实顾客,打造出能自我传播的餐饮品牌。

思考:"霸蛮社"的运营对你有什么启发?餐饮企业的微信社群应该怎样构建?

> 知识精讲

一、认识社群营销

(一)社群营销的内涵

广义上的社群是指在某些边界范围内、领域内发生作用的一切社会关系。社群是有边界范围的,这一范围的边界可以是地理边界,也可以是抽象的、概念上的边界。

社群营销是指企业把一群具有共同爱好的人汇聚在一起,并通过感情和社交平台连接在一起,采用有效的管理,使社群成员保持较高的活跃度,为达成某个目标而设定任务,通过长时间的社群运营,提升社群成员的集体荣誉感和归属感,以加深品牌在社群中的印象,提升品牌的凝聚力。

社群中的成员可以向企业反馈信息,与企业形成互动,社群成员的创意、想法也可以为企业创新商品或者改善服务提供帮助。

(二)社群营销的价值

❶ **降低营销成本** 微信作为国内社交平台的龙头老大,沉淀了大量的活跃用户。企业通过微信添加好友,建立微信群,通过微信群沉淀用户,搭建属于自己的私域流量池。与传统营销方式动辄十万百万的广告投入相比,社群营销的成本比较低,而且能持续地创造价值。

❷ **满足多样化需求** 随着消费结构的升级,顾客的需求逐渐多样化、个性化,表现为顾客更喜欢有温度、有情怀的产品。企业将顾客沉淀到社群里,能够及时捕捉顾客需求,有效提高与顾客沟通的效率,可以针对顾客不满意或有问题的地方进行更快的调整、优化和改进。

❸ **提高营销精准度** 社群里面的成员大部分是曾经到门店消费,或者是对商家品牌有一定好感度或信任度的顾客,在社群里发布营销宣传信息能够将信息精准传达给目标群体,从而获得更大的收益。

❹ **提升品牌形象,扩大口碑传播** 社群营销具有天然的传播优势,同一件事情在相同的圈子里传播的速度会更快,顾客口口相传,品牌知名度也就越来越高。企业通常会以各种活动为切入点,维护顾客黏性,赢得顾客好感。

（三）社群的构成要素

一个社群是否为优质社群,可以从同好、结构、输出、运营、复制这五大社群构成要素来综合判断。

❶ **同好:找到有共同爱好的人群** 社群构成的第一要素是同好,它是社群成立的前提。

所谓同好,是指社群成员对某种事物如微信社群有着共同的想法。运营者在社群同好主题之下要尽可能确立社群成员共同认可的价值观。社群成员有共同认可的价值观才能保持长期联系。

这些成员可以基于某一个产品而聚集到一起,如苹果手机顾客群、小米手机顾客群;可以基于某一种行为而聚集到一起,如爱旅游的朋友群、爱阅读的读书交流群;可以基于某一种标签而聚集到一起,如某明星的粉丝群;可以基于某一种空间而聚集到一起,如某小区的业主群;可以基于某一种情感而聚集到一起,如老乡群、校友群、班级群。

❷ **结构:制订群规并共同维护** 社群构成的第二要素是结构,它决定了社群的存活与否。

这个结构包括组成成员、交流平台、加入原则和管理规范。运营者在这四个方面做得越好,社群发展得越好。

❸ **输出:打造社群的对外品牌** 社群构成的第三要素是输出,它决定了社群的价值。

输出是考验社群"生命力"的重要指标之一。社群源源不断地产生优质内容,内容要与社群成员有关,且满足社群成员的需求与爱好。要建立好的输出矩阵,需要做到全民化、激励化、品牌化、生态化、可视化这"五化"。

❹ **运营:丰富社群的正向生态** 社群构成的第四要素是运营,它决定了社群的"寿命"。

不经过运营的社群很难有比较长的生命周期。通过在社群中打造以下"四感",可以延长社群的生命周期。

（1）仪式感:如加入社群要通过申请、入群要遵守群规、行为要接受奖惩等,以此保证社群规范。

（2）参与感:如有组织地进行讨论、分享等,以此保证群内成员有话说、有事做、有收获。

（3）组织感:如通过对某主题活动的任务分工、协作、执行等,让社群成员在沟通协作中感受到社群的强大组织能力。

（4）归属感:如通过线上线下的互助、活动等,来保证社群凝聚力。

例如,"西贝莜面村"通过不断输出高质量的社群内容,如育儿知识等,形成了独具特色的社群。

❺ **复制:裂变分化出社群规模** 社群构成的第五要素是复制,它决定了社群的规模。

由于社群的核心是情感归宿和价值认同,如果社群过大,则社群中用户情感分裂的可能性就越大,因此在"复制"这一层次,运营者主要考虑两个问题:一是有没有必要扩大社群规模?二是有没有能力运营更大规模的社群?社群规模不能盲目扩张,运营者要清楚地了解自身人力资源能否支撑得住社群规模的扩张。

> **思考:** 对照社群构成的五大要素,判断出你所加入的微信社群中,哪些是优质社群?

二、构建优质微信社群

（一）明确社群定位

一般餐饮企业的社群主要有以下几种。

❶ **福利群** 福利群主要是定期发布门店的各种优惠活动,通过福利吸引顾客进店,给店里带来客流。

❷ **推广群** 以宣传推广为目的,每天与社群成员互动,宣传门店产品,引导群成员到店消费。

❸ **会员群** 主要提供会员充值、会员售后、会员福利发放等服务,通过会员体系维持顾客黏性,引导顾客沉淀。

❹ **订餐群** 主要在群里提供餐位预订、外卖点餐等服务。

❺ **调研群** 搜集顾客对店内产品和服务的反馈,以及意见和建议。

大部分餐饮企业的社群以福利发放为主。在实际运营过程中,以上这些工作都可以同时兼顾,并非一定要单独建群来收集顾客意见,或者单独建群只为了方便顾客订餐。明确社群定位的目的有助于调整运营方法,更好地实现运营目标。

例如:新店开业,需要更多人知道,那么这个阶段社群就要以推广为主,可以通过发放一些优惠券、分享优惠活动等方式达到消息扩散的目的。如果是老店需要做顾客的沉淀,那么社群运营的目的就是建立和顾客的联系,给顾客提供更加便利的服务、更好的福利,提升顾客对店面的感知度。那么具体的社群活动就可以办理会员、发放会员福利,以及收集顾客的投诉和建议,提供订餐和预订服务等为主。

(二)建立社群

❶ **设置群名** 群名一般设置为品牌名＋群功能的形式,但是在做某些福利活动推广时,群名也可以做临时更改,方便更多群友了解群活动,这样能够起到提醒和强调的作用。如西贝美食爱好者联盟、长沙美食福利群等。

❷ **设置欢迎语** 欢迎语要包含群介绍和群规则,在顾客进群的第一时间告知他本群是做什么的,可以提供哪些服务,本群的规则是什么。如果有进群福利,则可附在欢迎语下面。

制订明确的群规,让社群成员了解什么可以做,什么不可以做,这有助于保持群秩序,避免社群变成"死群"。

例如:瑞幸咖啡微信社群的欢迎语,就是告诉大家本群是福利群,每天都有各类饮品券、小游戏及各类丰富的活动,除此之外,其欢迎语还告诉社群成员,在群里可以领到4.8折饮品券。通过欢迎语让进群的社群成员第一时间知道社群的价值以及目前瑞幸咖啡所组织的活动,让社群成员感知社群作用的同时,提高社群活跃度以及社群成员对瑞幸咖啡的认知度,以便后期转化。

(三)提升社群活跃度

在有粉丝基数做支撑的情况下,就可以进入社群互动环节。社群的重点在于维护和运营,为社群成员提供优质的体验,让社群成员在社群中享受到特有的服务、产生专属感,同时感受到社群的价值。下面介绍提升餐饮品牌社群活跃度的几种方法。

❶ **价值分享** 社群内可以分享社群成员感兴趣的文章、视频等,或者是邀请嘉宾在群里与大家一起分享知识和经验等。餐饮企业可以在社群内分享自己的菜品制作过程、餐厅美食图片、餐厅品牌故事等内容。同时也可以邀请美食专家、名厨来分享自己的烹饪技巧、美食文化和餐饮行业发展趋势等,提供有价值的内容。

❷ **互动话题** 结合社群成员特征,定期开启相关话题讨论,让社群成员"有话聊"。餐饮企业可以定期开设话题讨论,比如菜品搭配、食材来源、餐饮服务等话题,引导社群成员进行深入讨论,加深社群成员之间的互动和交流。

❸ **答疑解惑** 群内可定期设置答疑解惑时间,由群内KOL或者其他专业人员为大家解决实际问题,解答社群成员的疑问,提供用餐指南和建议,提高社群成员满意度和忠诚度。

❹ **红包福利** 可以在社群内举行红包福利活动,比如发放优惠券、礼品卡等,吸引社群成员到店消费,同时也可以活跃社群气氛,提高社群成员的参与度。比如,有社群采取的方式是,群内签到

20次即可获得抽奖资格,手气最佳者获得奖品等。世纪联华的社群每天10:00抢红包,社群成员可以领取社群专享优惠券。

❺ **社群活动**　组织社群成员的专属活动,如签到领积分、领专属优惠券、抽奖、助力、拼团等。为社群成员提供专属的活动体验,同时也能增强社群的凝聚力和提升社群的活跃度。例如组织签到领积分活动,这种活动一般在某一时间发送签到链接即可,操作简单。关键点是签到后获得积分,积分可以兑换的礼品必须吸引人,最好在签到文案中说明这个利益点,或者直接在签到页下面加上积分可兑换的礼品链接。

比如,太二酸菜鱼无论是店内商品、店内视觉还是文案都堪称一流,社群也做得非常好。每次去太二酸菜鱼吃饭,很多人免不了排队,但太二社群成员则可享受免排队的专享福利。

❻ **互动游戏**　可以在群内玩些互动游戏来活跃气氛,如掷骰子、接龙、数字刮奖等。增加社群成员之间的互动和竞争,提高社群的活跃度和趣味性。比如,在群内玩红包游戏,1元钱随机分为5个红包,抢到手气最佳的继续发,抢到手气最佳者可以享受进店优惠或被赠送特定的菜品;或者抢到红包尾数是什么数字,进店就可以享受相应的折扣优惠,或者规定抢到的红包尾号是几,进店消费就可以减免几块钱等。

❼ **奖励机制**　餐饮企业可以定期在社群内评选出活跃分子,并给予活跃分子物质奖励或者优惠券等,提高社群成员的参与积极性和活跃度,同时也能加强社群成员之间的互动和信任。比如,太二酸菜鱼的社群定期发布猜暗号送菜品的活动,提升了门店的复购率,还活跃了餐厅的氛围。在群内发布店内产品海报或广告,让群友转发集赞,然后根据集赞数量兑换相应奖品。

总之,随着社群竞争白热化,社群已经进入精细化、拼运营的阶段。随着社群活动的增多,建议运营者将社群固定下来进行"栏目化",让社群成员养成习惯。不同社群适合的活动不一样,因此企业要根据自己的业务类型来调整社群活动。

> **思考**:请以你所加入的最喜欢的社群为例来分享,你是通过什么渠道加入这个社群的?这个社群平时交流的主要内容是什么?让你继续留在这个社群的原因是什么?

小试牛刀

通过对以上社群营销相关知识的学习,你是不是对营营和销销面临的任务有了解决的思路呢?接下来,请你和小组成员一起,群策群力,帮助营营和销销完成他们的这次挑战任务吧。

知识小测

任务名称	社群运营方案
成果形式	餐饮企业社群运营方案PPT
成果要求	PPT内容包括社群简介、社群运营方式、社群运营结果及反思。要求图文并茂,逻辑清晰,运营有效,反思深刻,达到一定的社群运营目的

完成路径

1. 小组选择一个餐饮企业，根据实际情况分析该企业社群运营存在的问题。
2. 小组着手建立新社群或者运营已建立的社群，建立相应规则，提出社群运营方案。
3. 小组商定社群运营日常维护执行表，并按照实际情况来分工协作开展社群运营。
4. 小组分工合作运营社群至少21天，根据情况调整运营方式和策略，提高社群活跃度。
5. 根据社群运营情况，完成汇报PPT

本次任务中的提出社群运营方案、商定社群运营日常维护执行表、汇报社群运营情况是餐饮企业微信社群运营中的常见任务。

在完成本次任务的过程中，你遇到了哪些困难和疑惑？你是怎么去解决的？将你在完成本次任务过程中的收获、困惑、反思及改进措施等记录下来吧！

探究与反馈

 收获：

 困惑：

 反思及改进措施：

项目六
案例分析

实战演练

（1）完成一项小任务，发送一条朋友圈并获得50个赞。
（2）请为学校附近的小店或公司申请一个微信公众号。
（3）请为学校附近的餐饮小店或公司打造微信社群，至少运营1个月。

闯关小结

通过本项目的闯关，营营和销销对餐饮企业的微信运营有了全新的理解。他们进行了微信个人号设计和运营，开展了朋友圈内容营销。通过尝试微信公众号文案的撰写与发布，掌握了微信公众号内容运营的技巧。在对门店社群运营的探索中，他们认识到了社群运营对餐饮门店的重大意义，理解了优质社群的要素，并运用社群运营的技巧提升了社群活跃度。在任务闯关过程中，他们互帮互助，通过微信营销提升了自己的互联网营销能力。同时在这个过程中，他们见识了形形色色的顾客，还与一些优秀的顾客成了朋友，也算是职场成长路上的意外收获了。经过这些任务的"洗礼"，他们终于可以独当一面，承担微信营销的重任了。带着这些收获和成长，他们满怀信心地准备迎接下一个挑战！

项目七

短视频营销

项目引入

《中国网络视听发展研究报告(2024)》发布,截至2023年12月,我国网络视听用户规模达10.74亿,网民使用率高达98.3%,短视频人均单日使用时长达151分钟,网络视听行业市场规模首次突破万亿元,达到11524.81亿元,包括长视频、短视频、直播、音频等领域。研究报告公布的数据深刻揭示了我国网络视听行业的迅猛发展态势,同时也展现了信息化、数字化浪潮对传统服务业,尤其是餐饮行业的深远影响。

党的二十大报告指出,要"讲好中国故事、传播好中国声音,展现可信、可爱、可敬的中国形象"。短视频正是当前推动中国餐饮更好走向世界的良好载体,是餐饮企业传递品牌理念、展示中餐魅力、传承中餐文化的重要工具。在这样的时代背景下,餐饮行业应积极把握短视频营销这一新兴趋势,为中餐品牌注入新的活力。短视频营销为餐饮行业带来了前所未有的机遇与挑战。只有不断创新和适应时代发展趋势的企业,才能在激烈的市场竞争中脱颖而出,实现品牌价值的最大化。本项目将走进餐饮短视频营销的世界,借助短视频提升餐饮企业的传播效能,实现高效营销。

学习目标

1. 了解餐饮短视频平台变现的主要方式和短视频平台餐饮用户的消费行为。

2. 熟悉短视频内容策划与推广方法,能合理定位短视频账号,创作优质短视频。

3. 掌握短视频平台达人策略,能有效筛选达人。

4. 掌握短视频平台的直播与运营技巧,能做好直播准备,顺利开展直播活动。

思维导图

扫码看课件

扫码看微课

任务一 分析短视频平台

[职场闯关记]

餐厅的经营难度越来越大,营营所在的市场营销部与销销所在的门店都接到了一个新的工作任务,那就是利用现有资源进行短视频营销,但是他们对当前短视频营销内容、消费路径、变现方式都不够了解,因此,他们准备通过探索学习,有效地利用短视频这一营销工具,为餐饮企业带来更多的流量和销售机会。
接下来请你和他们一起尝试探索新领域吧!

▶ 任务描述

近年来短视频平台成为创新性新媒体营销平台,也结合直播带货迎来新的增长点。对餐饮企业来说,短视频和直播内容更生动、直观,传播更有效率,能够有效激发顾客需求。本任务介绍了短视频平台变现的主要方式,短视频平台用户的消费行为。

▶ 任务目标

(1)了解短视频平台变现的主要方式。
(2)理解短视频平台餐饮用户的消费行为。

▶ 任务导入

随着短视频平台的崛起,餐饮企业纷纷借助这一新媒体形式进行品牌推广和营销。A 企业在制订营销目标时,明确将年轻人群作为主要受众,力求通过有趣、创新的内容吸引他们的注意力,引导其转化为忠实消费者。

在创意策划阶段,A 企业结合品牌定位和市场趋势,精心策划了一系列短视频内容。其中包括展示餐厅独特菜品、揭秘美食制作过程、分享顾客用餐体验等多个维度。每个视频都紧扣目标受众的兴趣点,以轻松、幽默的方式呈现,旨在激发目标受众的好奇心和购买欲望。

在制作过程中,A 企业注重短视频的画面质量和内容质量。采用高清摄像设备和专业摄影技术,确保短视频画面的清晰度和美感。同时,运用剪辑技巧和音效设计,提升短视频的观赏性和感染力。在内容呈现上,该企业强调故事性和情感共鸣,通过讲述真实、有趣的故事,拉近与观众的距离,增强品牌的亲和力。

在传播渠道方面,A 企业充分利用短视频平台的流量优势,通过官方账号发布短视频,并利用平台的推荐算法提升短视频曝光率。同时,A 企业还与其他社交媒体平台进行联动,将短视频分享至微博、微信等平台,扩大传播范围。在传播策略上,该企业采用定期更新、热点追踪等方式,保持短视频内容的新鲜感和时效性,吸引观众持续关注。

为了增强与观众的互动,A 企业在短视频中设置了多个互动环节,如评论抽奖、点赞分享等。这些互动活动有效激发了观众的参与热情，提升了短视频的传播效果。同时，A企业还密切关注观众的反馈意见，及时调整短视频内容和传播策略，以满足观众的需求和达到观众的期望。

> 思考：案例中A企业的成功实践为餐饮企业短视频营销提供了哪些经验？请分析短视频营销在促进消费转化方面的作用。

知识精讲

短视频营销是以视频内容为核心，通过各种平台和社交媒体向用户提供短小精悍的视频，旨在提高品牌知名度或促进销售的营销方式。随着技术的发展和市场的变化，短视频已成为餐饮企业拓展业务、提升品牌影响力的重要手段。对于餐饮企业来说，短视频营销不仅是一个展示美食的窗口，更是一座与消费者深度沟通的桥梁。

一、餐饮短视频平台变现方式

（一）短视频内容变现

利用短视频平台，餐饮品牌需要制作有趣、有创意的短视频内容，以吸引用户的注意力。自称"新茶饮开创者"的喜茶在短视频平台抖音上，通过发布十几秒的视频，展示不同奶茶是怎么调制的，画面唯美，充分调动起观众购买的欲望。再加上封面美图及话术引导，让人产生看下去的冲动。喜茶致力于让喝茶这件事更年轻更酷，打造抖音平台上的头部奶茶品牌，截至2024年8月粉丝量达610.1万，获赞1791.3万，其在小红书上的品牌号同样是餐饮企业中的佼佼者，拥有60多万粉丝（图7-1）。

（二）直播带货

餐饮企业利用直播带货的形式进行销售和推广，可以有效地提升品牌知名度、增加客流量和销售额。以"涮品＋甜品"出圈的"楠火锅"开播即创新高，利用"老木桌""搪瓷碗""老铁锅"等经典布景元素，"五斤油一斤料""嫩牛肉""粑鸡爪"等产品点在背景墙高频露出，主打80年代"怀旧"感，让人快速了解品牌特色。邀请某明星以火锅美食家的身份出席直播间在线品鉴招牌菜品，分享火锅故事。"快乐的标配，火锅和姐妹""做人不要咬卵犟，毛肚不要紧到烫，七上八下脆又鲜"等金句引发消费者情感共鸣，"转盘式"和"摇色子"直播抽奖火锅底料礼包、大牌口红、便携榨汁机等，仅半小时，累计在线人数突破40万，直播货盘以"网红单品×超值代金券"模式，最大限度满足不同人群需求。仅某一次直播当天，全国订单量环比增长42%，搜索指数热度关键词上涨113%，活动期间官方账号涨粉37000人，全国会员环比增长55.6%。

二、分析短视频平台的餐饮消费行为

从"按需购买"到被社交内容种草，"兴趣电商"为消费者提供了美好生活的更多选择。作为较早入场抖音电商的品类之一，庞大的流量和稳定的受众人群也让美食电商一直保持良性增长，加速实现从"种草"到"拔草"的闭环。

随着线上品类逐渐多元化，地域性的消费差异正逐渐缩小，人们可以在线上购买到来自全国的地方特产，家庭餐桌需求推动食材线上消费增长，美食各细分品类的市场销量持续攀升，其中零食、

图 7-1 喜茶短视频账号示意图

速食保持稳定增长,烘焙原料、南北干货、生鲜等销量增势惊人。

便捷和健康成为消费者的主要诉求。快节奏的现代生活催生了消费者对便捷饮食的需求,对此,方便快捷的袋泡茶成为年轻茶友追求品质生活的选择,占据了较大市场份额。

另外,代餐冲饮也高举"兼顾饱腹和体重管理"的大旗进入大众视野,备受年轻群体欢迎。

在美食领域,从八大菜系到地方特色,从方便速食到健康餐饮,从经典美味到潮流尝鲜,美食已不再只有满足口腹之欲这一单一作用,而是兼具了塑身减肥、开阔眼界、疗愈心灵等多方面的功能,短视频从最初的一种娱乐方式,变成一种社交方式,再到一种生活方式,影响着观众的消费行为。

▶ 小试牛刀

通过以上对短视频营销相关知识的介绍,你是不是对短视频营销有了一定了解?接下来,请你帮助营营和销销一起完成此次的任务吧!

知识小测

任务闯关卡

任务名称　分析中青年群体对短视频消费的需求

成果形式　中青年群体短视频消费需求数据分析展示PPT

成果要求　从中青年群体的消费心理、需求现状、影响因素三个维度来进行分析和总结，并用精练的文字和精美的图片、视频等资料展示内容，并由小组成员代表或集体分工合作进行汇报

完成路径
1. 小组成员分别查阅资料，分析和探讨当前中青年群体的消费现状。
2. 小组设计调查问卷，以问卷的形式全面了解该年龄层群体的消费情况，并对收集的问卷进行总结和分享。
3. 小组集体讨论形成一致看法后分工完成展示PPT

探究与反馈

短视频市场进入高速发展期，在资本、技术、平台、内容、用户的共同支撑下持续获得推动力量，短视频APP层出不穷，通过调研分析可以快速了解短视频行业和短视频营销现状，寻求发展机会。

在完成本次任务的过程中，你遇到了哪些困难和疑惑？你是怎么去解决的？将你在完成本次任务过程中的收获、困惑、反思及改进措施等记录下来吧！

☺ 收获：

☹ 困惑：

 反思及改进措施：

任务二　短视频内容策划与推广

[职场闯关记]

营营所在的公司已经建立了短视频账号,但当前账号的影响力还不大。为了提高短视频营销的效果,经理让营营负责规划短视频账号定位,并着手开始进行内容策划和推广。营营平常也会关注餐饮类优质短视频账号,对该问题有一定的思考。他邀请销销一道来完成这个任务。那么接下来请你和他们一起来挑战一下吧。

任务描述

餐饮短视频营销需要好的思路、内容和运营策略,打造优质的内容,持续创新和输出,才能保持顾客黏性。本任务介绍了短视频平台的目标用户群体,短视频平台的账号定位方法,如何创作优质短视频内容并进行推广。

任务目标

(1) 了解短视频平台的目标用户群体。
(2) 熟悉短视频平台竞品账号的呈现形式,并能合理定位短视频账号。
(3) 能够进行短视频的合理选题,打造人设,创作优质短视频。
(4) 掌握短视频的推广方式。

任务导入

故事从一家小餐馆开始,它位于街角,虽小但可做出一道道美味的菜肴。然而,由于地理位置的限制,小餐馆的知名度一直不高。面对激烈竞争的市场,他们意识到需要一个创新的营销策略来吸引更多的顾客。

这时,他们接触到了抖音 APP,看到了短视频营销的潜力。于是,他们兴奋地开始了短视频推广的营销之旅。

首先,小餐馆用多个账号在抖音和其他社交媒体平台上发布短视频广告,让更多的人了解到他们的美食,吸引潜在顾客。小餐馆为了使自己与众不同,设计了一系列创意十足的短视频内容,快速生成独特的短视频分镜,突出了美食的诱人之处。

其次,小餐馆将短视频广告自动推送到指定的抖音账号和其他社交媒体平台上。这大大提高了小餐馆的营销效率,让品牌信息快速传播,吸引了更多用户的注意。

最后,通过抖音 APP 的自动触客功能,根据用户的线索和互动行为,自动生成个性化的推送内容。与用户进行个性化互动,引导他们参与品牌活动,提高用户的购买欲望。

一系列的短视频推广后,小餐馆终于成功地引爆了市场,吸引了大量顾客。他们的美食不再局限于街角,而是走进了顾客的心中。

> **思考:** 短视频的推广优势,在小餐馆业务增长中起到了至关重要的作用,说一说这些优势具体体现在哪些地方?

知识精讲

一、短视频平台的用户分析

为什么要做短视频平台的用户分析?因为我们需要知道有多少喜欢刷短视频的人是你的目标受众,他们喜欢看什么样的内容,如何通过内容吸引他们的注意力,黏住他,让他成为你的忠实粉丝,最后成功实现用户转化。

短视频平台的用户分析是一个综合性过程,涵盖了地域分布、职业构成、行为模式、内容偏好、消费倾向及社交需求等多个维度。

从地域分布看,短视频平台的用户遍布全国,但一线城市和东部沿海地区活跃度更高。用户职业多样,以学生、白领和自由职业者为主,他们利用碎片化时间观看短视频以放松心情。

从行为模式看,短视频平台的用户主要进行观看、创作和互动,尤其偏好搞笑、美食等类型内容。在消费倾向方面,短视频平台的用户对于虚拟礼物、会员服务及广告展示展现出一定的消费意愿。

此外,短视频平台的用户渴望社交互动,平台提供的社交功能有助于增强用户黏性和提高活跃度。

随着短视频平台的发展,短视频平台的用户对内容质量、真实性和隐私保护等方面提出了更高的要求。因此,短视频平台需持续优化内容、提升服务品质并保障用户权益,以满足短视频平台的用户多样化的需求。

二、短视频平台的账号定位方法

(一)反差法

要吸引他人注意,最基本的方法就是打破常规。反差法正是一个很好的打破常规的方法,比如通过年龄的反差来塑造人物性格或行为方式与实际年龄不符的角色,从而使用户产生差异感。性别反差法也是同样的道理,顾名思义,就是男扮女装,女扮男装。利用反差法来定位账号,可以让用户印象更深刻。

(二)场景切换法

场景切换法是将常见的事物或行为放到不同的场景中进行展现的方法。例如,原本在厨房中制作美食的内容,切换到户外或野外进行,这种场景的变化会给用户带来新鲜感。同时,通过场景切换法,创作者还可以展示自己的多面性和创新能力,吸引更多用户的关注。

(三)典故定位法

典故定位法是利用人们熟悉的典故或故事来定位短视频账号的方法。这种方法可以借用家喻户晓的典故或故事,通过重新演绎或解读来吸引用户。例如,创作者可以选择一个经典的民间故事或神话传说,用自己的方式进行呈现和解读,从而形成独特的账号定位。

(四)影视剧定位法

影视剧定位法是将影视剧中的元素或情节引入短视频创作中的方法。这种方法可以借鉴影视剧中的角色、对话、场景等元素,通过模仿或创新的方式呈现出独特的视频内容。例如,创作者可以模仿某个经典影视剧中的角色形象或对话方式,或者对某个影视剧中的情节进行改编和再创作,以吸引用户的注意力。

无论采用哪种方法,创作者都需要注意保持内容的一致性和创新性,同时不断关注市场动态和用户需求的变化,及时调整自己的账号定位和内容策略。只有不断优化和改进,才能在短视频平台上获得更好的表现和成绩。

三、短视频的选题内容

短视频的选题内容形式可大致分为颜值类、才艺类、兴趣类、知识类、剧情类、其他,这些内容可以进一步细分,如图 7-2 所示。

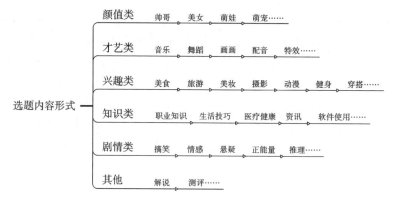

图 7-2 选题内容形式

一定要确定选题内容形式,然后专心做相关内容,不可以随意切换。比如今天发了关于美食教程的内容,明天开始演情景剧,后天又开始美食探店,这种做法,就算某个视频爆火也是留不住用户的,也不会吸引用户关注。

无论选择什么平台发布内容,选题都是核心要点,它决定了内容的深度、广度,直接决定了内容是否会受到用户喜欢。用户真正感兴趣、想看的内容才是好的内容。

那么,用户喜欢的究竟是什么?通过分析大量的爆款短视频可以发现,爆款内容主要包括十大元素,即 3 种情感(爱情、亲情、友情)、5 种情绪(愤怒、怀旧、愧疚、暖心、爱国)和 2 个其他重要因素(地域和群体)。绝大多数爆款短视频内容涉及这些元素中的一种或几种,它们相互组合、交叉就可以诞生新的爆款。

四、短视频的人设打造

在短视频的内容里,你以什么样的形象展示给用户就是你的人设。当你能够打造出人格化的 IP 形象后,吸引用户关注就变得不再困难。这个人设可以是经过精心设计的,把你最好的一面或者最想向用户展示的一面展示出来。人设的作用至关重要,它代表你整个人的形象和定位。构建人设时要注意分清主次,主要人物是着重刻画的中心人物,是矛盾冲突的主体,是整个故事讲述的核心,整个账号发布的所有内容都要围绕主要人物。次要人物对主要人物的塑造起着对比、陪衬、铺垫作用,或者作为矛盾的对立面而存在。

以抖音账号"南翔不爱吃饭"举例,其主要定位之一是美食复刻,自称"祖下三代都是御厨",打造全网最"离谱"的野厨子,致力于还原各种宫廷名菜的失传绝学,前期视频侧重活泼感和幽默感,会用一些搞笑表情包来表现,之后视频侧重"专业"感,会用高级的配色体现古典美,让账号更有文化底蕴。

五、短视频的吸睛点打造

这个部分可以遵循"黄金 3 秒开头,搭配 2~5 个爆点,最后打造白金结尾"的方式。

（一）打造开头黄金 3 秒

短视频的开头 3 秒至关重要,也被称为"黄金 3 秒",这 3 秒决定了视频能否吸引观众的注意力,决定了视频的观看量和后续表现。这 3 秒是观众决定是否继续观看的关键。短视频能否吸引住观众,开头 3 秒的时间就足够了。如果开头部分没有吸引到观众,而被观众滑过,那么视频就不会被系统推荐,从而导致流量越来越少。

那开头 3 秒怎样才能吸引观众呢?答案是在视频开头直接抛出激烈的矛盾点,减少铺垫。在最开始一定要有矛盾,要么是反映大家痛恨的行为,要么是显示激烈的矛盾冲突,或者是提出引人深思的问题,又或者是对最近的热点事件进行播报等,总之要做到让观众看完开头 3 秒的内容,这样观众的注意力就会被快速吸引过来。

（二）打造中间爆点

在视频中间部分,通过打造 2~5 个爆点,持续吸引观众的注意力,增强视频的吸引力和提高观看体验。可以利用用户的好奇心或者制造话题吸引观众看下去,最好能与观众利益点相关。确保爆点分布均匀,避免观众产生审美疲劳。可以通过特效、字幕等方式,突出爆点内容,让观众更容易注意到。

爆点类型可以分为以下几种。

(1) 情感爆点:通过感人的故事或情境,触发观众的情感共鸣。

(2) 信息爆点:提供有价值的信息或知识,满足观众的求知欲。

(3) 反转爆点:设计剧情反转或意外情节,增加视频的趣味性和观看悬念。

(4) 笑点爆点:插入幽默元素或笑点,让观众在轻松愉快的氛围中观看视频。

（三）打造白金结尾

一个好的结尾能够给观众留下深刻印象,提升视频的整体质量。白金结尾意味着结尾部分同样重要,与开头相呼应。

通常可以采取以下方式进行结尾。

(1) 总结全文:简要回顾视频的主要内容,帮助观众梳理信息。

(2) 引导关注:通过呼吁观众关注、点赞、分享等方式,增加视频的曝光度和传播力。

(3) 设置悬念:在结尾处设置悬念或留下问题,引导观众思考或期待后续内容。

(4) 情感升华:通过感人的结尾或温馨的祝福,升华视频的情感价值,增加观众的共鸣和好感度。

六、短视频推广

（一）短视频推广的六个方向

❶ 硬广投放 硬广投放是目前短视频平台中最简单、直接的投放方式,指的是通过付费的形式来曝光产品,也是优化师口中的"买流量",是直营电商最常用的营销手段。

❷ 内容植入 商业广告有软广、硬广之分,内容植入即短视频广告中"软文",包括在短视频内容中加入广告,通过节目冠名、口播植入、产品露出等形式。例如,荣耀手机发布时,曾联合网红"办公室小野"进行内容植入,分别从防水性能、防撞防摔、拍照算法等角度阐述了产品优势,最大限度地实现了品牌曝光。

❸ 内容定制 从内容层面出发,内容定制的逻辑与传统广告片的思路类似,只是不同于时长较长、传播途径单一的传统广告,内容定制的视频广告内容更加短小精悍,爆点密集。比起品牌信息的传达,内容定制的视频广告更希望自己的视频内容成为一则有趣的故事,从单一的短视频平台走出来,起到二次、多次传播的效果。

❹ **网红活动** 网红活动指的是通过网红效应带动品牌营销,正如传统广告商会签约明星作为代言人,在短视频的营销中,网红/KOL 的影响力能够为品牌带来更多曝光度。其主要营销难点在于需要根据营销目标制订合适的宣传计划,从选择合作网红到策划活动方案都需要投入较长的时间成本和较多的资金,对平台也有一定要求。

❺ **账号运营** 从 2018 年开始,许多品牌入驻了短视频平台,并开设了自己的官方账号。食品方面有旺仔,数码产品有小米等,都取得了不错的宣传效果。抖音以及快手也成了继微博、微信公众号之后广告主全新的产品宣发阵地。

❻ **整合营销** 所谓整合营销,就是围绕一件产品,将多个媒体和营销形式叠加起来,达成一个核心营销目的。整合营销并不是简单地将各种营销模式综合,而是要构建营销矩阵,强调每个营销模式的联动性,触及关注、兴趣、搜索、购买和分享各个环节。

(二) 短视频营销案例

以全国首播双日商品交易总额(GMV)高达 6175 万+的楠火锅企业为例。

谁是火锅品类在社交媒体自运营中的流量担当,不得不提在抖音拥有 200.3 余万粉丝,获得 10 亿+流量的楠火锅,自 2019 年抖音官方账号开通以来至 2024 年 8 月,获赞共计 3842.6 万次,单次视频最高获赞 500 多万,总播放量超 10 亿(图 7-3)。

楠火锅在日常内容运营上,以持续的"火锅短剧情""创始人故事""门店经营动态和火锅店日常"为主要更新内容,视频带有本土川渝特色,搭配抖音生活服务,在不同地区 CPS(即 cost per sales,指的是按销售额付费,是广告的一种形式)达人合作模式助力下,使关联楠火锅团购产品 POI(兴趣标签、入口)的短视频内容得到了更精准推送。楠火锅的网红经营故事、经营动态、员工特点也在平台的传播中被更多人看到,实现了从产品到品牌的消费者心智深植。

图 7-3 自媒体企业账号示意图

平台推广曝光延续重点体现在楠火锅在平台的官方传播矩阵搭建和运营上,楠火锅在门店矩阵号@楠火锅、联合创始人IP号@楠火锅李承静、店员个人号等多维度进行官方运营矩阵搭建,楠火锅的品牌账号已经突破200.3万的粉丝累积量和3842.6万的获赞关注量。依托平台的强大传播力和影响力,楠火锅战略性地认领了58家地区门店的矩阵账号,这一举措不仅增强了品牌在平台上的集中曝光度,还极大地丰富了品牌活动的传播渠道。通过这一多元化的传播矩阵,品牌能够更广泛地触达不同地区的消费者,实现活动的广泛传播,为品牌打造出更为浩大和引人注目的市场声势。

身为餐饮火锅界的"网红前辈",楠火锅的策略是入局抖音生活服务平台,借助平台流量之力,成为大众熟知的网红品牌,"热辣"出圈,通过达人内容和花样玩法,牢牢把握住自身拥有的流量机会,将"网红"这一形容词深植到品牌的经营秘籍中。

楠火锅不断以"优质网红"的标准,推出让平台用户眼前一亮的产品和新鲜内容,和线上平台一起,将重庆的地道火锅味不断传承创新下去。

小试牛刀

通过以上对短视频内容策划等知识的介绍,你是不是对短视频营销有了一定了解?接下来,请你帮助营营和销销一起完成此次餐饮企业短视频内容的策划和推广吧!

知识小测

任务闯关卡

任务名称	美食账号短视频分析
成果形式	餐饮企业爆款短视频分析
成果要求	PPT形式,要求选择有代表性的餐饮企业,选择其爆款短视频进行深入分析,图文并茂,分析有理有据,能对短视频内容策划与推广产生一定的借鉴
完成路径	1. 小组成员分别查阅资料,分析和探讨某餐饮企业短视频账号目前现状。 2. 选定该账号的爆款短视频,进行爆款短视频拆解,完成爆款短视频分析表(表7-1)。 3. 小组共同制作爆款短视频分析PPT,并进行展示

短视频内容框架搭建很重要,搭建内容框架是为了明确短视频内容导向。学会搭建内容框架十分重要,在搭建内容框架时,要考虑多方面的因素,才能够保证后续脚本编写工作的顺利开展。

在完成本次任务的过程中,你遇到了哪些困难和疑惑?你是怎么去解决的?将你在完成本次任务过程中的收获、困惑、反思及改进措施等记录下来吧!

😊 收获:

☹ 困惑:

😕 反思及改进措施:

表 7-1　爆款短视频分析表

分析角度	分析结果
视频标题	
发布平台	
数据表现	
选题方向	
内容创意	
视频风格	
字幕特点	
用户互动	
爆款短视频的特点总结	

任务三　制定短视频达人策略

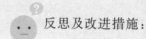

[职场闯关记]

营营和销销所在的餐饮企业将要举办一场周年庆活动,需要线上宣传预热活动,结合短视频达人一起为活动宣传造势,但是目前他们对短视频达人的筛选不够了解。请你和他们一起,结合餐饮企业的实际,来制定本次活动的短视频达人策略吧。

任务描述

餐饮企业需要深入了解消费者需求,结合达人特点,通过精准筛选达人和与达人有效合作,增强品牌曝光度和影响力,进而推动销售增长。本任务介绍了短视频达人的类型、短视频达人的投放策略和筛选短视频达人的策略。

任务目标

(1)了解短视频达人的类型。
(2)掌握短视频达人的投放策略。
(3)能结合餐饮营销目标,有效筛选短视频达人。

任务导入

某知名火锅品牌为了吸引更多年轻消费者,决定与一位在短视频平台上拥有大量粉丝的达人进行合作,共同开展品牌宣传推广活动。

经过深入调研和比较,该品牌选择了一位在短视频平台上以美食探店、烹饪教学等内容为主的达人进行合作。这位达人拥有庞大的粉丝基础,其视频内容幽默风趣、接地气,深受年轻观众喜爱。在合作过程中,达人通过实地探店的方式,向观众展示了该火锅品牌的独特魅力,包括环境氛围、菜品特色、服务体验等。同时,达人还结合个人烹饪经验,分享了火锅的烹饪技巧和搭配建议,增加了内容的实用性和趣味性。此外,为了进一步提升品牌曝光度,达人还在视频中穿插了品牌口号、优惠活动等信息,引导用户关注品牌官方账号并参与互动。在传播渠道方面,通过达人账号发布品牌宣传推广短视频,并利用平台的推荐算法提升视频曝光度。同时,品牌还在其他社交媒体平台上进行联动宣传,将短视频分享至微博、微信等平台,扩大传播范围。

通过这次活动,该火锅品牌的销售额实现了稳步增长,知名度和美誉度得到了大幅提升,更多年轻消费者开始关注和了解该火锅品牌。这些关于年轻消费者需求和偏好的宝贵信息,为该火锅品牌未来的产品研发和营销策略调整提供了有力支持。

> 思考:本案例的成功实践为餐饮企业利用短视频达人进行品牌宣传推广提供了哪些启示?其中短视频平台的流量优势和传播策略起到了什么样的作用?

知识精讲

制定有效的短视频达人策略需要综合考虑目标受众、内容策划、制作技巧、营销推广等多个方面。同时,要不断优化和改进策略,根据市场变化和用户反馈及时进行调整和创新。

一、短视频达人的类型

(一)明星名人主播

这类主播因为自带流量,所以关注度是很高的,影响范围广,同时收费也更高,有实力的大品牌可以选择头部主播,中小商家就需要慎重一点。

(二) 短视频达人

短视频达人的带货销量和影响范围都略逊于头部主播,收费各有不同,也有的腰部主播仅计算提成。这种收费方式对商家很友好,预算有限又有出货需求的商家可以根据产品特征寻找调性匹配的短视频达人合作。

(三) 纯带货主播

纯带货主播指 0 粉丝起步,且不以内容为主的带货类主播。他们自有供应链,深谙带货玩法,品牌商家与之合作有利有弊。好处是这类主播懂市场懂运营,可以给品牌方出谋划策;弊端在于,有些主播和机构不够正规,可能反把商家拖下水。

二、短视频达人的投放策略

在选择达人时,需要明确活动背景,如为了新品上市造势,还是为了大型促销?是配合线上活动运营,还是日常长效"种草"?一般先明确营销目标,再确认传播节奏及达人投放策略。通常可以按照"传播节奏—预算配比—圈选达人范围—细筛匹配达人—提供脚本—内容投放—内容加热—数据复盘"的流程来进行。下面着重分析传播节奏和预算配比这两个部分。

(一) 传播节奏排布

❶ **以活动为主的传播,更倾向于配合活动或运营节点同步进行** 通过达人营销将用户引至门店消费,通过活动运营有效留存顾客。达人传播可覆盖整个活动期,但活动期不宜太长,否则就和日常"种草"没什么区别。

❷ **长效"种草"的项目,可配合品牌话题,积累品牌传播声量** 可以开展阶段性创意话题,将日常散点式投放做成有效合辑,并通过数据测试,找到好的内容模式,再挑选相关类型达人来复制成功经验。

(二) 达人投放结构模型

在大型营销项目中,通常在达人投放上有充足的预算,该如何分配预算呢?

❶ **金字塔型** 这是最常见的投放结构模型,即腰尾部达人占比过半。在执行注重口碑营销和直接转化导流的项目(如主推爆品、专注垂类目标人群转化项目)时,金字塔型达人投放结构模型最为适用。

❷ **橄榄型** 在品牌快速增长阶段,注重转化效果的同时也注重品牌力传播,橄榄型达人投放结构模型则更适用。橄榄型达人投放结构模型的特点是肩部、腰部达人占比最高,在内容和点击率上均有相对稳定的表现。

❸ **倒金字塔型** 在品牌破圈或集中引爆阶段,更推荐倒金字塔型达人投放结构模型,即头部达人占比最重且集中投放,借顶级流量集中造势及引流带货。此外,对于在多平台表现较好的头部达人,可考虑打包投放,实现传播价值最大化。

另外,除了关注头部、肩部、腰部、尾部达人的预算配比外,也可以关注高曝光达人(平台头部、泛人群类达人)和高利用率达人(垂类、精准人群类达人)的预算配比。一般来说,金字塔型建议以高利用率达人为主,倒金字塔型可以适当增加高曝光达人占比。在投放中应依据项目实际情况合理配比,分开考核,以放大达人的内容价值。

三、筛选短视频达人的策略

面对着庞杂的达人资源,如何选择符合品牌、满足预期的达人?

(一) 贴合显性需求

贴合三个显性需求进行初筛,进入备选达人名单。

❶ **粉丝特征（符合产品用户画像）** 手机机型、地域分布、年龄构成、性别占比等维度。

❷ **专注领域（符合产品垂类及创意方向）** 美妆护肤、母婴亲子、时尚潮流、科技数码等。

❸ **综合能力（考察达人的综合表现）** 达人综合指数大于平均值、CPM（一种展示付费广告，广告投放过程中，每1000人看到你的广告需要支付的费用）小于平均值/中位数、点赞成本小于平均值/中位数，达人15天是否持续掉粉、是否存在停更等，并核查数据真伪。

（二）适配隐性需求

在备选名单的基础上，进行隐性需求适配，优选出最终合作名单。重点可以关注达人的商业价值、内容能力、服务能力三大指标，用更细的颗粒度去看达人历史上的商业表现（图7-4）。

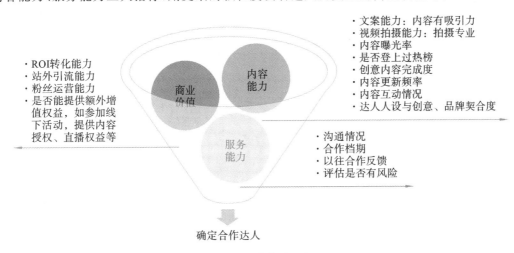

图7-4 达人适配率

❶ **商业价值** 评估达人以往ROI（投资回报率）转化能力、站外引流能力、粉丝运营能力。同时评估达人是否能提供额外增值权益，如参加线下活动，提供内容授权、直播权益等。

❷ **内容能力** 可从达人文案能力、视频拍摄能力、内容曝光率、是否登上过热榜、创意内容完成度、内容更新频率等方面来综合评估，并关注内容互动情况，达人人设与创意、品牌契合度等。

❸ **服务能力** 达人的沟通情况、合作档期、以往合作反馈等，排除在执行过程中可能会出问题的高风险达人。

（三）投放复盘

通过项目复盘，检验项目完成度，并通过每个达人的数据表现，沉淀出可持续合作的优秀达人名单（图7-5）。

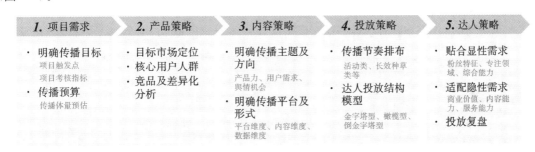

图7-5 投放复盘图示

❶ **曝光类达人** 播放量（是否超过平均值）、CPM（是否低于预期CPM和大盘CPM）、拉新浓度（巨量云图中新用户占比）。

❷ **转化类达人** 即时ROI、长期ROI（15～30天）、达人素材对效果广告的拉升效果（对比日常

的 ROI 提升、消耗提升、生命周期提升)。

我们相信,当内容的价值、个体的价值受到尊重,当品牌效益增长还依托于与用户的沟通时,作为品牌增长必选项的达人营销就没有终点。

知识小测

小试牛刀

通过对以上短视频达人策略相关知识的介绍,你是不是对达人策略这种短视频营销模式有了一定了解?接下来,请你与营营和销销一起,深入了解一下他们企业的营销工作课题吧!

任务闯关卡

任务名称	筛选餐饮活动推广达人
成果形式	筛选餐饮活动推广达人汇报 PPT
成果要求	以精练的文字及图片、视频等资料形式展示内容,并由小组成员代表或集体分工合作进行汇报
完成路径	1. 选定某餐饮企业,分析其短视频账号定位。 2. 小组成员分别查阅资料,分析和探讨本地达人的账号基本数据及账号匹配度、内容质量、商业质量几个维度,总结出预选达人。 3. 小组集体讨论该餐饮企业当前应选择哪些达人作为活动预热引流人,形成一致看法后分工完成展示 PPT
探究与反馈	达人推广、KOL 招募、网红探店等,在圈层内的影响力还是非常大的,能够轻松将餐饮门店打造成网红打卡点,使之在行业内脱颖而出。 在完成本次任务的过程中,你遇到了哪些困难和疑惑?你是怎么去解决的?将你在完成本次任务过程中的收获、困惑、反思及改进措施等记录下来吧! 收获: 困惑: 反思及改进措施:

任务四 直播运营

扫码看微课

[职场闯关记]

营营和销销通过短视频的运营取得了一定的成功,他俩决定趁热打铁,继续探索直播运营。公司也非常支持,决定以销销所在门店为试点,总公司全力配合,通过直播为餐饮企业进行推广。请你和他们一起尝试探索直播运营的新世界吧!

任务描述

直播在当前确实是一种热门且充满机遇的方式,特别是在餐饮行业,由于产品的特殊性和消费者的实际需求,越来越多餐饮企业纷纷加入直播大军,渴望分一杯羹。但要想在直播中顺利将直播流量转化变现,确实需要掌握一些关键的技巧和方法。本任务介绍了直播运营的作用,直播的具体流程,常见的直播方式等。

任务目标

(1) 了解直播运营对餐饮企业的作用。
(2) 能根据需要搭建直播团队,做好直播前的配货准备和运营准备。
(3) 能开展直播活动,设计有吸引力的开场和产品介绍,穿插互动活动等。

任务导入

某餐饮企业选择了一位具备亲和力、专业知识和良好口才的主播,对该主播进行了包括产品知识、烹饪技巧、直播技巧等多方面的培训,确保其在直播中能够准确、生动地传达产品信息,同时与观众建立良好的互动关系。

在直播过程中,主播通过烹饪演示、试吃体验等方式,充分展示了产品的口感、品质和特色。同时,主播还通过回答观众问题、发起互动游戏等方式,与观众进行了深入交流,提高了直播间的活跃度和观众的参与度。

该企业选择了知名度高、用户基数大的直播平台进行合作。这个平台具备完善的直播功能、强大的流量支持以及优质的用户体验,为企业直播带货提供了有力的保障。为了吸引更多消费者观看和购买,该企业制定了一系列优惠促销策略。例如,直播间限时折扣、满额赠品、观众互动抽奖等,有效激发了观众的购买欲望。此外,该企业还与电商平台合作,为直播间观众提供了专属优惠券和购买链接,方便观众直接下单购买。

在直播结束后,该企业进行了详细的直播效果评估。通过分析观看人数、互动次数、销售额等数据,评估了直播的吸引力和转化效果。此外,该企业还通过多种渠道收集观众对直播内容的反馈意见,包括直播间内的在线评论、社交媒体上的留言以及售后服务的电话回访等,以便对今后的直播活动进行改进和优化。

> 思考：请分析该餐饮企业直播间是怎样吸引大量消费者关注和购买的？你认可这种营销方式吗？

知识精讲

直播是一种非常有效的品牌曝光方式。通过直播，品牌可以直接与目标受众互动，展示产品特点、品牌文化和品牌理念。这种方式能够吸引更多用户的关注，提升品牌的知名度和影响力。

一、直播运营的作用

（一）提高线下门店的人气和销售额

餐饮企业可以通过直播促进销售额的提升，为线下门店引流。奈雪的茶做过一次生日季限定储值卡的直播，72小时就销售了1.9045亿，相当于奈雪的茶700家店近1周的销售额。

（二）加深消费者的品牌认知

通过在平台的不断曝光，增强消费者的"临场感"，餐饮企业可以通过直播展示企业文化、团队氛围、服务和产品等，以此来曝光品牌。

（三）有助于打消顾客对门店食品安全的顾虑

直播间的可视化与即时互动性，为餐饮企业提供了提升消费者信任感的有效途径。比如，兜约下饭菜创始人杨跃军，为了给消费者展示自家食品的安全性，就曾亲自开了一场直播。他假装自己是普通顾客，好奇地在后厨走动，镜头扫到哪里就检查和观察哪里，比如镜头扫到冰箱，就看里面菜品的储备情况；拍到大厨，就拍摄大厨掌厨的全过程。

二、直播前准备

（一）直播团队的搭建

餐饮直播带货越来越火爆，现在更多的是拼团队和供应链，因此，一支高效的直播团队尤为重要。一般来说，直播团队包含主播、场控和直播运营。

❶ **主播** 主播是直播间的主角，所有的幕后工作都需要由主播呈现出来。主播的主要职责是统筹全场、讲解产品、介绍活动、与粉丝互动。主播需要有控场能力。因为主播是直接连接产品、商家和消费者的窗口，所以主播最好在开播前对产品和活动有足够的了解，并且具备餐饮产品知识。

❷ **场控** 场控的主要职责为调试设备、设置软件、操作后台、监测数据、接收指令及传达指令。场控不仅要关注直播台前的指令，还要关注直播后台的数据，进行库存核对，以防产品超卖。场控还需要在直播中实时监控直播间留言，尤其注意是否有人发送对主播、品牌和产品不良的言论，及时控评，避免不良影响的蔓延和扩散。

❸ **直播运营** 直播运营相当于拍戏中导演的角色，负责统筹型的工作，可以说是直播间的负责人。主要负责整场直播的运营，包括活动策划、利益点、营销点、秒杀活动的设计，产品的组合销售等；还负责团队协作，其中包括外部协调，如封面图的拍摄、设计制图、产品抽样、奖品发放、与仓库部门协调等，还有内部协调，如协调直播人员、直播时间以及直播间出现的问题的调节等；最后是复盘，要根据部门人员配合的表现再加上消费者数据上的反馈，针对前期制订的方案和目标进行详细的数据复盘，给出一个合理的总结和建议。

一场优秀的直播运营并不是某一个人的功劳，而是一个团队的密切配合造就的。负责每个环节的工作人员都需要明确自己的任务和职责,并在必要时进行沟通和协调。一场直播实际落地还需餐饮企业根据自己的人员配备以及对直播的定位去合理分配资源和进行安排。大型连锁餐饮企业还可以配备助播、中控运营、视频运营、客服售后等人员,形成强大而专业的直播团队。

(二)直播前配货准备

直播前配货是确保直播顺利进行和满足观众需求的关键步骤。以下是一些关于直播前配货的建议。

❶ **确定商品种类与特点** 根据直播的主题和观众需求,选择合适的商品种类,并确保所选商品具有独特之处和优势,能够吸引观众的注意力。

❷ **分析库存量与补货计划** 对库存量进行深入分析,确保所选商品在直播期间有充足的库存供应。同时,根据销售预测和历史数据,制订合理的补货计划,避免直播过程中出现缺货情况。

❸ **制定价格策略与优惠** 结合市场行情、成本以及竞争对手的定价情况,为所选商品制定合理的价格策略。此外,为了吸引更多观众购买,可以考虑在直播中推出一些限时优惠或特价活动。

❹ **进行商品展示与布局规划** 设计商品在直播中的展示方式和布局,确保商品能够清晰、美观地展示给观众。可以运用图片、视频、实物展示等多种方式,提升观众的购买欲望。

❺ **与主播沟通推荐策略** 与主播进行深入沟通,了解其对商品的看法和推荐策略。根据主播的建议和直播风格,调整商品配货方案,确保商品能够在直播中得到有效的推广。

❻ **准备售后服务与保障措施** 在直播前准备好完善的售后服务与保障措施,如退换货政策、质量问题处理方案等。这可以增强观众的购买信心,提高直播的转化率。

总之,直播前配货需要综合考虑商品、库存、价格、展示和推荐等多个方面,以确保直播能够顺利进行和满足观众的需求。同时,与主播的沟通和合作也是配货成功的关键。

(三)直播前运营准备

直播前的运营准备是确保直播顺利进行并取得成功的关键步骤。以下是一些关于直播前运营准备事项的建议。

❶ **明确直播目标和定位** 确定直播的核心目的,如提升品牌知名度、推广新产品、提高销售额等。分析目标受众,明确直播内容的风格和调性,确保与受众喜好相匹配。

❷ **确定直播内容和流程** 策划直播内容,包括主题、互动环节、产品介绍等。设计直播流程,合理安排时间,确保直播内容紧凑且有趣。

❸ **选择直播平台和工具** 根据目标受众和直播需求选择合适的直播平台,如抖音、快手、淘宝直播等。准备必要的直播工具,如摄像头、麦克风、灯光设备等,确保直播质量。

❹ **进行设备和网络测试** 在直播前对设备进行调试,确保摄像头、麦克风等正常工作。检查网络连接,确保直播过程中网络稳定,避免出现卡顿或断线等问题。

❺ **推广和预热** 利用社交媒体、短视频平台等渠道进行直播预热,提前吸引观众注意力。发布直播预告,告知观众直播时间、内容等信息,激发观众兴趣。

❻ **准备直播素材** 准备产品图片、视频、文字介绍等素材,以便在直播中进行展示和介绍。设计直播背景、海报等视觉元素,提升直播观感。

❼ **组建直播团队** 根据直播规模组建合适的团队,包括主播、场控、直播运营等人员。对团队成员进行分工和培训,确保直播过程中能够高效协作。

❽ **制订应急预案** 预测可能出现的问题,如设备故障、网络问题等,并制订相应的解决方案。准备好备用设备和方案,确保在突发情况下能够迅速应对。

❾ **关注观众反馈** 在直播前收集观众对直播内容的意见和建议,以便进行改进和优化。在直播过程中关注观众反馈,及时调整直播策略和内容。

充分的直播前运营准备,可以提高直播的质量和效果,吸引更多观众参与并提升品牌形象。直播前运营准备的最终目标是确保直播运营流程像一个紧密的齿轮系统,每个环节都能协同工作,使直播活动顺利进行(图 7-6)。

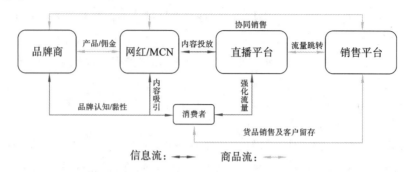

图 7-6 直播流程图示

注:MCN 是一种中介公司,它将网红联合在一起形成矩阵,上游对接优质内容,下游寻找推广平台变现。
MCN 的本质是内容的聚合和分发,并基于流量变现在产业链里扮演链接多边关系的角色。

三、开展直播活动

开直播容易,但要想通过直播来实现高转化很难,其中涉及的因素很多。接下来主要介绍直播运营过程中的几个关键环节。

(一)开场暖场

开场是直播活动的关键时刻之一。在这个阶段,需要进行一些开场暖场活动,如与观众进行互动、交流,并介绍直播的内容和活动,以此来吸引观众的注意力并留住他们。为此,需要通过适当的开场白、有趣的互动以及引人入胜的介绍,调动观众的情绪,告诉观众为什么要停留在直播间,直播间会给观众带来什么样的优惠等,留住观众,吸引新粉进入。下面介绍几种常见的开场设计。

❶ **直白介绍** 在直播开场时,直接告诉观众直播相关信息,包括主播自我介绍、主办公司简介、直播话题介绍、直播大约时长、本次直播流程等。一些吸引人的环节,如抽奖、彩蛋、发红包等也可在开场中提前介绍,促使观众留下来。

比如,开场白可以这样设计:"欢迎新进店的宝宝,这里是××直播间,我们是一家拥有 20 年历史专做剁椒鱼头的餐厅。如果您是第一次来长沙,强烈推荐您品尝我们的招牌菜——老坛剁椒鱼头,吃过之后您会爱上湘菜。今天,凡是在直播间下单的宝宝都可以享受 8 折优惠,同时我们还有抽奖活动,所有直播间下单的宝宝都有机会赢取精美礼品和优惠券。大家抓紧下单购买。"

❷ **提出问题** 开场提问是在一开始就制造参与感的好方法。一方面,开场提问可以引导观众思考与直播相关的问题,带动主播与观众之间的互动,使观众有一种参与感;另一方面,开场提问也可以让主播更快地了解本次直播观众的根本情况,如观众所处地区、爱好、对本次直播的期待等,便于在后续直播中随机应变。同时,主播还能通过观众对问题的反馈预测本次直播的效果。比如:"你知道口水鸡为什么被称为口水鸡吗?今天我们就来揭开这个谜底,让你了解更多有趣的湘菜文化。"

❸ **抛出数据** 主播可以将本次直播要素中的关键数据提炼出来,在开场时直接展示给观众,用数据说话。专业性较强的直播活动可以通过展示数据的方式来开场,增加直播的信服度。不过需要注意的是,直播开场的数据必须真实可靠。比如:"我们的老坛剁椒鱼头选用国家饮用水标准大湖泊生长的大雄鱼,采用五种老坛剁椒发酵而成,卖了 19 年,年销量超过 30 万份,是走进联合国的湘菜代表。"

❹ **故事开场** 相对于比较枯燥的介绍、分析,故事更容易让不同年龄段、不同教育层次的观众产生兴趣。我们从小就爱听故事,直播间的观众也不例外。通过一个开场故事,带观众进入直播所需场景,能更好地开展接下来的环节。

❺ **道具开场** 主播可以根据直播的主题和内容,借助道具来辅助开场。开场道具包括企业产

品、场景工具、吉祥物、热门卡通人物、旗帜和标语等。主播可以通过对道具的简单说明来进入主题。比如,可以说"今天我们要用这个特制的大锅来为大家现场制作老坛剁椒鱼头,让你们尝到最地道的湘菜风味"。

❻ **借助热点** 观看直播的观众,普遍对互联网上的热门事件和热门词汇有所了解。借助热门事件开场可以使主播快速融入观众,拉近与观众之间的心理距离。

(二)产品介绍

产品介绍是直播活动中重要的环节之一。在这个环节,需要针对观众的需求和痛点,突出产品的特点、用途和优势,以及观众为什么要购买产品。通过围绕痒点、痛点、卖点和爆点进行介绍,可以有效地激发观众的兴趣和购买欲望。此外,将产品介绍与其他环节穿插进行,也可以保持观众的兴趣度和参与度。

(三)穿插活动

为了保持观众的注意力和兴趣度,可以在直播过程中穿插一些互动活动,这些活动可以刺激观众的购买欲望,并提高他们的参与度。同时,这些活动也可以与产品介绍相结合,使直播内容更加丰富和有趣。主要活动类型如下。

❶ **弹幕互动** 弹幕互动是直播中常见的一种互动方式,包含观众与主播之间的互动、观众相互之间的评论。在餐饮企业直播间,可以让观众通过弹幕提出自己的问题、建议和意见,主播可以针对观众的问题进行解答和回复,增加与观众的互动。

❷ **剧情参与** 在直播间可以设置一些剧情,引导观众参与互动。比如,可以通过猜测菜品、参与比赛等方式,让观众积极参与互动,增加直播的趣味性和互动性。主播也可以邀请观众一起参与策划直播,增强观众的参与感。邀请观众参与剧情设计,一方面可以使观众充分发挥创意,令直播更有趣,另一方面可以让被采纳建议者获得足够的尊荣感。比如,肯德基首场直播发布会上,直接把马尔代夫"搬"进了直播间,沉浸式置景+露营风道具+手举牌的信息组合,漂流早餐+日光浴+沙滩萌宠的场景流程,不仅强化了马尔代夫与肯德基周日疯狂拼的直接关联,更让观众"玩性大发",自发参与互动。不少进直播间的观众忍不住评论追问"这是真的在马尔代夫直播吗?""除了周日疯狂拼,马尔代夫会有疯狂星期四吗?"

❸ **直播红包** 直播红包是直播中很受欢迎的一种互动方式。在直播间中,可以设置红包雨或者随机红包等,让观众在互动中有机会获得红包奖励,增加直播的互动性和趣味性。比如,大斌家在抖音生活服务直播首秀时,为了增加观众在直播间的停留时长,创意打造"同屏双城双场景"直播——长沙、南京双城连线,开启招牌菜"泡椒牛肉串串"吃播,多次与观众互动抽取福袋大礼。

❹ **发起任务** 在直播间中可以发起一些任务,让观众参与互动。可在直播间中设置参与互动领红包等任务,增加直播的趣味性和互动性。比如,主播通过点赞过万抽奖、定时颁发锦鲤奖、号召粉丝摇人进直播间助力等方式,提升直播间的活跃度。

(四)结尾预告

在直播结尾时,可以将销售前三或者直播间呼声最高的几个商品再次返场讲解,再次强调产品的特点和优势,可以有效提升直播间交易额。最后记得感谢陪到最后的直播间粉丝,不仅可以口头感谢,还可以设置一些专属福利等。同时,还可对下一次直播进行预告和宣传,引发观众的关注和期待。

总之,一个优秀的直播运营流程需要精心策划和准备。同时,不断地优化和完善直播运营流程也是必要的,因为观众的需求和喜好会随着时间和市场环境的变化而改变。只有不断学习和适应新的市场趋势,才能在竞争激烈的市场中立于不败之地。

四、餐饮企业常用的直播方式

(一)网红主播到店直播

网红主播有很多,有专业的娱乐主播、游戏主播等,餐饮企业应该选择什么样的网红主播?

第一,对于餐饮企业来说,首先应挑选与自身餐饮品牌相关的网红主播或者美食类的网红主播。

第二,餐饮具有地域性,所以需要寻找粉丝所在地域的网红主播,并进行锁定。

第三,关注某网红主播的群体是90后还是80后?是否符合品牌目标消费群体?

做到以上三点后,基本就可以找到比较精准的粉丝消费群,但目前直播界在餐饮垂直领域或与餐饮相关领域的网红主播相对比较少,大多数网红主播以泛娱乐为主,故其粉丝也较为分散。因此,餐饮企业可以根据品牌自身想传播的调性选择网红主播。

操作步骤:

(1) 挑选1~5位网红主播。

(2) 将餐厅环境特点、餐厅的主打菜品及特色、直播当天的优惠活动等内容,以书面(电子形式)资料交于网红主播熟读。

(3) 网红主播于直播活动前1~2天在自己的所有社交平台发布预热信息,宣传活动时间、活动福利以及直播地址。

(4) 活动当天网红主播们同桌直播就餐,将餐厅的主打菜品及特色用自己的语言表述出来。直播期间网红主播可随意在餐厅内走动,展示并介绍餐厅环境,娱乐性地采访餐厅厨师、服务员等。

(5) 就餐过程中,网红主播在某个特定时间点(由餐厅来定),开始向粉丝们发放福利(如粉丝必须添加公众号才能获得消费券等)。

(6) 在账号上设置关注回复话术,用优惠引导粉丝转发广告文章或图片,进一步扩大曝光量。

(7) 直播结束后,在餐饮行业自媒体及各个相关平台发稿,将此次餐饮+直播"塑造"成餐饮行业案例。视频也可以上传至优酷、腾讯等平台来扩大宣传。

(二) 创始人直播

很多餐饮企业老板已转变为餐饮品牌创始人,创始人也可尝试亲自直播,在打造餐饮品牌的同时,也可以提升个人关注度。

餐饮品牌创始人做直播在餐饮行业内的传播效果更好,很容易成为餐饮行业里的话题人物。

操作步骤:

(1) 选择直播内容:例如分享餐厅如何"从0到1"的创业历程(干货)。

(2) 预热:在现有的社群、公众号平台、员工的朋友圈等进行大量宣传预热,并说明直播当天的福利(有×××红包发放,有×××券发放)等。

(3) 自媒体预热:在餐饮行业自媒体公众号上发稿宣传预热。

(4) 开始直播:直播中与粉丝互动,直播过程中发放几轮红包/券,并引导粉丝转发直播链接扩大传播面。

(5) 直播结束:在餐饮行业自媒体公众号上发新闻稿,将此次直播"塑造"成餐饮行业案例。

(三) 员工直播

现在大多数餐厅的服务员是90后,而员工直播不仅能够满足一些90后员工爱秀爱玩的心态,直播打赏还可作为公司奖励员工的一个政策,让员工增加收入。

直播的内容可以是员工早操舞蹈、热情的服务、切菜技能比拼、颜值最高员工评选等。但员工直播把控不当,可能会闹出一些笑话,影响品牌形象,所以在没有很好的全员直播机制之前,可以先把员工直播权交由餐厅的中高层领导进行操作把控。

操作步骤:

(1) 餐厅中高层领导直播员工工作内容。

(2) 对一些员工的出色表现及时进行直播表扬并且采访当事员工。

(3) 直播员工会议、户外活动等。

(4) 偶尔直播一下员工下班后的生活等。

> 小试牛刀

通过对以上直播运营相关知识的介绍,你是不是对直播运营有了一定了解?接下来,请你帮助营营和销销一起深入了解一下他们想要入职企业的直播带货情况吧!

 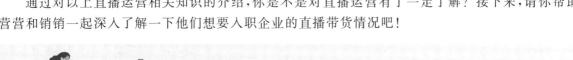

任务名称	餐饮企业直播流程设计
成果形式	餐饮企业直播流程设计展示PPT
成果要求	以精练的文字及图片形式展示内容,并由小组成员代表或集体分工合作进行汇报
完成路径	1. 小组成员分别查阅资料,分析和探讨当前餐饮直播的数据。 2. 小组选定一个餐饮企业直播间,分工合作了解该餐饮企业直播情况,思考该餐饮企业直播内容重心和直播流程设计,并对收集的资料进行总结分享。 3. 小组集体讨论结合当前直播情况,形成一致看法后分工完成展示PPT
探究与反馈	直播流程设计涉及多个方面,需要精心策划和准备。通过前期筹备、内容策划、技术设备准备、时间安排、宣传推广、过程管理和后期总结反馈等环节的协同配合,可以打造一场高质量的直播活动,提高企业的影响力。 在完成本次任务的过程中,你遇到了哪些困难和疑惑?你是怎么去解决的?将你在完成本次任务过程中的收获、困惑、反思及改进措施等记录下来吧! ☺ 收获: ☹ 困惑: 🤔 反思及改进措施:

实战演练

结合本项目所学,请你为学校附近的餐饮店铺做一个短视频推广计划,制订一个完整的直播设计方案,帮助店铺提高销售额。

闯关小结

本项目的闯关使营营和销销深入了解了如何进行短视频营销。结合餐厅实际情况,他们规划了短视频账号的定位,对短视频的选题内容、人设打造和吸睛点进行了精心设计,能策划优质的短视频并进行推广。为了提升营销活动效果,他们尝试对短视频达人策略进行探索,掌握了短视频平台的达人投放策略,并通过精心筛选达人,取得了良好的效果。在餐饮直播运营的探索中,他们互相配合,精心做好直播前的准备,设计了一场餐饮直播活动,开场、产品介绍、互动活动和结尾都非常顺利,让他们有强烈的成就感。营营和销销在这次闯关活动中不断锤炼自我,快速成长,获得了领导和同事的一致认可。接下来他们将携手共进,将这些宝贵的经验运用到后期的营销工作中,继续迎接更大的挑战。

项目八

外卖平台营销

项目引入

自2008年饿了么上线以来,中国外卖行业发展迅猛。互联网普及率的提升、消费者生活节奏加快,消费者对用餐便利性的需求不断增强,外卖市场进一步扩大。人们越来越依赖这种坐等美食上门的服务,享受"懒人经济"的福利。餐饮企业可以通过外卖平台打通线上和线下消费场景,线上实现交易闭环,线下通过即时配送完成交易履约,显著扩大了餐饮门店经营辐射半径。因此,餐饮企业要重视外卖业务的发展,通过外卖平台营销获得更好的盈利能力。2023年,国家信息中心发布的《中国餐饮业数字化发展报告》指出,外卖成为餐饮业发展的生力军,更是推动餐饮业数字化发展的主力军。外卖在数字化时代背景下对餐饮行业的促进作用越来越突出。

党的二十大报告指出"推动经济社会发展绿色化、低碳化是实现高质量发展的关键环节"。在重视外卖营销的同时,餐饮企业依赖外卖平台的数字化优势,基本实现外卖点餐全流程"适量点餐"提醒,强化餐品分量信息公示等,提供小份饭、小份菜等方式践行节约精神,引导顾客理性消费。通过提供绿色环保包装推进减塑工作,鼓励消费者减少一次性餐具的使用,参与"无需餐具"行动,推出外卖"碳"积分,践行可持续发展理念。本项目将走进外卖平台营销,帮助餐饮企业分析外卖平台用户需求,通过外卖平台精准营销满足目标顾客需求,有效促进外卖业务增长。

思维导图

学习目标

1. 理解外卖平台用户的需求,能绘制外卖用户画像。
2. 掌握外卖平台运营规则,能充分运用平台规则进行外卖店铺管理。
3. 能对外卖店铺进行优化设计,合理规划外卖菜单。
4. 能进行外卖平台流量运营,掌握进店率、下单率、复购率以及曝光量的提升方法。
5. 能搭建外卖评价管理体系,掌握提升外卖评价的策略。

任务一　分析外卖平台

[职场闯关记]

销销所在门店近期外卖平台业务表现一般,经理想要对外卖平台营销进行改进,希望销销前期先熟悉外卖平台,方便后期开展工作。营营刚好对外卖平台也很有兴趣,他俩便决定一起探索外卖平台营销。请你加入他们,一起探索外卖平台的新世界吧。

任务描述

据统计,2023年12月外卖人数已达到5.45亿,外卖的市场份额占比高,竞争也同样激烈。如何识别外卖平台用户需求,掌握外卖平台规则,成为餐饮外卖商户必须要重视的问题。本任务介绍了外卖平台用户需求识别和外卖平台运营规则。

任务目标

(1)了解外卖平台用户需求,构建外卖平台用户画像。
(2)熟悉外卖平台的基本功能及其对营销的影响。
(3)掌握外卖平台运营规则。

任务导入

随着互联网的普及和发展,外卖服务已经成为现代人生活中不可或缺的一部分。点外卖可以省去烹饪食物的时间和精力,同时外卖平台有各种各样的食品选择,可以满足人们多样化的需求。这样的特点,无论是对时间紧迫的上班族还是学生党来说都极具吸引力。堂食与外卖的双主场时代,让越来越多的餐饮企业对堂食与外卖进行差异化定位,探索精细化运营。

年轻人是外卖消费的主力军,他们爱时尚、重体验,所以更偏好品牌形象完整且美观的外卖。例如,海底捞以其美味的火锅与特色周到的服务而闻名,海底捞的外卖服务也保持了一贯的高品质和服务水准,备受消费者喜爱。企业在经营外卖平台时,首先应结合线下成本优化、立足商圈特性与门店实际情况来开发外卖业务。其次通过线上运营精细化,注重选品,以持续强化品牌势能。外卖讲究标准和速度,选品更应契合餐厅之外的到家用餐场景、办公用餐场景等。由于送餐距离和时间的影响,外卖更应注重产品的口味还原度、新鲜度。最后还应考虑后端供应链体系、产品研发体系的稳定可持续性,避免因为产品推新滞后、食品安全、就餐高峰期外卖爆单等问题导致用户体验下降。

思考:好的餐饮企业在外卖平台上拥有良好的口碑和用户基础,通过提供优质的产品和服务赢得了广大用户的认可。你认为餐饮企业该如何经营外卖平台呢?

知识精讲

外卖平台已经成为现代人们生活不可或缺的部分,它以移动互联网为基础,将信息流、物流、资金流等进行整合,是连接商家、用户、骑手的综合性网络服务平台。餐饮企业通过外卖平台打通了线上线下消费场景,扩大了业务范围。目前,外卖平台主要有饿了么、美团等。用户可以在外卖平台上浏览菜品、点餐、下单,支付成功后,由平台协调配送人员将产品送达用户指定的地址,餐后用户可对餐品、服务进行评价。外卖平台的存在防止了因店面拥挤而造成的客户流失,且订单统一及配送管理也为连锁快餐店降低了餐厅运营成本,提高了配送效率。

一、外卖平台用户需求识别

(一)外卖平台用户画像

❶ 用户群体特征 根据外卖平台数据显示,外卖平台用户群体主要有以下特征。

(1)年龄分布:外卖平台用户以16~35岁为主,主要集中在年轻人群体。该年龄段人群对新鲜事物的接受程度高,特别是学生和白领阶层。

(2)地域分布:一、二线城市的外卖平台用户占全网用户比例远高于三、四线城市。外卖平台用户广泛分布于大、中型城市,特别是生活节奏快的地区。经济发达地区的互联网发展较为迅猛,人们对互联网餐饮的接受度也更高。同时,较高的工作压力和生活压力也促使人们使用外卖解决就餐问题,节约就餐时间。

(3)性别比例:外卖平台用户中女性用户略多于男性。

❷ 用户消费习惯

(1)订餐频率:大部分用户的订餐频率为2~3次/周,主要集中在午餐和晚餐时段。

(2)偏好选择:用户在选择外卖时,更倾向于选择口味好、价格适中、评价高的餐厅。

(3)支付方式:大部分用户在外卖平台使用移动支付方式,如支付宝、微信支付等。

❸ 用户需求痛点

(1)配送速度:配送速度是用户选择外卖服务的重要考虑因素。用户在外卖点单时对配送速度要求较高,尤其是工作繁忙的用户。

(2)食品安全健康:用户对食品安全问题非常关注,希望餐厅有良好的卫生条件和食品安全保障,希望能吃到健康、营养的外卖餐品。

(3)价格合理:用户对价格是较为敏感的,价格和优惠活动对用户的消费决策有一定的影响。用户希望外卖价格合理,且能保证食品质量。

(4)服务质量:用户对外卖平台的服务质量要求较高,主要包括订单的准确性、平台的易用性、客服的快速响应、投诉处理的及时性等。配送员的服务态度和职业素养也是用户关注的重要因素。

(二)外卖平台用户需求分析

外卖餐品是为了满足用户对于"吃"的需求,围绕这个主题,可以细分为生理需求、功能需求和情感需求。

❶ 生理需求 饱腹是用户的最基本需求,而吃得过瘾、吃得舒服则是追求品质的用户更关注的。除了为主食、套餐设置合理的分量外,商家还应通过菜品图片、菜品名称、菜品描述、备注等进行有效引导。对于一些特殊品类,如汤类、地方小吃类,由于相对分量较少,可与主食等品类搭配销售。

❷ 功能需求 创造一个能够打动用户的"卖点"至关重要。特殊用户群体,如养生、减肥、健身、美容的人群,会对外卖产品提出特定的功能需求,这部分用户更加看重产品的功能性而非口味。因

此,减脂餐、健身餐等产品应该更加强调其专业性,为用户提供专业且具有参考价值的餐品。例如,将餐品划分为减脂餐和增肌餐,并备注其规格、营养成分含量;美容餐和养生餐则可突出食材和功效。从图 8-1 的轻食餐店铺菜单截图可看出,所有菜品都满足"健康低脂"的需求。第一,菜品烹饪采用低油、低盐、低温处理方式,健康餐的主要受众人群——健身爱好者、减重期人群都讲究吃得"干净",像高温炒菜、油炸食品、多糖、多复合调料烹饪的菜品则无法满足这类用户的基本需求。第二,店铺提供的营养配比清楚明了,优质碳水化合物、蛋白质、青菜等元素在店铺商品信息里明确展示。

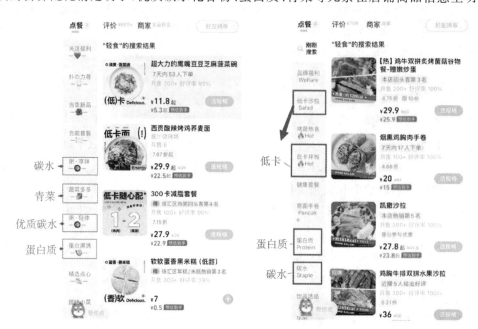

图 8-1 轻食餐店铺菜单截图

❸ **情感需求** 主要体现为外卖平台用户在社交、感情、仪式等方面的需求。外卖用餐根据不同的用餐场景可分为多种类型,如工作餐、加班餐、家庭餐、聚会餐、休闲餐等,不同场合下用户注重的方面也会有所差异。对于工作餐,很多商务白领在选购时会注重品牌、品质等因素,因为在公司用餐时,选择的餐品也在塑造着他们的形象;对于加班餐,用户更考虑便捷性;聚会餐、家庭餐要兼顾不同人的口味,偏重于营造氛围感。商家应根据主打菜品特点和用户不同的用餐场景设置菜品,并在菜品命名上做出相应区分,必要时对用户进行引导。

外卖餐品有时还发挥着表达感情的作用。例如,图 8-2 中的 520 套餐通过菜品的搭配组合与菜品名称来综合体现氛围感。在特殊的节日、节气,用户可能需要一些仪式感,如图 8-3 所示的端午节某店铺截图,展现了浓厚的节日仪式感。商家可通过在特殊节日推出新品或赠送小零食来表达祝福,打动用户。某些特殊菜类(如泰国菜),用餐时需要用户自行添加多种料包,也会给用户带来仪式感。

外卖的场景案例非常广泛,用户需求复杂多样,涉及因素较多,所以不同场景下的用户需求也不一样。通过对目标用户进行分析,产品的主要使用场景包括点餐、支付、配送、送餐、评价这五种。通过分析用户需求,并结合 KANO 模型,可将用户需求分为三个层级:基本需求、期望需求、兴奋需求(图 8-4)。

用户对外卖平台的基本需求体现在在线点餐、在线支付、及时配送、菜品干净卫生、餐后评价等方面。期望需求体现在分类筛选、快捷支付、配送状态查看、评价奖励等方面,这些需求满足后可以极大提高用户的满意度,提高用户黏性。兴奋需求主要体现在菜品推荐、支付方式多样、隐私保护等高层次需求方面,这些需求可以进一步提高老用户对产品的依赖性,使其养成或保持在外卖平台点餐的习惯,这些需求被满足后有助于实现一般用户到核心用户的转变。

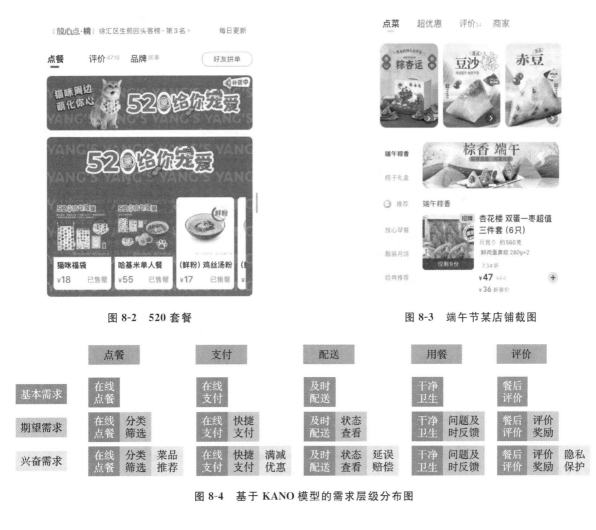

图 8-2　520 套餐　　　　　　　　　图 8-3　端午节某店铺截图

图 8-4　基于 KANO 模型的需求层级分布图

二、外卖平台运营规则

（一）外卖平台功能介绍

饿了么、美团外卖平台的每个页面都采用标签导航,分布均匀,功能清晰,便于用户快捷切换界面。首页展示的设计允许用户通过向下拉操作端,源源不断地加载更多信息,这种设计既高效又具有吸引力。用户因此能在短时间内获取更多信息,进一步激发了用户的探索欲望。购买流程:选择商家—进入商家页面—选择商品—确认下单—完成付款。在首页界面上方,展示横幅广告;广告下方则采用宫格导航,对外卖类型进行分类,便于用户根据根本需求进行搜索与筛选。

外卖平台商家版通常提供丰富的功能,旨在帮助商家更高效地管理和运营外卖业务。常见的功能包括以下几种。

❶ **商家首页**　商家首页是商家管理外卖业务的核心区域,通常会展示订单概况、经营数据、经营任务以及其他重要信息。

（1）实时订单:展示今日预约订单、到期预约订单、异常配送、催单、退款、货损赔付等订单状态,帮助商家实时跟踪订单进展。

（2）经营数据:提供今日销售总额、今日有效订单量、昨日同商圈排名、昨日成交顾客数、昨日老顾客占比等数据,帮助商家了解店铺经营状况。

（3）经营任务:包括新手任务和日常经营任务,如商品异常处理、商家奖惩处理、店铺异常处理等,确保店铺日常运营顺畅。

（4）重要信息：平台会向商家推送须知内容，确保商家及时了解平台动态和政策更新。

❷ 订单管理　商家可以在此查看所有订单详情，包括订单状态、顾客信息、配送信息等，便于商家及时处理订单和跟进售后服务。

❸ 商品管理　商家可以管理店铺内的商品信息，包括新建商品、商品分类管理、商品图片上传、商品上下架、商品命名等。

❹ 营销活动　商家可以设置店铺活动，如满减活动、特价商品等，以提升店铺曝光度和订单量。同时，商家还可以参加平台发起的流量活动，获得更多曝光机会。

❺ 顾客管理　商家可以查看顾客评价，进行顾客分析，构建顾客画像，并开展精准营销活动，提升顾客满意度和复购率。

❻ 财务管理　商家可以查看订单收入、财务对账等信息，便于了解店铺的盈利状况。

❼ 数据分析　平台提供数据中心功能，帮助商家分析销售数据、顾客行为等，为商家提供决策支持（图8-5）。

图8-5　饿了么、美团商家版界面展示

（二）外卖平台排名规则

❶ 基础指标

（1）近期交易额：近期交易额（月销量）越高，排名越靠前。这里需要注意的是，交易额是由订单量和客单价共同决定的。有些商家做活动后订单量上升，但客单价下降，导致整体交易额没有变化，排名自然也得不到提升。客单价指的是餐品原价，而不是用户实际支付的价格。对于先提价再做满减活动的商家来说，这可能会造成店铺交易额虚高。

（2）店铺转化率：转化率分为进店转化率和下单转化率。进店转化率是指用户点击次数/曝光次数或用户点击人数/曝光人数。下单转化率：①美团：订单成交量/用户点击次数或订单成交用户数/点击用户数。②饿了么：销售额/曝光次数。评价、销量、菜单设计、菜品图片都会影响店铺转化率。

(3)活动力度:活动形式多样、优惠活动力度大的商家会得到更高的排名加分,从而排名靠前;另外,优惠活动带来的订单量和销售额提升,也会促进排名提升。商家优惠活动力度越大,则排名加分越多;活动门槛越低,排名加分也越多。参与活动的数量也会决定排名的先后。

(4)店铺评价和收藏人数:两个商家在相同订单量的情况下,评分高、好评多的商家排名会比另一商家要高。另外,收藏人数也是影响排名的因素之一。商家可以通过附赠小卡片等方式争取每一个五星好评,同时把投诉、售后的微信或联系方式放到店铺显眼的位置,让用户在有给差评的想法之前先联系商家,商家进行积极处理以降低差评率。

(5)起送价:起送价低的商家,排名靠前的可能性会更高。提高起送价是一个非常不明智的决定,因为这不仅影响店铺转化率,还会直接影响排名。

❷ 加分因素

(1)新店加权:新商家会有一周的排名保护期。因此,商家在开启一周排名之前,应确保所有准备工作就绪(店铺菜品齐全、图片精美、活动上线),以免排名开启后店铺转化率低,导致一周后排名下降。

(2)是否为品牌店:外卖平台对品牌连锁商家有较大的流量扶持倾斜,可以说是自带流量,所以有条件的商家一定要争取获得品牌标识。

(3)平台配送:配送范围近的商家,排名会提前。参与平台配送的商家在相应平台都会得到一定的排名加权,但目前在大多数商家都使用平台配送的情况下,加分权重不大。

❸ 减分因素

(1)差评率:一个差评的减分影响远远大于一个好评的加分。因此,评价管理、及时回复差评等非常重要,会直接影响用户的下单率。

(2)非异率:非异率是"非顾客原因异常订单率"的简称,也就是由非顾客原因导致的异常订单数量占总订单量的比值。如果一个店铺的非异率过高,平台会自动判定店铺服务质量存在问题,从而对商家排名产生较大的负面影响。这通常是新手商家容易犯的错误,应避免高峰时期的漏单、错单、拒单或出餐超时等情况。

除此以外,刷单等平台不支持的行为也是影响排名的重要因素。

(三)外卖平台评分规则

外卖平台的评分系统是评价商家综合表现的量化指标,通常包括商品评分、服务评分、配送评分等多个维度,旨在为用户提供全面、客观的商家信息,帮助他们做出更好的消费决策。

计算公式:新版店铺评分=30天内满意度评分均值×50%+30天内味道评分均值×30%+30天内包装评分均值×20%。所谓的满意度评分就是用户对商户店铺点餐的整体满意度进行打分(图8-6),味道评分是用户对商户店铺餐品的味道进行打分,包装评分则是用户对商户店铺餐品包装进行打分。

店铺评分是影响商家整个经营链路各个环节的重要指标之一,评分会对商家的自然排名、曝光率、搜索流量等产生加权或降权的影响。商家可以通过以下两种方法提升店铺评分。

❶ 关注口味和包装　店铺评分由满意度、味道、包装三个因子分数构成。根据饿了么大数据显示,用户对餐饮各行业的关注点有所不同。首先是口味,如对于中式菜系或小吃烧烤,用户一般会担心是否太油、太咸,以及是否安全卫生等;而对于甜品饮料,用户则更关注是否太甜或太淡。此外,在包装方面,根据不同食物的种类和季节,采用差异化的包装袋,并在包装细节上下功夫,也可以提高店铺的辨识度和记忆点。

❷ 评价有礼　平台支持商家配置评价有礼活动以进行邀评(图8-7)。用户在提交满足商家设置的活动要求的评价后,可以获得活动设置的商品券、配送券等权益。进入路径是管理页—点击"顾客评价"—点击"评价有礼"。

图 8-6　外卖平台商家评分展示

图 8-7　外卖平台设置评价有礼的路径

小试牛刀

通过以上对外卖平台经营模式相关知识的介绍，你是否对外卖平台的营销手段有了一定的了解？接下来，请你帮助营营和销销，通过具体的餐饮企业外卖平台 APP，深入了解外卖平台的情况吧！

知识小测

任务闯关卡

任务名称　分析餐饮企业外卖平台

成果形式　餐饮企业外卖平台分析汇报

成果要求　PPT 要求：包括对餐饮企业外卖平台现状的分析，涵盖评分、主要产品、常用营销活动等，同时指出存在的问题并提出优化建议。展示内容应以精练的文字、精美的图片、视频等资料呈现，由小组成员代表或集体进行汇报展示

完成路径

1. 小组成员分别查阅资料，分析和探讨当前餐饮企业外卖平台的现状和趋势。
2. 小组选定一个连锁型餐饮企业，分工合作收集该餐饮企业在外卖平台上的信息，了解该餐饮企业在外卖平台上的整体评分和主要营销策略。
3. 小组集体讨论该餐饮企业在外卖平台的营销重点、采取的主要方式、未来营销建议等，形成一致看法后分工完成展示 PPT

探究与反馈

外卖与堂食之间存在本质的区别，餐饮企业需要根据外卖平台用户的需求来开展营销。大家可以通过和同学、学长学姐、企业导师、老师等进行多方交流，以碰撞出不一样的观点。

在完成本次任务的过程中，你遇到了哪些困难和疑惑？你是怎么去解决的？将你在完成本次任务过程中的收获、困惑、反思及改进措施等记录下来吧！

☺ 收获：

☹ 困惑：

❓ 反思及改进措施：

任务二 外卖平台店铺运营

扫码看微课

[职场闯关记]

销销在利用所谓的"流量密码"经营外卖平台一段时间后,发现点餐的用户总是固定的几位。于是,他和营营一起探讨了导致订单量陷入瓶颈的原因。为了吸引更多顾客进店并提高下单率,让我们一起探索有效的营销策略吧!

任务描述

餐饮企业在开通线上外卖服务后,需要根据自身特色和目标消费群体,在外卖平台上开展个性化的店铺运营,否则难以提升营业额。本任务介绍了外卖平台店铺展示的优化方式,外卖菜单的设计方法等内容。

任务目标

(1)能够通过设计店铺名称、图片,对外卖平台店铺展示进行优化。
(2)能够选出符合外卖需求的产品,并设计结构清晰的外卖菜单。
(3)能够撰写外卖推广文案。
(4)熟悉外卖平台流量运营的方式,能够提出提升用户体验的措施。

任务导入

外卖平台要吸引顾客进店,需要综合运用多种策略。例如,美团外卖与其他品牌和机构合作,共同推广外卖服务,如与电影院合作推出观影套餐,与健身房合作推出健身减脂轻食餐等;饿了么平台联合咪咕音乐推出了深夜美食电台,邀请美食领域的网红作为推荐官,通过声音与美食故事、食物ASMR(自发性知觉经络反应,指的是人体通过视、听、触、嗅等感知上的刺激,在颅内、头皮、背部或身体其他部位产生的令人愉悦的独特刺激感)的结合,刺激顾客的食欲。这些创新举措不仅增强了用户黏性,还通过社交平台宣传,成功吸引了大量潜在顾客进入平台。

思考:作为一家餐厅,吸引顾客到店就餐是非常重要的。我们应该如何将营销思维应用到外卖平台,从而吸引顾客进店下单?

知识精讲

在当前的餐饮行业中,外卖平台已成为连接商家与消费者的重要桥梁。外卖平台不仅为消费者提供了便捷的点餐方式,也为商家提供了更广阔的市场空间。进行正确的外卖平台店铺运营,从而提升营业额,是商家需要重点关注的问题。

一、外卖平台店铺展示

（一）店铺名称设计

一个好的店铺名称，不仅能够让人过目不忘，还能够提升顾客的食欲，提高店铺知名度。为了让店铺名称在第一时间吸引顾客的注意力，让更多的顾客愿意进店消费，取名时应遵循以下四大原则。

❶ **反映属性**　所谓属性，就是明确显示店铺的主营类别。例如，"张哥麻辣香锅"，当顾客看到店铺名称时，就能知道店铺的主营产品是什么，是否能满足其基本需求。

❷ **热搜词语**　店铺名称是店铺的无形资产，是店铺众多传播要素中最重要的一环。如果店铺名称起得好，还能够提高店铺被搜索到的概率。平台经常会发布一些热搜词语，如"黄焖鸡""麻辣烫""小龙虾"等，这些词语往往自带"光环"，是重要的流量入口之一。

❸ **规范简洁**　"店铺名称＋（××店）"，是线下连锁店铺常用的取名方式之一（图8-8）。连锁店铺往往拥有较强的品牌背书，更容易获得顾客信任。

图8-8　某外卖连锁店铺名称

❹ **简化店铺名称**　为了方便顾客记忆，外卖店铺名称一般不宜过长，三至五个字为佳。一些带有吉祥寓意的店铺名称，也更容易激发顾客的好感，如"快乐柠檬""吉祥馄饨"等（图8-9）。

需要注意的是，一个好的外卖店铺名称只是吸引顾客的第一步。要想让顾客真正进店并持续光顾，还需要确保菜品质量、服务质量等都达到顾客的期望。同时，店铺名称也需要随着市场和顾客需求的变化而进行调整和优化，以保持竞争力和吸引力。

（二）店铺图片设计

提升外卖店铺信息图片的质量是吸引顾客进店的关键步骤之一。高质量的图片能够直观展示店铺的特色和菜品，增加顾客的购买欲望。对于品牌影响力较弱的商家，需要在店铺信息上多下功夫。在完善商家基本信息后，应提供高质量的图片，如果拍摄水平有限，则应保证图片的数量，门头、海报、门店环境、菜品等图片均可使用。完善的图文信息能起到增加可信度的效果。

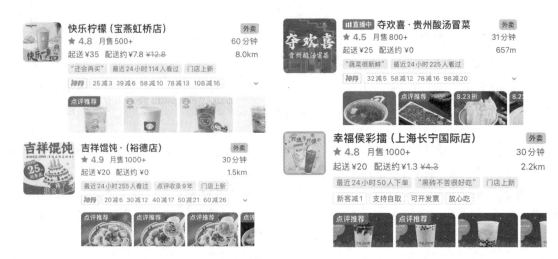

图 8-9　带有吉祥寓意的店铺名称

❶ **店铺海报**　海报处于店铺页面正中最显眼的位置，不仅能够起到有效的宣传作用，还可以通过点击与另一个页面相关联，为店铺的相关活动提供快捷入口（图 8-10）。通常来说，店铺海报可以分为以下两个类型。

（1）品牌文化宣传海报：这种类型的海报主要针对有品牌历史文化的店铺，海报内容以宣传品牌历史或产品工艺为导向，从而吸引用户的注意力，增强用户黏性。

（2）主题活动宣传海报：以突出店铺折扣商品、店铺新品上市、进店领券等为主题的营销类活动海报，通过活动方式吸引进店用户的注意，进而提高其下单意愿。

图 8-10　店铺海报展示

❷ **菜品图片**　好的菜品图片可有效激发用户食欲，从而提高下单转化率。要想获得优质的菜品图片，应遵循以下三个要求。

(1) 要选择明亮、柔和的自然光,推荐在有纱窗的窗边进行拍摄,尽量避免在暗光环境下使用闪光灯(图 8-11)。

图 8-11　菜品图片光线选择的正确示例和错误示例

(2) 可使用浅色的餐具搭配深色的背景,以凸显食物的光泽(图 8-12)。

图 8-12　菜品图片颜色搭配的正确示例和错误示例

(3) 尽量模仿吃饭时看到食物的角度,俯视图更考验摆盘和拍摄技巧(图 8-13)。

图 8-13　菜品图片角度选择的正确示例和错误示例

❸ **环境图片**　刚开业的餐厅由于缺乏品牌影响力,需要在店铺环境方面集中发力,完善品牌故事,提供包括店铺信息(店铺门店照片、后厨照片、店铺电话、店铺地址)、品牌信息、点单信息等在内的相关信息(图 8-14)。整洁的餐厅图和后厨图等(图 8-15)可快速赢得用户的信任。如果可以,补充厨师、服务员的图片或视频,会让用户更有亲切感。

二、外卖平台菜单设计

外卖平台菜单的设计主要包括菜品的选品、数量、分类、排序。菜单就像人的骨架一样,支撑着整个店铺的运作脉络。

图 8-14　某外卖店铺的信息

图 8-15　某外卖店铺的餐厅图和后厨图

（一）菜单设计的重要性

❶ **降低顾客下单的难度**　绝大多数外卖用户都希望节省点单时间，设计良好的菜单结构，能够方便用户快速便捷地下单，避免出现选择困难的情况。

❷ **提升店铺主推菜品的销量**　菜单不仅是一个点餐工具，更是一个能够潜移默化地引导用户的营销工具。因此，良好的菜单结构能够通过引导用户行为，提升店铺主推菜品的销量，方便店铺打造爆款产品。

❸ **强化用户对店铺的认知**　由于外卖平台大多是用户自主下单，没有服务员的引导，因此菜单成为提供店铺信息的主要渠道。良好的菜单结构可以为用户提供更多的重要信息，强化用户对店铺的认识。

（二）外卖菜单设计方法

❶ **菜单精简，聚焦主营品类**　一个好的外卖菜单应该是简洁的，并聚焦于主营品类，这样能让店铺看起来更专业、更有"匠心"，同时也能让用户在点单时更加迅速和方便。

❷ **有逻辑性，符合顾客点餐思维** 菜单应遵循从主到次的逻辑思维进行排序，经典的排序方式一般为：主菜＋小吃＋主食＋汤品＋饮料＋店铺信息。这包括：①采用"从大到小"的原理；②应用"同类而聚"的原则；③保持菜品分类维度的统一；④抓住用户的注意力，突出重点菜品；⑤"热卖""老板推荐"区域适合主推招牌菜；⑥"折扣区"适合主推热卖菜品和新品菜品。

❸ **在菜单中有意识地突出重点菜品** 在菜单中应重点凸显"热卖菜品""新品""招牌菜"，将用户有限的注意力集中于一点。这样不仅方便他们做出选择，还能提高下单转化率（图8-16）。

❹ **在折扣区展示不同的打折菜品** 折扣区可以展示两种不同的打折菜品：第一种是标记黄色的招牌热卖菜品，第二种是标记绿色的新品菜品。店铺也可以根据顾客餐饮消费习惯推出有价格优势的套餐。热卖菜品除了考虑利润以外，还需要保持稳定的品质。

图8-16 某外卖店铺菜单结构

（三）菜单结构设计模板

❶ **分类式** 菜品结构排序技巧：热卖菜品＋打折菜品＋招牌菜＋A品类＋B品类＋C品类＋小吃＋饮料＋店铺信息。适合餐馆类型：传统的"大而全"餐馆。分类式的结构一般多用于传统餐馆的外卖菜单。传统餐馆一般没有主打品类，菜式"大而全"（图8-17）。最合理的排列方法是把所有菜品按照大品类划分，同时将店内招牌菜放在最前端。招牌菜是一家店的特色与主打产品，放在最前端能有效吸引顾客，后续也更有可能发展回头客。

❷ **总分式** 菜单结构排序技巧：热卖菜品＋打折菜品＋套餐＋单品＋小吃＋饮料＋店铺信息。适合餐馆类型：单品类餐馆。总分式菜单结构适用于聚焦单一品类的快餐店。所谓的"总"是指套餐，"分"是指套餐中拆开售卖的单品，因为顺序是先套餐后单品，故称之为"总分式"（图8-18）。为了降低顾客点餐的难度，也为了提高客单价，很多注重外卖的快餐店专门研发了套餐。套餐经常同时占据热卖栏、折扣栏和专属的套餐栏，这种设置的主要目的是提高套餐的销量。对于不想选择套餐的用户，套餐下还有单品选项，用户需求也能被满足。

❸ **定制式** 菜单结构排序技巧：热卖菜品＋打折菜品＋点餐信息＋口味＋套餐＋单品＋加料＋饮料＋店铺信息。某种菜单的点单过程较为复杂，需要指导用户下单，这样的菜单结构被称为"定制式"（图8-19）。这种方式适合菜品定制型店铺，如主营冒菜、麻辣烫、麻辣香锅、黄焖鸡米饭等的店铺。

❹ **极简式** 菜单结构排序技巧：热卖菜品＋打折菜品＋满减专区＋主食＋饮料＋店铺信息。以打折菜品为主打产品的菜单结构称为"极简式"（图8-20）。这种菜单结构适用于以打折菜品为主推的快餐店。由于整家店铺几乎所有的菜品都设置为打折菜品，菜单内容几乎只在折扣栏和热卖栏上呈现，所以也无需更多的细分版块。为了方便想凑满减的顾客，商家可以在菜单中设置"满减专区"版块，以方便顾客操作。

❺ **场景式** 菜单结构排序技巧：热卖菜品＋打折菜品＋A场景＋B场景＋C场景＋饮品＋店铺信息。适合餐馆类型：主打套餐的商圈店（图8-21）。

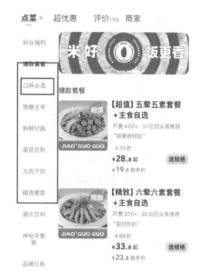

图 8-17　分类式菜单结构　　　图 8-18　总分式菜单结构　　　图 8-19　定制式菜单结构

图 8-20　极简式菜单结构　　　　　图 8-21　场景式菜单结构

以上就是菜单结构中的菜品排序技巧。菜单是用户与商家沟通的媒介，好的消费体验将创造出好的营收。一份优秀的菜单能够体现店铺的特色和经营理念，是一种无声的营销手段，不仅能够提高用户的消费体验，也是吸引顾客进店消费的最直接方式。

三、外卖产品文案撰写

（一）突出产品人气

人们普遍存在从众心理，即认为既然众多消费者已选择购买该商品或服务，那么该商品或服务的品质应有所保障。基于这一心理，外卖商家可将某一菜品塑造为畅销产品，以此作为刺激消费者下单的有效手段。例如，通过直接标注"热销×××万单""用心做虾××年"的醒目信息，来彰显某道菜品的受欢迎程度，进而吸引消费者的兴趣与购买欲望。

（二）突出产品特色

❶ **强调烹饪工艺与条件**　使用"精心烹饪 4 小时""额外增加 10% 的分量"等表述，成功营造出

即时烹饪与分量充足的消费氛围。

❷ **食材分量的直观展示**　"原汁萃取"的文案搭配直观的图片,有效传达了食材的真实性与完整性,给予用户物有所值的感受。

❸ **食材品质的高端定位**　通过"活鱼现制""宁夏滩羊"的承诺,不仅凸显了鱼肉的绝对新鲜和羊肉的原产地,还辅以"外卖亦不妥协"的宣言,旨在消除用户对于外卖品质可能低于堂食的顾虑,强调即便是外卖服务,食材与店内直接点餐的食材品质毫无二致。

值得注意的是,商家需要意识到,某些看似日常的操作或标准,在顾客眼中可能并不明确。例如,若商家一贯使用活鱼烹饪,但初次光顾的用户可能并不知晓,因此需通过适当方式提醒用户,以增强其对商家的信任感。

此外,对于同时提供堂食与外卖服务的商家而言,两者食材的一致性虽为行业常识,但鉴于顾客可能因外卖优惠活动而对品质产生疑虑,商家有必要明确告知顾客,无论是堂食还是外卖,食材标准均保持一致,仅在分量上有所调整,从而消除顾客的潜在误解,确保顾客体验的一致性与满意度。

（三）突出产品体验

推荐菜品最直接且有效的方式莫过于亲自品尝并分享感受。然而,面对距离问题,如何能让用户仿佛亲临其境地品尝这份美味?关键在于商家需要成为传递者,将自身的视觉、嗅觉、听觉、味觉体验,乃至整体的情感与欲望,转化为用户能够感知的信息流,使用户沉醉于这丰富多维的感官盛宴之中。在此过程中,应避免空洞无物的辞藻堆砌,而应侧重于对食物体验细节的深刻挖掘与立体描绘,以精准的语言构建出令人身临其境的感官场景。

视觉:"超大的鱿鱼"VS"比脸还大的鱿鱼"。

味觉:"鲜香美味,意犹未尽"VS"味蕾上的饕餮盛宴"。

触觉:"口感酥脆"VS"边吃边用手接酥皮"。

嗅觉:"香气扑鼻"VS"馥郁的香气令人垂涎欲滴"。

感觉:"一杯下肚,身心舒畅"VS"一口入魂"。

四、外卖平台流量运营

（一）利用平台展位推广

展位推广在外卖平台营销中扮演着至关重要的角色,它不仅能够帮助商家提升品牌曝光度,还能直接促进销售额和订单量的增长。展位推广主要有以下几种方式。

❶ **点金推广**　外卖平台中的点金推广是一种按点击收费(cost per click,CPC)的推广方式。其特点是只有当广告被用户点击时才产生费用,这有助于过滤掉无效显示,使得订单转化情况相对好预判。在使用点金推广时,商家可以选择在特定时间段进行推广,例如在订单高峰期后半小时开始推广,将推广效果最大化。外卖点金推广是一种有效的营销方式,可以帮助商家提高外卖服务的在线可见度和吸引力,从而增加订单量。

❷ **铂金展位**　外卖平台中的铂金展位是一种超大型广告位,主要以图片和单品曝光的形式展示在首页中部或商家列表上方。这种展位形式智能且多样,可以展示店铺LOGO、活动以及菜品图,非常适合品牌店铺进行强力曝光。外卖平台的铂金展位是一种有效的品牌推广工具,可以帮助商家提高品牌曝光度、增加用户互动以及提高订单转化率。

❸ **一站式推广**　外卖平台一站式推广旨在帮助商家一次性打包买入全站优质流量,从而满足大规模推广的需求,提升广告曝光效果。一站式推广的特点在于其广告覆盖面广,并支持多种广告形式,如品牌定向、效果投放等,这使得商家可以根据不同的推广需求进行定制,以实现更好的广告效果和提高品牌曝光度。

❹ **超级流量卡**　外卖平台的超级流量卡是平台提供的一种推广工具,旨在帮助商家提升曝光

量和订单量。购买超级流量卡后,商家的店铺或特定菜品会在平台的推荐位置或置顶位置获得额外的曝光机会(图8-22)。

图8-22 展位推广商家界面

值得注意的是,以上几种方式通常只能作为商家推广的补充手段,而不能完全依赖它们来提升订单量。商家还需要通过提升服务质量、优化菜品口感等方式来吸引和留住顾客。

(二)提升平台流量数据

外卖平台运营过程中的流量数据主要表现为"三率一量",分别为进店率、下单率、复购率以及曝光量。

❶ 流量数据的定义

(1)进店率:用户在看到店铺后选择进入店铺的比率。

具体计算公式为:$进店率 = \dfrac{进店人数}{曝光量} \times 100\%$

(2)下单率:用户在浏览店铺后将商品加入购物车并支付的比率。

具体计算公式为:$下单率 = \dfrac{下单人数}{访问人数} \times 100\%$

(3)复购率:基于用户对某一产品的重复购买次数计算出来的比率。

具体计算公式为:$复购率 = \dfrac{重复购买用户数}{总用户数} \times 100\%$

(4)曝光量:一段时间内产品信息被用户看到的次数。

❷ 提升各流量数据的方法

(1)提升进店率的方法。

①醒目的设计:店铺LOGO的颜色和辨识度应给用户带来视觉冲击和记忆点。店铺LOGO和图片必须足够直观醒目,具备易识别、可读性强、原创的特点(图8-23)。

②配送的政策:从配送角度来看,主要分为配送方式、配送时间、配送距离。配送方式由商家自行选择,配送时间是由系统通过算法预估出的外卖送达用户所需要的时间,配送距离是店铺与用户定位间的骑行距离。从用户角度出发,起送价越低,越能起到吸引用户进店的效果;从平台角度看,起送价越低,店铺的排名越高。常规起送价标准为15~20元,而对于高客单价或夜宵品类的商家,则可以适当提高起送价。此外,配送费越低,越能够吸引上班族、学生党下单,从而提升访问率(图8-24)。

③热销产品信息:热销产品通常指市场需求旺盛且品质优良的产品,因此能吸引更多用户关注和点击。在店铺首页或产品列表页,通过醒目的标题、图片和推荐语来突出展示热销产品,可以让用户快速了解店铺的热门商品,并增加其点击进入店铺或购买产品的意愿(图8-25)。

项目八　外卖平台营销

图 8-23　外卖店铺 LOGO 示例

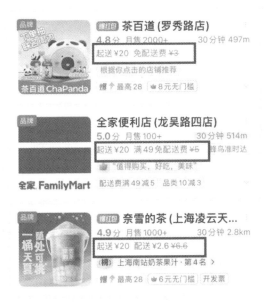

图 8-24　外卖配送情况示例

图 8-25　外卖店铺热销产品示例

④活动的设置：活动设置和活动力度是引导用户下单的方式之一。"新客立减"是外卖平台较常见的活动之一，其作用是吸引新用户，为店铺获得更多的新用户流量；"满减活动"可用于引流和促销，适用于所有商家，尤其是新店或客单量下降的商家；"买赠满赠"活动对于店铺的推广非常重要，给予赠品的目的是推出新产品或制造爆款，适用于想要制造爆款的新老店铺；"代金券"活动分为三种，分别为下单返券、进店领券、定向发券(图 8-26)。

图 8-26　外卖平台活动设置示例

（2）提升下单率的方法。减少用户的购买决策时间，因为用户点单时间越短，下单率越高。思考一下当用户进入店铺后，他们在想什么？

外卖平台与线下实体店不同。在线下实体店，顾客只能选择眼前几家店铺；而在外卖平台上，用户可以选择几千米范围内的任何店铺。因此，用户面临的主要问题是选择众多，但精力有限。所以，在设置外卖菜单时，应以让用户快速下单为目的。精简菜品、节省时间、减少选择，这样的点餐体验才是最好的。

满减与折扣是目前外卖平台上最重要的两种促销方式，它们像外卖店铺的两把武器，各自发挥着不同的作用。满减对店铺的进店转化率影响较大，而折扣对下单转化率有显著影响。简单来说，大力度的满减活动会吸引用户进店，而良好的折扣设置会缩短用户的点餐时间，从而提升下单率。

折扣项目与满减是两个比较大的流量入口。设置折扣项目可以在平台上获得更多展示机会，吸引客流，进而提高整体订单量。商家可利用折扣项目与满减不同享的规则，进行各种套餐组合或选择一些特定项目。这样，在进行大额满减活动时，可以保证利润。如果商家的活动数量多，对排名也会有加分效果，活动力度越大，对排名就越有利。低价的折扣项目可作为店铺的引客项目。顾客进店后看到低价的折扣项目，也能在一定程度上提升下单转化率。

（3）提升复购率的方法。

①个性化推荐：根据用户的点餐历史、口味偏好和浏览记录，为用户推荐可能感兴趣的菜品或商家。这有助于增加用户的点餐频率和增强用户黏性。

②利用营销活动和营销券促进复购：活动中心提供了很多活动，可以帮助商家促进复购。

收藏返券：在新用户第一次进店后，引导他们收藏店铺是非常重要的。如果用户完成了下单或收藏中的任一行为，在列表中店铺的位置都会相对靠前。一家店铺如果经常出现在用户眼前，就可间接提升下单率。

下单返券：建议设置的门槛不要太高，可以适当减免 2～3 元。集点返券可以提升复购频次，增强用户黏性。对于客单价高、非刚性需求的品类,可以适当延长优惠券的有效期或者降低集点成功的次数,尽可能提升用户成功使用优惠券的概率。

③保证菜品质量、分量、口味的稳定性:保证用户的口味体验是用户愿意重复消费的第一步。与"口味惊艳"相比,口味的稳定性更为重要。人的记忆往往是不断刷新的,用户往往会记住最差的一次体验。可定期更新菜品,并通过调整菜品排序给用户带来新鲜感,从而提升复购率。

复购率被认为是决定外卖业务生死的关键因素。提升复购率对于平台的长期发展、收入稳定、品牌影响力提升以及用户忠诚度培养等方面都具有重要意义。因此,外卖平台商家应该高度重视复购率的提升,不断优化服务质量和用户体验,以满足用户的多样化需求。

(4) 增加曝光量的方法。

①优化搜索排名:通过优化店铺名称、菜品描述和关键词,可提高店铺在搜索结果中的排名。同时,关注搜索趋势,调整关键词,也可便于店铺在热门搜索中占据更有利的位置。

②参与平台活动:积极参与平台举办的各类促销活动,如满减、折扣、优惠券等,这些活动通常能够获得平台的额外曝光和推广。

③利用广告推广:通过投放广告,如首页个性化推荐、弹窗广告等,可增加店铺的曝光量。根据预算和目标受众,选择合适的广告形式和投放策略。

④提升店铺评分和口碑:优质的服务和美味的菜品能够提高用户满意度,进而促使他们给予好评。高评分和正面评价能够提升店铺的信誉度,吸引更多潜在用户。

美团和饿了么平台都可以通过竞价机制来获得流量。商家可以根据自己所属的品类在相应的平台活动中增加曝光量。增加外卖平台曝光量需要综合运用多种方法,并结合店铺实际情况进行调整和优化。通过不断尝试和创新,商家可以找到最适合自己的方法,进而提升店铺的知名度和增加订单量。

(三) 提升用户消费体验

对于外卖商家来说,互联网流量越来越昂贵,获客成本随之水涨船高,留住每一个用户都至关重要。这就要求商家给予用户优质的服务,以提升其消费体验。可影响用户体验的服务主要包括产品包装、店面服务、后续服务三个方面。将上述这三个方面都做好,用户体验就能够得到极大的提升,对于提升用户留存率和满意度有一定帮助。

❶ **产品包装** 有辨识度的包装(图 8-27)更具吸引力,提供餐垫纸也是重要加分项。另外,外卖餐具的环保问题愈演愈烈,对商家来说,可以借此机会与用户建立新的连接,比如赠送用户一套带有自己品牌 LOGO、可重复使用的精美餐具,既环保又贴心。例如,某鲍鱼饭外卖店为了保证用户的用餐体验,下单后会将炖盅连锅一并赠送给用户,以提升用户体验。

图 8-27 某外卖店铺专属包装袋

❷ **店铺服务** 在经营外卖时,要重视用户的备注信息。很多用户在饮食方面都会有一些偏好和习惯,如不吃香菜、不能吃辣等,商家要根据用户的饮食习惯制作餐品,并提供备注选项(图 8-28)。

如果用户备注的某些信息店铺无法满足，可以通过客服联系用户，或通过备注小卡片等提醒用户，争取获得用户的理解。商家也可以定制多款"暖心"产品供用户选择，或提供定制贺卡、代写爱心赞卡等服务（图8-29）。

图 8-28　某麻辣烫店铺口味备注选项　　　　图 8-29　某热饮燕窝商家的界面

❸ **售后服务**　用户在用餐期间，可能会有不愉快的体验，如餐具缺失、菜品分量不足等。这些问题，通过有效沟通可以提前解决，避免用户因体验不佳而流失。店铺可以留下客服电话和微信号等，引导用户在出现问题后联系客服，并第一时间帮助用户处理问题，争取最大限度地挽留用户。

知识小测

小试牛刀

通过以上对外卖平台运营相关知识的介绍，你是否对外卖平台吸引用户进店的营销手段有了基础的了解？接下来，请你帮助营营和销销一起去外卖平台了解企业的经营情况，结合实际制订一个改善方案，并为之努力吧！

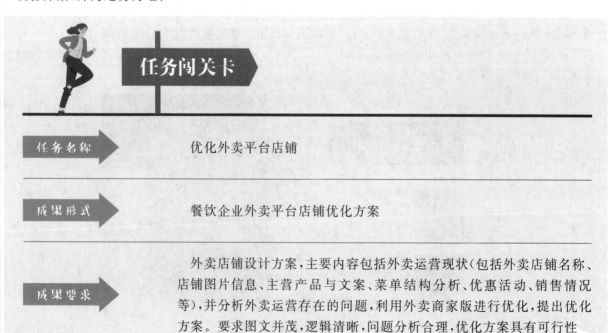

任务名称	优化外卖平台店铺
成果形式	餐饮企业外卖平台店铺优化方案
成果要求	外卖店铺设计方案，主要内容包括外卖运营现状（包括外卖店铺名称、店铺图片信息、主营产品与文案、菜单结构分析、优惠活动、销售情况等），并分析外卖运营存在的问题，利用外卖商家版进行优化，提出优化方案。要求图文并茂，逻辑清晰，问题分析合理，优化方案具有可行性

项目八　外卖平台营销

完成路径

1. 小组选定某餐饮企业,收集其在外卖平台的运营信息,包括外卖店铺名称、图片信息、主营产品与文案、菜单结构分析、优惠活动、销售情况等。

2. 小组分析外卖店铺的运营情况,分析店铺自身的优势、劣势、竞争点等,探索存在的问题,共同研讨优化方案。

3. 利用外卖商家版APP,对外卖店铺进行优化设计,明确店铺平台的改善措施

吸引外卖顾客进店消费的因素众多,大家可以通过各种渠道收集信息,了解餐饮外卖运营的优秀做法。大家也可以和企业导师、专业老师以及从事餐饮营销工作的学长学姐保持沟通交流,深入掌握餐饮外卖运营的技巧。

在完成本次任务的过程中,你遇到了哪些困难和疑惑?你是怎么去解决的?将你在完成本次任务过程中的收获、困惑、反思及改进措施等记录下来吧!

探究与反馈

☺ 收获:

☹ 困惑:

❓ 反思及改进措施:

任务三　管理外卖平台评价

[职场闯关记]

通过优化外卖店铺,销销所在餐饮门店的订单量虽每日都有增加,但是店铺评分不高,复购率、好评率也迟迟未涨。公司派营营来指导该门店外卖的评价管理工作,门店经理也指定销销来对接该项工作。请你和营营、销销一起探索提升外卖店铺评分的奥秘吧!

▶ 任务描述

外卖平台的评价对外卖店铺评分影响很大,也会直接影响顾客对外卖店铺的选择。做好外卖评

价管理,尤其是差评管理,对餐饮企业尤为重要。本任务介绍了外卖评价对店铺的影响,搭建评价管理体系的方法和提升外卖店铺评分的方法等。

任务目标

(1) 理解外卖评价对店铺的影响。
(2) 掌握搭建评价管理体系的方法。
(3) 掌握提升外卖店铺评分的方法。
(4) 能妥善处理外卖店铺的差评。

任务导入

外卖店铺的点评系统不仅是顾客选择餐厅的重要参考,也是外卖行业发展的重要推动力。顾客在选择外卖时,通常会参考店铺评分和评价。高分店铺更容易获得顾客的信任,从而增加下单意愿。某知名连锁餐饮店在饿了么平台上经营多年,但随着市场竞争加剧,该店铺评分有所下滑,导致顾客流量和订单量减少。为了恢复并提升评分,该店制定了一系列策略并付诸实施。

(1) 设计一系列好评小贴纸,并随外卖包装一同送给顾客,每张小贴纸的成本为几分钱。贴纸内容包含手写版的求好评信息、温馨的用餐提醒等。

(2) 在外卖包装中随机放入赠品,如薄荷糖、纸巾、牙签等,以提升顾客的用餐体验。

(3) 在特定节日或活动期间,推出特别的赠品活动,如国庆节期间送小国旗等,提升顾客的参与感和好感度。

通过实施上述策略,该店铺在饿了么平台的评分在短短一个月内从原来的4.5分提升至4.8分,顾客流量和订单量也随之大幅增加。

> 思考:外卖店铺评分对顾客有何影响?餐饮企业如何才能提升外卖店铺评分?

知识精讲

店铺评分是影响店铺排名的权重之一,也是影响用户下单决策的重要因素。每新增一个好评,店铺排名都会随之产生变化,从而带来更多的顾客。除了吸引新顾客外,老顾客也会因为好评而加深对该店铺的印象,进而进行复购和口碑传播。然而,在竞争日益激烈的餐饮外卖市场中,如何提升店铺评分,成为商家需要考虑的重要问题。

一、外卖评价对店铺的影响

外卖评价不仅是顾客购买决策的重要参考,也是商家了解自身服务质量、改进经营策略的重要信息来源,在外卖平台运营中扮演着重要角色。

(一) 外卖评价对店铺排名的影响

如果店铺出现了差评,会直接影响店铺的排名。尤其是一星差评率,对店铺排名影响较大。一星差评率是指所有评价中一星评价所占的比例,如果这一比例太高,远远超过相同类型的附近店铺的一星差评率,那么店铺的综合排名也会下降。

(二) 外卖评价对顾客购买决策的影响

外卖评价对顾客的购买决策具有显著影响。高质量的评价,如菜品美味、包装精美可靠、出餐速度快等,能够增强顾客对店铺的信任感,促使其选择下单。例如,一家拥有众多五星好评的外卖店铺,往往能够吸引更多的顾客前来尝试。相反,低质量的评价,如菜品质量差、配送延误等,则可能导致顾客对店铺产生疑虑,从而退出店铺不再购买。

(三)外卖评价对店铺口碑和形象的影响

外卖评价对店铺的口碑和形象有直接影响。正面的评价能够提升店铺的声誉,树立良好的品牌形象。这些评价在社交媒体和外卖平台上的广泛传播,有助于吸引更多潜在顾客。相反,负面的评价则可能给店铺带来严重的损害。一旦负面评价过多,店铺的口碑和形象将受到严重影响,甚至可能导致客流量的大幅减少。

因此,商家应高度重视外卖评价的管理,积极应对差评,努力提升服务质量,赢得顾客的认可和信赖。

二、搭建评价管理体系的方法

在如今的餐饮外卖市场中,评价管理体系是确保平台运营质量、提升顾客满意度、增强竞争力的关键要素。搭建一个完善的评价管理体系,有助于外卖平台收集用户的真实反馈,进而进行针对性的改进和优化。店铺收到的差评,在多数情况下不是顾客的原因,而是商家的产品需要进行优化改进,服务质量需要提升。具体可以通过以下三种方法进行改进:多关联、快处理、重预防。

(一)多关联

多建立与顾客的触达渠道,比如组建平台粉丝群进行日常关怀,发送温馨短信,尽量进行电话回访,通过随餐卡片标注商家联系方式,也可以通过在外卖餐盒上贴爱心便签,让顾客在发现问题时可以第一时间与商家联系。

(二)快处理

快处理可以分为两个方面。一方面,对于好评的回复,必须在当天进行,然后通过回复的内容来吸引顾客点击查看评价,达到刺激顾客复购的目的。具体回复内容可以是对顾客的感谢、赠送优惠券、推荐招牌菜等。另一方面,对于差评的处理,应先查看评价内容,如果是顾客的正常评价,商家要先反省自己是否做得不到位,秉持"有则改之、无则加勉"的原则去面对。如果是恶意差评,商家要收集证据向平台举报,维护自己的权益。

(三)重预防

很多差评的内容都是反复出现的,比如菜品有卫生问题、不满足备注要求、服务问题(如不给餐具、包装洒漏严重)等。餐饮企业要形成评价管理机制,根据差评做好产品和服务的迭代。将外卖责任落实到人,也可以把店铺评分纳入考核指标,进行绩效奖惩。

搭建一个有效的外卖平台评价管理体系是一个持续的过程,需要外卖平台投入足够的资源和精力,不断进行改进和优化。通过科学的评价管理体系,外卖平台可以更好地满足用户需求,提升服务质量。

三、提升外卖店铺评分的方法

(一)提升配送服务质量

差评产生的原因,除商家自身因素外,也可能是配送问题。配送中出现的配送速度慢、态度不好等因素,都有可能导致差评的出现,解决办法有如下两点。

❶ **合理设置配送范围** 根据店铺实际情况和配送能力,精确调整配送范围。避免配送范围过大导致配送时间过长,同时也确保在合理范围内能为更多顾客提供服务。

❷ **提供优质的顾客服务** 对于因配送问题导致的顾客不满,商家应积极主动地进行补偿和安

抚。可以提供优惠券/赠品或免费升级服务等方式，表达对顾客的歉意，争取顾客的谅解和再次光临。

（二）提高出餐效率

不断优化出餐流程，认真思考、分析每个出餐环节，看可以从哪些方面缩短时间，提高出餐效率。

（三）维护好与骑手的关系

完好的餐品必须通过骑手送到顾客手中。如果骑手在配送过程中不小心，就容易造成菜品挤压变形，引起顾客的不满。因此，商家需要注意处理好与骑手之间的关系。只有骑手在配送中多加注意，才能尽量降低餐品受损的概率，有效减少或避免配送环节带来的差评。

（四）认真对待每一条评价

不管是好评、中评还是差评，商家都要秉持真诚、友善的态度去回复，让顾客感受到商家对他们评价的重视。

四、处理外卖店铺差评的方法

（一）处理差评的技巧

❶ **及时回复**　差评的回复讲究时效性。一旦差评出现，商家应迅速响应、及时答复，不仅可以体现商家的诚意，而且可以给潜在顾客留下商家负责任的好印象。

❷ **避免出现错别字**　很多商家回复时态度马虎，语气生硬，错别字连篇，这些都会影响顾客体验。建议设置回复模板，用最专业的态度解答顾客的疑问。

❸ **灵活回复**　千篇一律的回复会让顾客觉得商家缺乏诚意，商家需要从不同角度出发，运用不同的语言技巧进行回复。通常情况下，商家可以通过总结外卖差评中的主要问题，并针对每个问题准备至少10个不同版本的回复，注意从差评反映的具体问题的角度进行展开，积极应对。

❹ **承诺改进**　虽然并非所有差评都是商家的责任，但是商家需要秉持"有则改之，无则加勉"的原则。顾客的不满意意味着商家的服务和产品还有提升的空间。在请求顾客谅解的同时，也要表达出店铺会继续为顾客提供优质的服务和产品，全心全意地为顾客服务的宗旨。

（二）差评回复案例

（1）问题：餐品不满意（口味不合、卖相差、食材不新鲜、量少、与描述不符等）。

解决方法：首先诚恳致歉以平复顾客情绪，其次确认差评内容是否属实并给出进一步说明或改进措施。

回复示例：感谢您的反馈，很抱歉没有做出符合您口味的餐品。因为我们以川湘菜为主，味道确实偏辣。感谢您的宝贵建议，我们会认真考虑增加更多口味以供选择。欢迎您下次再来体验，祝您一切顺利！

（2）问题：配送速度慢，等餐时间太久。

解决方法：诚恳道歉，并向顾客解释配送延误的原因，以真诚的态度争取顾客的谅解。

回复示例：您好，让您等餐太久，对此我们深感抱歉。经过核查，这次延误是由于恶劣天气影响了配送速度，我们深知这给您带来了不便，希望您多多包涵，祝您生活愉快！

（3）问题：发错、漏发餐品。

解决方法：真诚道歉，并提出补偿方案，让顾客体会到商家对其问题的重视。

回复示例：真的十分抱歉，由于高峰期点单量激增，我们的工作人员在繁忙中出现了疏漏，给您少发了一份餐品，确实是我们的失误。我们会给您做出相应的补偿，并尽快优化我们的点单及配送流程，以免类似情况再次发生。我们衷心希望下次能给您一个完美的用餐体验，感谢您的理解与支持！

知识小测

小试牛刀

通过以上相关知识的介绍,你是否对如何提升外卖店铺评分有了一定的思路呢?接下来,请你与营营和销销一起,拟订一个科学合理的外卖店铺评分提升方案,掌握外卖平台店铺评价管理的技能吧!

任务闯关卡

任务名称	制订外卖店铺评价管理方案
成果形式	外卖店铺评分提升方案
成果要求	1. 文档形式,包括以下内容:外卖店铺评价的总体情况、外卖评价反映的具体问题和对应的优化建议。 2. 要求:逻辑清晰;问题分析合理;整体方案规范,有较强的可行性
完成路径	1. 小组选定某餐饮企业,收集其在外卖平台上的评价情况。 2. 根据评价信息,采用一定的方法总结从外卖评价中反映出来的该店铺存在的外卖业务问题,尤其是差评产生的具体原因。 3. 明确提升外卖店铺评分的措施,列出具体的计划
探究与反馈	店铺评分对外卖平台的进店率和订单量有非常大的影响,在制订外卖平台营销方案的过程中,必须学会搭建评价管理体系的方法,并且了解提升店铺评分的手段,确保外卖店铺评分管理方案的全面性和有效性,为提升店铺服务质量和用户体验提供有力的支持。 在完成本次任务的过程中,你遇到了哪些困难和疑惑?你是怎么去解决的?将你在完成本次任务过程中的收获、困惑、反思及改进措施等记录下来吧! ☺ 收获: ☹ 困惑: ❓ 反思及改进措施:

项目八
案例分析

实战演练

结合本项目所学,请你对学校附近某个餐饮企业的外卖运营情况进行深入分析,并提出外卖运营优化措施和提升外卖店铺评分的具体方案。

闯关小结

通过本项目的闯关,营营和销销对外卖平台用户需求有了深刻的认识,熟悉了外卖平台的功能、排名与计分规则,加深了对吸引顾客进店、提升下单转化率和外卖店铺评价管理的理解。营营和销销通过所学知识,能够对外卖店铺进行简单的装修,设计结构清晰的菜单,不断优化消费路径,利用外卖平台展位推广,提升外卖用户体验,从而提升外卖进店率、下单率、复购率以及曝光量。在制订外卖店铺评分提升方案的过程中,他们掌握了外卖评分提升的要领,并将其应用到实际工作中。同时,他们还通过积极回复顾客评价,树立了优质的外卖店铺形象。

营营和销销在工作中相互支持、密切配合,充分发挥了各自的优势。他们经常进行深入的沟通和交流,与团队共同分析问题、探讨解决方案。不仅完成了既定的工作目标,还取得了显著的工作业绩,相信未来他们也一定会为企业创造更多的价值。

项目九

点评平台营销

项目引入

随着网络信息技术的迅猛发展和智能手机的普及,餐饮消费者获取信息的渠道日益多元化。传统口碑传播、店面广告等方式正逐步被在线点评、社交媒体推荐等数字化方式所取代。消费者可轻松通过APP、网站和社交平台,获取餐饮企业的详细资料、菜品质量、服务评价等全方位信息。在此背景下,第三方评价平台的重要性愈发凸显。例如,美团、大众点评等平台汇集了大量用户的真实评价,为潜在消费者提供菜品、服务、环境、价格、位置等多维数据,帮助消费者做出明智的选择。据统计,超过80%的餐饮消费者在选餐时会参考第三方评价平台信息。

党的二十大报告提出"弘扬诚信文化,健全诚信建设长效机制"。在餐饮信息多元化的网络时代,餐饮企业应诚信经营,始终注重提升产品和服务质量,这也是企业履行社会责任、实现社会价值的关键。同时,餐饮企业要学会充分利用第三方评价平台进行推广。本项目将探索点评平台营销,帮助餐饮企业在诚信经营的基础上,善用点评平台,提升企业品牌形象,获取顾客信任,实现可持续发展。

学习目标

1. 理解点评平台用户的进店方式,能设计吸引点评平台用户进店的因素。

2. 理解点评平台的获客逻辑,熟悉点评平台获取流量的策略和途径。

3. 掌握提升点评平台进店转化率的有效方法,能有效提高进店转化率。

4. 掌握点评平台商户星级评价规则,掌握评价管理技巧,能采取合理措施提升星级。

思维导图

任务一　分析点评平台

[职场闯关记]

营营和销销经历了外卖平台营销的历练,已经有了较强的互联网营销意识和能力。公司近期打算提高在点评平台的营销效能,希望营营能提前做好准备,随时可以开展点评平台营销工作。销销所在的门店也很重视点评平台的发展,那么接下来,请你和他们一起来迎接这个挑战吧!

任务描述

第三方评价平台的最大特点是"用户评论",它是基于用户评论来助力消费者做出准确的判断。越来越多的人习惯在餐饮消费前借助各种在线点评平台寻找合适的餐厅和菜品,希望获得攻略与建议。本任务介绍了点评平台用户的进店方式,吸引点评平台用户进店的因素和点评平台获客逻辑。

任务目标

（1）熟悉点评平台用户的进店方式。
（2）掌握吸引点评平台用户进店的因素。
（3）理解点评平台的获客逻辑,能提出吸引点评平台用户进店的措施。

任务导入

A餐饮企业在入驻点评平台之初,首先明确了目标客群,通过对消费者画像进行深入分析,确定了主打菜品和风格。通过定位年轻白领和家庭聚餐等细分市场,A餐饮企业有针对性地进行了菜品创新和服务提升,成功吸引了目标客群的关注。

A餐饮企业在点评平台上对店铺信息进行了全面优化,包括店铺名称、地址、营业时间、环境图片等,确保顾客能够快速获取准确的信息。同时,A餐饮企业还通过发布精美的菜品图片和详细的菜品描述,以提高顾客的购买欲望。

为吸引更多顾客,A餐饮企业结合节日和节气等时机,推出了一系列特色优惠活动。例如,在春节期间推出"团圆套餐"优惠活动,在夏季推出"清凉一夏"饮品优惠活动等。这些活动不仅吸引了大量顾客,还增强了顾客黏性。

A餐饮企业非常注重顾客评价的管理与回应。对于顾客的好评,A餐饮企业会及时感谢;对于差评,A餐饮企业会认真倾听、查找问题并积极改进。通过积极的互动回应,A餐饮企业成功提升了顾客满意度和口碑。

A餐饮企业通过对点评平台上的用户行为数据进行分析,不断优化营销策略。例如,通过分析用户搜索关键词，了解顾客需求，进而不断研发新菜品，调整菜品设置和价格策略；通过分析顾客购买习惯和消费周期，制定更精准的优惠活动策略。

通过实施以上措施，A餐饮企业成功树立了良好的品牌形象和口碑。在点评平台上，A餐饮企业的评分和排名不断上升，吸引了更多潜在顾客的关注。同时，A餐饮企业的品牌影响力也逐渐扩大，为其长远发展奠定了坚实的基础。

> 思考：A餐饮企业是借助点评平台的哪些优势来实现营销目标的？

 知识精讲

点评平台为消费者提供了丰富的信息和便利的工具，帮助他们做出更明智的选择，同时也为商家提供了展示自己、吸引顾客的机会。在点评平台上，商家若想要增加门店客流量，就要明白顾客通过哪些渠道进店，顾客的关注点有哪些，以及分析激发顾客进行在线预约、下单的原因。下面我们就从消费者转化路径的角度，来分享一下如何有效运营点评平台的门店。

一、点评平台用户的进店方式

点评平台用户的消费行为是一个从信息搜索到消费决策，再到实际体验与分享的过程，主要涵盖了用户注册与登录、浏览商家信息、查看商品/服务、阅读用户评价、下单购买、支付流程、消费体验和售后反馈等方面。和线下门店一样，点评平台的店铺也需要有曝光量，才能够被平台用户看到，从而吸引用户进店。如果店铺没有曝光量，也就不会有接下来的点击门店、进店进行在线预约及在线下单的行为了。

点评平台用户进店的方式主要有四种，分别是搜索关键词进店、点击平台流量入口进店、商家的广告吸引进店、达人笔记种草进店，如图9-1所示。

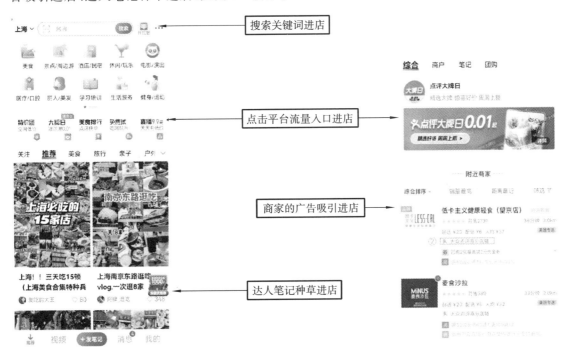

图9-1 点评平台用户的进店方式

（一）搜索关键词进店

通过搜索关键词进店，说明用户是有明确要求的，因此商家能做的就是在线上店铺里能设置团购、促销活动等文字的地方，尽可能把门店类目下的热门关键词都包含在内。

平台抓取不到图片里带有的关键词，但包含关键词的图片更能让消费者快速进店和下单。因此，也可以在门店的入口图、轮播图、商家相册、网友相册等展示图片的位置，让图片中都包含热门关键词。

（二）点击平台流量入口进店

点评平台一般有各种资源位，如免费试吃活动、月度官方促销、年度大促等，以及天天特价、秒杀、抢优惠券等活动。商家提报后，平台就会把商家纳入活动频道页，用户就可在点评平台首页相关的专题页看到。同时，平台还会根据用户画像，主动在首页信息流位置将精准符合用户意向的商家推送给用户，这样借助平台主页流量，商家可以有更多的机会展示在用户眼前。

（三）商家的广告吸引进店

关于商品的信息广告宣传，即商家在点评平台投放的信息流广告和推广通广告。

信息流广告是商家将广告直接投放在点评平台的各种资源位上，如首页开屏、相关频道页中间位置等，让用户更容易看到商家。例如，美团点评的开屏位置，用户一打开点评平台，映入眼帘的就是商家广告，感兴趣的用户自然就点击进入商家页面。

推广通广告是商家投放的一种竞价广告，可以快速提升商家在列表页的排名，出价越高的商家，越有机会被用户优先看到。

（四）达人笔记种草进店

达人笔记就是达人分享的"种草笔记"，平台根据分发机制会陆续展示在首页位置。首页是一个高流量的窗口，同时平台会依据笔记内容的不同，主动将笔记推送给不同兴趣的用户，这样笔记中关联的店铺也能被更多的用户看到。

二、吸引点评平台用户进店的因素

用户进店的决定性因素是什么？其实这个问题很好回答：找到两个相同类目的门店进行对比，就会很容易发现用户选择该门店的原因。总体上，这些因素可以归纳为以下四点：门店入口图、门店星级分数、金银铜牌商家以及榜单排名。

（一）门店入口图

门店入口图是用户认识商家的第一印象，因此至关重要。建议商家在此图中要充分展示品牌特色、服务优势、优惠促销。同时，头图的设计也不容忽视，无论采用人物、LOGO还是文字元素，都必须把表达的信息放在核心且看得清楚的位置。只有店铺商家的信息清晰明了地传递出来，才能给用户留下一个良好的第一印象，进而激发用户的进店兴趣。

（二）门店星级分数

门店星级分数是用户对该门店认可度和信任度的重要体现。通常情况下，用户更倾向于选择高星级的门店进行消费，而低星级的门店则可能面临被用户忽视的风险。因此，为了吸引用户进店，门店星级分数应至少保持在4.5分，且不能比同行业的竞争对手低很多。

（三）金银铜牌商家

金牌商家、银牌商家和铜牌商家都是由官方认证的，这些认证是商家线上运营能力的综合体现。当用户在多个店铺之间进行比较时，他们通常会更倾向于选择拥有金银铜牌认证的店铺，因为这些认证为他们的选择提供了额外的信心和保障。

(四)榜单排名

在当前的消费环境中,平台的榜单已经成为用户做出消费决策的重要因素之一。商家是否入选榜单,以及商家在榜单上的排名位置,都会直接影响用户的进店消费选择。因此,商家应密切关注并努力提升自己在榜单的排名,以吸引更多潜在用户的关注和选择。

三、点评平台的获客逻辑

点评平台的获客逻辑主要围绕提升店铺的曝光度、吸引用户点击以及促进用户转化这三个关键环节展开(图9-2)。

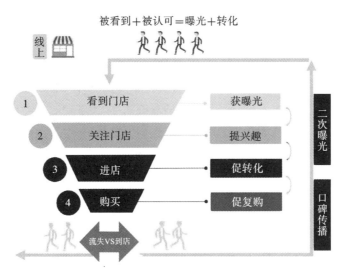

图 9-2　点评平台的获客逻辑

(一)提升店铺的曝光度

提升店铺在点评平台上的曝光度是获取更多潜在用户的首要步骤。为实现这一目标,商家可以采取多种措施,包括优化店铺信息、发布高质量的图片、参加平台活动以及争取入选平台的各类榜单等。这些措施有助于让更多的用户看到店铺,并增加他们点击进入店铺的可能性。

(二)吸引用户点击

吸引用户点击是获客过程中的关键环节。商家可以通过提供丰富的商品信息、优化标题和描述,如添加"热销""好评""新品"等标签,以及清晰而美观的店铺介绍、菜单等图片,以吸引用户点击并了解店铺。此外,引导顾客进行积极评价,展示店铺的好评和口碑,也可以提升店铺的信誉和吸引力。

(三)促进用户转化

促进用户转化是点评平台获客逻辑的最终目标。商家可以通过制订优惠券活动、团餐套餐等营销策略,以及提供专业、热情、周到的服务,来提升用户的购买意愿和满意度。同时,积极关注用户反馈,如及时解决用户问题,以提升用户对店铺的好感度,提高复购率,从而增加用户转化的可能性。

点评平台的获客逻辑是一个系统的过程,需要综合运用多种策略来提升店铺的曝光度、吸引力和用户满意度,最终实现用户转化的目标。

➡ 小试牛刀

通过以上对点评平台餐饮营销相关知识的学习,你是否对点评平台餐饮营销有了一定的了解?接下来,请你帮助营营和销销,以具体的餐饮企业为对象,深入了解其在点评平台的经营情况。

任务名称	熟悉点评平台
成果形式	餐饮企业点评平台分析报告
成果要求	文档形式：主要包含餐饮企业在点评平台上吸引用户进店的因素分析及优化对策。要求以精练的文本、图片、视频等资源详细展示，并由小组成员代表或团体分工合作完成汇报
完成路径	1. 小组成员分别查阅资料，分析和探讨当前点评平台餐饮营销的有效路径。 2. 小组选定一个连锁型餐饮企业，全面了解该企业在点评平台上的营销情况，思考该餐饮企业发展过程中是如何从线下消费转变成了线上消费模式，并将收集的资料进行总结分享。 3. 小组集体讨论该餐饮企业点评平台的消费路径，具体步骤包括：用户注册与登录、浏览商家信息、查看商品/服务详情、阅读用户评价、下单购买、支付与订单确认、消费体验到售后服务等。对比线下消费，分析这种线上新消费模式的优缺点，形成一致看法后分工完成总结报告
探究与反馈	互联网餐饮营销发展迅速，变化万千，每个人都有自己独到的见解。大家可以通过和同学、学长学姐、企业导师、老师进行多方交流，碰撞出不同的观点。 在完成本次任务的过程中，你遇到了哪些困难和疑惑？你是怎么去解决的？将你在完成本次任务过程中的收获、困惑、反思及改进措施等记录下来吧！ ☺ 收获： ☹ 困惑： ❔ 反思及改进措施：

任务二　提高点评平台进店转化率

[职场闯关记]

公司近期想在点评平台上做一次大型活动,希望有更多的顾客能够进店参与活动。在此之前,营营要负责在点评平台上做好相关准备工作,吸引顾客进店。门店也要全力做好准备,线下联动以保证活动效果。请你和他们一起尝试解决这些问题吧!

任务描述

无论是在点评平台上的营销还是线下门店的运营,吸引顾客进店都是销售的前提。因为只有当顾客进入店铺或关注平台后,才有可能产生购买行为,从而促进成交量的增长。本任务介绍了点评平台获取流量的策略和途径和提高进店转化率的有效方法。

任务目标

(1) 熟悉点评平台获取流量的策略和途径。
(2) 掌握提高点评平台进店转化率的有效方法。
(3) 能根据企业的营销目标,精心装修平台店铺,设计活动以吸引顾客进店。

任务导入

某知名连锁餐饮品牌 A 企业在入驻点评平台后,通过一系列精心策划的运营策略,成功吸引了大量用户的关注,并显著提升了门店流量和销售额。

首先,A 企业对目标客群进行了深入分析,并基于分析结果在点评平台上优化了店铺信息的展示。他们精心拍摄了店铺环境、菜品等高质量图片,并配以详细、引人入胜的文字描述,让顾客能够更直观地了解店铺特色和菜品情况。

其次,A 企业利用点评平台的推广工具,结合节假日和促销活动,推出了一系列优惠活动。例如,在情人节期间推出了情侣优惠套餐,吸引了大量情侣顾客前来用餐;在周末则推出了家庭优惠套餐,吸引了更多家庭客群。这些优惠活动不仅吸引了新顾客,还提高了老顾客的复购率。

此外,A 企业还非常注重与顾客的互动。他们及时关注并回复顾客的点评和反馈,对于好评表示感谢,对于差评则积极查找原因并改进。这种积极的互动不仅提升了顾客满意度,还提高了顾客对品牌的信任度和忠诚度。

在跨平台合作方面,A 企业也取得了显著成果。他们与多个知名电商平台和社交媒体平台建立了合作关系,通过联合推广和营销活动,扩大了品牌的影响力,吸引了更多潜在顾客。

通过实施以上措施,A 企业在点评平台上的曝光度和流量显著提升,门店的客流量和销售额也实现了快速增长。这一成功案例充分展示了餐饮企业在点评平台获取流量并取得成功的可能性。

> 思考：A 企业是通过哪些途径，在点评平台上获取流量的？

知识精讲

第三方评价平台作为消费资讯的集散地，不仅为消费者提供了必要的商户信息和餐厅预订等便捷服务，更是一个备受关注的生活信息和交易平台。消费者常依据平台上展示的信息来选择餐厅。那么，餐饮企业应该如何有效获取流量，吸引消费者进店呢？

一、获取流量的策略与途径

获取流量的最佳途径与吸引顾客进店的有效途径之间有着明显的区别。获取流量的最佳途径是一个更广泛的策略，旨在通过各种方式增加品牌曝光度，吸引潜在客户，并将这些潜在客户转化为实际购买者。这涵盖了社交媒体、搜索引擎优化（SEO）、内容营销、电子邮件营销、广告等多种在线和离线营销策略。流量可以来自各种渠道，如网站、社交媒体、电子邮件、广告等。

餐饮企业在选择获取流量的方法和渠道时，需考虑自身情况和目标受众。例如，对于年轻人和互联网用户，社交媒体和在线广告可能更有效；而对于当地居民和常客，口碑营销和店内促销可能更为合适。

餐饮企业想要在点评平台上打响自己的品牌，首先需要最大限度地获取流量。在具体流程中，它主要是通过美食列表、首页信息流、搜索规则、"霸王餐"和"必吃榜"5 个关键流量入口为店铺进行引流。

图 9-3　点评平台美食列表排序示意图

（一）美食列表

点评平台的排名对餐饮企业来说至关重要，因为几乎没有消费者会花费时间去搜索每一个店铺，而是在浏览美食列表之后做出选择。

"千人千面"的美食列表可以帮助餐饮企业更好地了解消费者的偏好，它基于消费者的购买、搜索、收藏、点赞、分享和浏览等行为，将不同消费者的偏好（如对不同商家、口味和菜品的偏好）进行综合评估，从而提供最优化的消费推荐，如图 9-3 所示。

"广告位"是点评平台美食列表的一部分，通常从排名列表的第 3 位开始，每隔四个设有一个广告位，例如第 3 位、第 8 位、第 13 位、第 18 位、第 23 位等，以此类推。对于排名不占据优势的商家而言，可以通过购买这些"广告位"来提升店铺的曝光度。

（二）首页信息流

首页信息流是一种极具吸引力的流量来源。它通过将店内食物以图片或视频的形式呈现给用户，从而激发他们对店铺的兴趣。并且，商家可以获得相关广告位，从而提升店铺的排名。与美食列表的广告位不同，首页信息流的广告位相对较少，通常间隔七八个位置才会有一个广告位。但由于在主页，它还是能够获得更多的曝光量，有助于提高消费者对店铺的认知度。

（三）搜索规则

搜索规则是一种使用特定条件来确定目标商家的逻辑。例如，当使用"火锅"作为输入条件时，点评平台会在"内容""达人""综合"三个版块中提供相应的商家信息，协助消费者迅速发现关于火锅的店铺资讯和相关生活资讯等。在"综合"板块，消费者可以根据智能排序、离我最近、人气最高、评价最好、口味更佳、环境最佳、服务最佳以及人均消费的高低等多个维度，挑选出最符合个人需求的火锅门店。

在搜索排名规则中，"智能排序"和"离我最近"板块提供了综合性的参考，可以帮助消费者更好地选择餐厅。但是，"智能排序"和"离我最近"的排名结果仅能作为参考，还有更多的因素需要餐饮经营者重视。餐饮企业必须从人气、口味、环境、服务和评价等方面审视自己的店铺，并有针对性地解决问题，从各个角度提高店铺的排名，最终成为综合性排名靠前的餐厅。

（四）"霸王餐"

"霸王餐"是一种会员福利，允许会员使用平台优惠卡享受特殊折扣。享受折扣之后，会员需发表一篇有实质性内容的评论来分享消费体验。若未在规定时间内发表评论，可能影响后续中奖概率。为了鼓励消费者积极地分享体验，点评平台还推出了"免费试"活动，即让消费者在免费体验后进行评价。这种活动不仅为消费者带来了更多实惠，还提高了消费者评论的可信度。为了获得最佳的经济回报，商家在参与活动时需谨慎考虑成本，并对其营销策略进行有针对性的调整，以确保其营销策略的有效性。

（五）"必吃榜"

"必吃榜"是一个由点评平台的数据和消费者反馈共同决定的榜单，它汇集了消费者喜爱的、好吃的、有特色的、体验感好的或性价比高的餐厅。榜单包括"热门榜""好评榜""口味榜""环境榜""服务榜"等，为消费者提供快速、准确、权威的消费参考，如图9-4所示。

企业必须注重"必吃榜"的考核评价指标，以提高餐厅的知名度。例如，在确保点评数据公正、真实、可靠的前提下，精心挑选出符合消费者日常消费习惯的菜品，以提升店铺的评分排名。同时，需确保店铺长期稳定经营，提供优质的服务，严格遵守相关法律法规，并杜绝任何形式的炒作和违规行为。

二、提高进店转化率的有效方法

为了提高进店转化率，商家应从以下三个方面进行改进与优化。

（一）店铺评价

为了让消费者更加放心地选择餐厅，点评平台引入了一种创新的评价机制，即根据消费者的评价来动态生成店铺星级。这种机制可以有效提升消费者的满意度，进而增强消费者对餐厅的信任和喜爱。因此，在打造五星店铺时，应该从提升消费者对店铺的总体评价入手。

一般来说，平台采用以下五个维度来综合衡量消费者的反馈。

图 9-4 点评平台必吃榜示意图

❶ **可靠性** 反馈仅来源于消费者的口碑,而其他任何形式的反馈都将受到审查,以确保消费者的权益得到充分保障。若商家未经授权,而由消费者自发撰写的评论,将受到系统的审查。若这些评论具有较强的可靠性,则可以为其他消费者提供更多的参考,从而有助于提升店铺的等级。

❷ **及时性** 及时性关注的是商家对消费者反馈的响应速度。这包括了对消费者问题、投诉或建议的回复速度,以及处理这些问题所需的时间。消费者通常期望他们的反馈能够得到迅速且有效的回应。

❸ **受众特征** 受众特征衡量的是消费者的具体属性,包括年龄、性别、地理位置、兴趣爱好等。这有助于平台了解消费者的需求、偏好和行为模式,以便提供更加个性化和贴合消费者需求的服务和产品。例如,甜品达人分享其与甜品相关的专业知识和经验,这样的评价因其专业性和深度,对消费者而言具有更高的参考价值,平台则会对这类来自专业人士的评价赋予更高的权重,以确保评价体系的权威性并能有效引导消费者做出选择。

❹ **优秀程度** 优秀程度是消费者对产品或服务质量的直接评价,涵盖产品或服务的性能、设计、功能、价值等多个维度。消费者会根据自身的期望和实际体验来评判产品或服务的优秀程度。一条简单的好评或许不足以对店铺的星级产生太大的影响,但富含优质内容的好评能显著提升店铺的星级。因此,提升评价质量至关重要,它能让更多消费者深入了解店铺的真实状况。

商家应该把提升消费者评价视为核心任务,因为消费者的评价直接体现在点评平台上的评分上。因此,餐饮企业应致力于优化消费者的用餐体验,从口味、服务和环境等全方位入手,以满足消费者在用餐过程中的需求,从而赢得更高的消费者满意度,如图 9-5 所示。

图 9-5 点评平台的评价页面

❺ **可观察的数据** 可观察的数据指的是消费者行为、交易记录等可量化、可追踪的数据。这些数据能够为平台提供洞察消费者行为模式和购买习惯的客观依据。通过分析这些数据,平台可以精准地把握消费者的需求和偏好,进而优化产品和服务,提升消费者体验。

一般情况下,消费者尤为关注餐饮产品的质量与口感。当消费者对餐饮产品的质量和口感非常满意时,往往会给予高度评价。此外,消费者也非常乐于通过详尽的描述和说明,让更多消费者了解餐饮产品的特色和优势,从而做出更明智的选择,如图 9-6 所示。

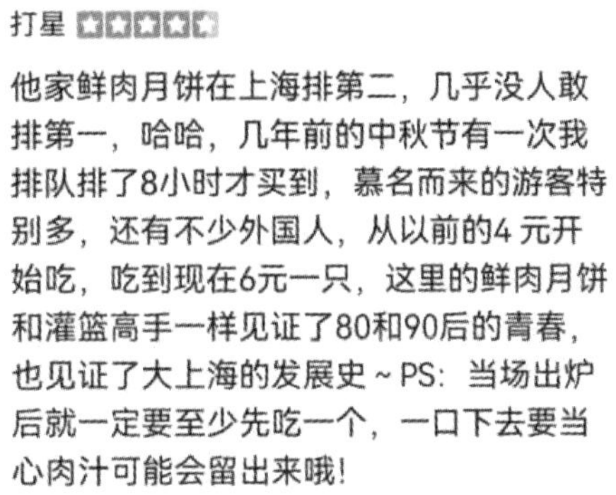

打星 ★★★★★

他家鲜肉月饼在上海排第二,几乎没人敢排第一,哈哈,几年前的中秋节有一次我排队排了8小时才买到,慕名而来的游客特别多,还有不少外国人,从以前的4元开始吃,吃到现在6元一只,这里的鲜肉月饼和灌篮高手一样见证了80和90后的青春,也见证了大上海的发展史~PS:当场出炉后就一定要至少先吃一个,一口下去要当心肉汁可能会留出来哦!

图 9-6 消费者对菜品口味的评价

以海底捞火锅为例,其服务不仅注重口感,更加强调提供高品质的服务体验。这种服务能够让消费者在享用美食的同时,还可以感受到舒适放松的环境,进而提升满意度。然而,当商家的服务水平低于预期时,消费者的信任度会下降,他们可能会更加详细地表达自己的不满。

为了让每一位光临店铺的消费者都能够感受到商家的真诚,提升店铺服务水平的关键在于提供周到的服务。如:为等候的消费者准备免费的茶点,为带有小朋友的消费者设立儿童游乐场,以及在用餐结束后赠送免费的水果和口香糖等。工作人员应该以温暖的微笑和热情的问候迎接消费者,并激发消费者的兴趣,让他们更加积极地参与讨论与互动。

对于那些追求精致生活的消费者而言,除了品尝美食、享受优质的服务外,环境的美观程度同样关键。大多数消费者会从外观、氛围、空间布局等方面进行考量,以满足自己的品位需求。若是店里的环境没有得到良好的维护,如餐具未妥善清洁、地板上沾染了油漆等,很容易引起消费者的反感。因此,想要改善这个状况,必须采取相应的措施,如优化室内空间布局,增加引人注目的装饰等,以吸引消费者眼球,并且鼓励他们分享体验。

除了消费者的反馈外,商家诚信分、菜系特色和"霸王餐"活动等因素也会对店铺的星级产生重大影响。若是出现欺诈行为,如以获利的方式诱导顾客点评、私下发信息要求消费者修改评价、强制消费者写好评、冒充官方必吃榜餐厅、私下组织探店写评论和差评虚假申诉等,都会影响商家的诚信分。诚信分越低,店铺星级也就越低。随着商业区域内相似品类餐厅数量的增加,竞争日益激烈,五星级餐厅的要求也更加严格。因此,要想成为五星级餐厅门店,必须在整个城市同菜系的占比排名中靠前。在商业活动中,高品质的商品可以显著改善商家形象,而良好的口碑可以帮助商家获得更高的商业地位。

(二)店铺装修

在平台的虚拟店铺中,消费者并不能直接了解商家的实际情况,由此可见,"装修"变得尤为重要。可将点评平台上的"装修"情况视为消费者踏入商场的第一步所见,每一个细节都可能影响到消费者的心理预期。若能在一开始便吸引消费者的注意力,那么消费行为也会随之自然发生。

"装修"是点评平台上的重要组成部分,主要包括"店外装修"与"店内装修"两个方面。

❶ **店外装修** "店外装修"用于展示店铺信息,如图 9-7 所示。店铺信息展示包括星级、名称、图片、标签、促销活动和评价数量六种重要内容。为了提升这些信息的质量,商家应持续进行改进和完善。具体建议如下。

第一,采用"品牌+品类+商圈"的命名方式,以便消费者更加清晰地了解店铺,同时提升店铺的曝光度和搜索量。

第二,将店内最新的促销活动和新品发布信息以醒目的头图形式展示,以增强消费者的购买欲望。

第三,建立自己的商品或服务标签,引导消费者。当消费者多次提及某些词语时,平台将会对其进行筛选,从而提升店铺的知名度和销售额。

第四，精心策划促销活动，不仅要给消费者带来实际的价格折扣，还应该把更多的折扣机制和折扣政策纳入营销策略中，以便调动消费者的消费欲望，进而更好地满足消费者的需求。

第五，加强收集与处理消费者的反馈，以增强店铺的吸引力。为此，餐饮企业可以采取两种措施：一是采取"霸王餐"的形式；二是定期收集消费者的反馈，以提升店铺的口碑。通常评价数量越多的店铺越具有吸引力，若评价数量过少则会严重影响消费者对该店铺的信任度，从而导致消费者失去兴趣。

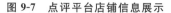

图 9-7 点评平台店铺信息展示

❷ 店内装修 "店内装修"用于展示店内环境，如图 9-8 所示，包含以下四个重要方面。

第一，精心策划店面的宣传活动，如悬挂标语、展示特色美食、营造舒适的购物氛围、讲述品牌历史，并将这些信息通过图片、视频等多种形式呈现，以调动消费者的购物积极性。

第二，设置"网友推荐"单元，提供最受欢迎的餐饮类别，并根据消费者的反馈进行优化。通过增强餐饮品类的销售业绩，吸引广大消费者的目光与青睐。

第三,设计菜单,提供清晰的视觉效果。无论是将餐饮类别的信息放入一张清晰的照片中,还是通过一个简洁的电子菜单来呈现,都可以让消费者一目了然,从而激发其购物欲望。

第四,设立问答板块,消费者可以询问店铺相关信息,帮助他们做出进店决策。例如,"店内是否有10人的大包厢"这样的问答板块,可以让消费者在浏览商品时获得与商品相关的详细信息,以便做出明智的选择。

图9-8　点评平台"店内装修"展示

（三）活动促销

为了吸引更多消费者购买商品,举办各种促销活动就显得尤其重要。例如,推出一系列优惠活动,如代金券、优惠卡等,这些都能够有效提升商品的知名度,并满足消费者的购物需求。在制定营销策略时,应充分考虑不同的消费者群体,如双人、三人、团体消费者等。针对特定消费者群体推出特惠活动。

除此以外,店铺还可以提供买单优惠和拼团活动,使消费者在下单时能够更加轻松、便捷地完成支付。

知识小测

→ 小试牛刀

通过学习获取流量的最佳途径以及提高进店转化率的有效方式,你是否对点评平台餐饮营销有了一定的了解?接下来,请你帮助营营和销销,以具体的餐饮企业为对象,结合企业情况制订一个吸引点评平台顾客进店的营销方案吧!

任务闯关卡

任务名称 吸引点评平台顾客进店

成果形式 餐饮企业吸引点评平台顾客进店营销方案

成果要求
1. 方案包含三个维度:如何打造五星店铺、如何进行店铺"装修"、如何参与设计促销活动。
2. 要求:方案目的清晰;营销计划内容适当且详细;整体方案规范,有较强的可行性

完成路径
1. 小组分析该企业获取流量的最佳途径,分别从美食列表、首页信息流、搜索规则、"霸王餐""必吃榜"这些路径进行分析。思考该餐饮企业在发展经营过程中是如何获取流量的,分析利弊后整理成相关资料并进行分享。
2. 小组集体讨论并制订一个适合该餐饮企业吸引点评平台顾客进店,以提高进店转化率的营销方案。
3. 形成一致看法后分工完成总结案例和展示PPT

探究与反馈
在完成本次任务的过程中,你遇到了哪些困难和疑惑?你是怎样去解决的?将你在完成本次任务过程中的收获、困惑、反思及改进措施等记录下来吧!

😊 收获:

☹ 困惑:

😐 反思及改进措施:

任务三　管理点评平台店铺评价

[职场闯关记]

营营和销销投入了很多资金和心思运营点评平台，但效果却不尽如人意。他们发现，很多用户可能因为点评平台上的一条长篇好评而不远万里来到店铺体验，也可能因为一条差评而直接将某个店铺打入"冷宫"。面对这样的情况，你能帮他们想想办法吗？

任务描述

好评对于点评平台店铺来说至关重要，它不仅可以帮助店铺提高星级，还可以吸引更多顾客。因此，我们应该加强对点评平台星级评定规则的学习，以便更好地区分精选评价和全部评价，并将评价制度转变为更有效的服务，进而提高店铺的星级。本任务介绍了点评平台商户星级评定规则、点评平台评价星级提升策略、点评平台评价回复处理技巧等。

任务目标

（1）熟悉点评平台商户星级评定规则。
（2）掌握精选评价和全部评价的差异及其影响，能合理分析平台评级降低的原因。
（3）掌握商户在点评平台提升星级的方法，能采取合理措施提升星级。
（4）熟练掌握评价管理技巧，能妥善回复好评、中评、差评。

任务导入

良好的评价管理模式带来经济效益的餐饮企业——海底捞

海底捞，这家以火锅著名的餐饮连锁品牌，近年来在消费者中积累了极高的口碑。其成就的背后，在很大程度上归功于其优秀的评价管理。

在各大第三方评价平台上，海底捞的用户评价普遍很高，涵盖菜品、服务、环境等多个方面。这种积极的评价不仅引起了越来越多新消费者的关注，还提高了老消费者的忠诚度。海底捞注重每一个消费者的反馈，无论是线上的评价还是线下的投诉，都及时回应并认真改进。

海底捞的成功案例告诉我们，优秀的评价管理可以为企业带来多方面的效益：提高品牌形象、增高消费者黏性、增强市场竞争力等。要做到这一点，餐饮企业需要从多个方面入手，如提高产品和服务质量、优化顾客体验、加强与顾客的互动沟通等。

因虚假评价等违规行为被处罚的餐饮企业——某网红餐厅

与海底捞形成鲜明对比的是某网红餐厅。该餐厅为了迅速走红，采用了刷单、虚假评价等不正当手段，短时间内在各大评价平台上积累了大量好评。然而，随着真相的曝光，该餐厅的声誉迅速崩塌，不仅失去了大量消费者，还被平台处以重罚。

这一案例警示我们,虚假的评价管理可能带来短期的效益,但从长远来看,对企业的损害是巨大的。餐饮企业应该避免采用不正当手段来获取好评,而应该以诚信为本,通过提供优质的产品和服务来赢得消费者的认可。

在以上两个案例中,我们能够发现评价管理对餐饮企业的意义。优秀的评价管理可以为餐饮企业带来诸多好处,而虚假的评价管理则可能带来灾难性的后果。

> 思考:上述两个案例说明了店铺评价的重要性,那么你知道如何进行评价管理吗?

知识精讲

作为服务行业的餐饮企业,应当致力于改善服务和优化服务体验,让顾客感受到满足,从而真实地表达自己的想法。优质的服务能让顾客身心舒畅,这样顾客才会发自内心地发表评论,产生高星级评价的可能性就会增加。商户也可以通过联合线上门店和线下门店做一些优惠活动,引导顾客写出高分评价,但前提是线下门店的服务必须做好。否则,即使搜索排名是第一,久而久之,流量和转化率都会受到影响并有所下降。

一、点评平台商户星级评定规则

星级和评分的设置旨在提升流量并维护顾客忠诚度,这对业务经营至关重要。美团与大众点评这两个点评平台的星级和评分体系是完全独立的,各自采用不同的评分标准和算法,因此,两者之间的星级和评分没有关联性。只有在大众点评的评价量不足时,小部分商户才会被纳入美团平台的评价数据,以此来提高星级评定的精确性。

(一)大众点评商户星级的评定原则

大众点评的评分系统是基于消费者的反馈计算得出的。它考虑了多种因素,包括消费者的信任度、商家的诚信度,消费者评价的质量、时间跨度和数量等,以确保在无人为干预的情况下提高评定的准确性。

大众点评的星级评定,大致遵循以下五大原则。

(1)利用大数据技术,可以从消费者对商户的所有评价中筛选出真实有效的信息,从而客观地反映商户的状况。

(2)通过模型的精细化计算,可以获得更准确的星级评定结果。这种结果不仅基于算术平均,还要考虑以下五个重要因素。

①时间因子:近期提交的评价权重最高,时间越久的评价权重越低,对星级的影响也越小。

②诚信因子:诚信是一个重要因素,它决定了消费者对产品的评价是否真实可靠。

③会员因素:也是一个重要的因素,拥有更多同类产品的会员,其评价的参考价值更高。

④评价质量因子:大众点评根据评价质量评定星级。优秀的评价至少需要100字,并配备3张精美的图片,以提升评价的权重。

⑤评价数量:评价数量越多,商户星级可能越高。

大众点评通过综合考量这五个重要因素来评定商户的星级,这些因素全面反映了商户在同类别店铺中的整体表现。任何一个因素的变化,都会对商户的总体评价产生重要影响。

(3)大众点评的评分基于客观和公正的原则,不会因为购买行为而提高评分。

(4)每日更新。商户的星级会根据新增的评价每日更新。需要说明的是,由于时间延迟,大众点评仅计算四天前的打星评价。

(5) 经过公证后的规则。大众点评特邀请第三方公证机构对星级计算规则进行全面而权威的监督公证。

(二) 美团商户星级的评定规则

美团商户的星级评定规则与大众点评有所不同,主要考虑以下四个关键因素。

❶ **评价内容筛选** 只有有内容的正常评价才会纳入星级计算中,造假评价、帮助不大的评价等会被美团排除在外,不参与星级评定。

❷ **消费者与商户可信度评估** 根据消费者可信度和商户可信度,我们可以对商户的评分进行最终评估。

(1) 消费者可信度:美团通过分析消费者的历史交易和评价记录,以及消费者的等级、是否存在账号被盗、作弊、被举报等违反法律法规的行为,来衡量消费者的可靠性。

(2) 商户可信度:美团通过评估商户是否遵守法律法规,如是否存在"刷销量""刷好评""被刷差评"等行为,来衡量其可信度。

❸ **评价时间权重调整** 随着消费者提交评价时间的延迟,其评分的计算权重也会发生变化,从而对商户的星级评定产生显著影响。

❹ **参与者奖惩机制** 美团将对所有参与者的基本信息和评价数量进行统计,并对其中的优秀者和不佳者给出相应的奖励和惩罚。对于优秀的参与者,美团会给予更多的奖励;而对于表现不佳的参与者,美团会采取降低星级和削弱评价影响力的措施。

二、点评平台评价星级提升策略

(一) 精选评价和全部评价的差异及影响

在评价发表后的1~2天,点评平台的系统会根据多方面因素来判定其是否为精选评价。

在点评平台的评级体系中,精选评价具有较高的权重。这意味着,相比其他普通评价,精选评价对商户星级评定的影响更大。一方面,精选评价的数量和质量都会影响商户的整体评分;另一方面,精选评价中的正面内容有助于提升商户的星级评定结果,而负面内容则可能导致星级下降。因此,商户若能够获得更多的精选评价,将有利于提升其在点评平台上的评级和排名。

此外,精选评价还为商户带来重要的加分效果。由于精选评价具有较高的权重和可信度,它们往往能够为商户带来更多的曝光度和关注度。当消费者在浏览点评平台时,若看到商户的精选评价较多且内容正面,他们会更倾向于选择该商户进行消费。这不仅增加了商户的客流量和销售额,还提升了其品牌形象和口碑。

❶ **主要区别**

(1) 精选评价会增加评价的总数量,而过滤到全部评价里的评价不计入总数量。

(2) 精选评价对商户提高星级的权重更大,而全部评价对商户提高星级的权重较小。

(3) 商户达到五星的难度增加了,因很多不可控因素导致消费者对商户做出的精选评价被过滤到全部评价中,从而使得商户在点评平台上获得五星评级变得更加困难。以前新开业的商户想要获得五星评级,只需要在没有差评的情况下有几十条好评就可以达到。如今点评平台判定精选评价的条件更加严格,商户达到五星评级更加困难。

❷ **应对策略**

(1) 对于非新开业的商户,要设法减少差评,并避免与违规账号相关联。

(2) 对于新开业的商户,在营业初期不容易获得大量好评,若急于达到五星评级,想把商户的评价做好,那么建议商户参与点评平台的"霸王餐"活动。参与官方的"霸王餐"后,有两点好处:一是点评平台的商户评价不会频繁下降;二是"霸王餐"用户能够让商户快速累积消费好评。

(3) 在消费者选择店铺时,五星评级和评价数量是消费者选择的重要参考因素。随着平台官方的评定标准变得更加严格,商户获得五星评级的难度也更高,这将更加考验商户的核心运营能力。

(二)点评平台星级降低原因分析

点评平台上的商户评级是消费者选择商户的重要参考依据。然而,有时商户的评级会出现降低的情况。点评平台评级降低的原因主要包括:差评与投诉增多、好评权重下降、违规操作受处罚、新增好评数量不足、算法变化影响、平台技术故障、恶意竞争干扰以及服务质量下降等。

❶ **差评与投诉增多** 差评与投诉是直接影响商户星级评定的重要因素。当消费者对商户的服务、产品等方面表示不满,并选择在点评平台上发布差评或投诉时,商户的星级评定往往会受到负面影响。差评和投诉的增多不仅会降低商户的整体评分,还可能影响潜在顾客的消费决策。

❷ **算法变化影响** 点评平台会根据各种因素综合评定计算商户的星级,平台算法会动态调整。例如,平台使好评的权重降低,差评的权重相对增加,那么即使商户获得了一定数量的好评,其星级也可能因为差评的权重更高而下降。

❸ **违规操作受处罚** 商户若在点评平台上进行违规操作,如刷单、虚假评价等,一旦被平台发现,将会受到相应的处罚。这些处罚可能导致商户的星级直接下降,甚至面临封号的风险。

❹ **新增好评数量不足** 商户的星级评定不仅受到已有评价的影响,还与新增评价的数量和质量密切相关。如果商户近期新增好评数量不足,或者新增好评质量不高,那么其星级可能会因此下降。

❺ **平台技术故障** 平台技术故障是导致商户星级降低的潜在原因。如果点评平台出现技术故障,导致评价数据丢失、错误计算或无法正常显示,那么商户的星级评定可能会因此受到不公正的影响。

❻ **恶意竞争干扰** 在激烈的市场竞争中,有时会出现竞争对手恶意干扰的情况。竞争对手可能会通过发布虚假评价、恶意投诉等方式,试图降低同类商户的星级,从而削弱其竞争力。

❼ **服务质量下降** 服务质量是消费者评价商户的重要因素之一。如果商户的服务质量下降,如服务态度恶劣、出现产品质量问题等,那么消费者的满意度和好评率可能会降低,进而导致商户的星级下降。

商户在点评平台星级降低的原因多种多样,商户需要密切关注平台动态和消费者反馈,及时采取措施改进服务质量和提升消费者满意度,以维护良好的评级和口碑。同时,商户也应遵守平台规则,诚信经营,避免出现违规行为对星级评定造成不良影响。

(三)抵制违规虚假评价

越来越多的消费者已经习惯于使用点评平台,而对于商户来说,点评平台更是商户的"命脉"。正因为商户重视点评,这也让不法分子有了可乘之机,很多商户上当受骗,造成经济损失,或导致店铺因违规而被点评平台"封杀"。

❶ **切勿相信付费上"必吃榜"的谎言** 切勿相信黑色产业的谎言,通过虚构事实骗取他人钱财,这涉及欺诈犯罪。请广大商户莫信、莫从、莫付费,若遇到不良要求,应大胆拒绝并及时反馈给点评平台。

❷ **切勿听信刷评价可提升星级和评价数量的谣言** 一切不到店或违规组织到店写的好评都将被过滤。在严重的情况下,点评平台会扣除商户诚信分,并以扰乱平台为由在一定天数内不展示商户的星级,甚至可能导致"封店"7天、"封店"30天、"封店"90天的处罚。这些违规行为都将被记录在案,会对商户的长期发展造成不利影响。

❸ **切勿听信刷访客和曝光数量可提高排名的说法** 点评平台的排名机制含有多种算法,访客、曝光数量只是多种算法中的一部分,并且平台有多种机制可过滤机器刷访客和曝光数量的行为。因此,商户应专注于提升服务质量和产品口碑,而非通过不正当手段来提高排名。

(四)提升商户在点评平台星级的具体方式

为了提升点评平台的星级,商户除了加强内部运营、改善餐厅环境、提升产品口味、优化消费者体验、增强互动外,还可以从以下四个方面入手进行调整。

❶ **管理层高度重视** 商户管理层应该重视商户的星级和评分,并可以将其纳入店长或相关员工的关键绩效指标(KPI)考核之中。

❷ **内部竞争与激励** 商户可以利用"PK 赛"星级系统激励店长和员工不断努力,提高门店的星级水平,并获得更多的好评。

❸ **合理使用"霸王餐"活动** 综合类菜品门店,如中餐正餐、火锅、日料等商户,可以通过代金券形式的"霸王餐"活动快速吸引消费者或"网红""达人"进店体验,发布优质评价。其优势在于能够获得曝光、引爆口碑、拉动消费和提升店铺热度。

"霸王餐"评价是点评平台综合多方消费者评价后得出的总体评价,它基于数据模型计算,不受任何人为干预,也不受商业合作的影响。"霸王餐"评价将以一定的权重计入星级评定,但并不保证能够为提升星级带来实质性帮助。消费者在实际体验中可能会给出积极评价,也可能会给差评,商户应该谨慎考虑,并认真倾听消费者的反馈。

❹ **及时回复评价,减少恶意差评** 如果负面评价如"服务态度变差""配送慢""产品质量不满意"等没有得到商户的及时反馈,将会对老顾客的忠诚度造成严重损害,从而影响其他消费者的购买行为。

为了增加客源,促进销售,商户必须建立起一种健康的客情关系,以获得更多客源,从而提高品牌的知名度和美誉度。此外,为了减少客源流失,商户还需要积极与表达不满的顾客进行沟通,以转变顾客的态度。碰到消费者或竞争对手恶意差评时,可予以举报申诉。

三、点评平台评价回复处理技巧

评价反馈是连接商户和用户的重要桥梁。在消费者选择用餐时普遍参考商户星级、评分、评价的大环境下,商户要充分利用这座桥梁来维护与消费者之间的关系。然而,很多商户不重视评价反馈,或者回复时态度敷衍,认为这没有意义且浪费时间。实际上,评价反馈不仅是对已经消费过的消费者的回应,还是给潜在的消费者展示商户态度和服务质量的重要途径。

(一)好评回复的影响及策略

通常我们看到商户对评价的回复几乎千篇一律,如"感谢消费者的好评""祝您生活愉快"等,这样重复的回复会让消费者觉得商户不够真诚,态度敷衍。如果用 1 个模板或者几个模板对所有的评价进行回复,或者商户干脆不回复评价,这样都无法让消费者感受到商户的诚意。同一句美言,第一遍听可能会很开心,听两遍、三遍可能就会觉得腻,听八遍、十遍可能就会反感。

因此,不论是差评还是好评,商户都应尽量在回复过程中避免使用重复的语句,而是要从不同的角度,用不同的语句来回复。如果商户没有那么多精力逐一回复,那么至少要准备 20 个回复模板,这样基本可以保证消费者在浏览评价时不会在前 20 条评价的回复中发现重复的内容。商户可以使用语言技巧增加评价回复的趣味性,让消费者印象深刻。这有助于增强商户的品牌形象,突出自身的品牌优势,增高顾客对商户的喜爱度。越用心的评价回复越容易赢得消费者的好感,商户需要好好利用评价反馈与消费者建立紧密关系。这样既能让消费者感到满意,又能拉近消费者和商户之间的距离,从而促进消费,提高店铺的营业收入。

(二)差评的影响及应对

点评平台制订的规则是,只要与商户有接触的消费者都有资格对商户进行评价。于是,差评成为各个商户非常头痛的问题之一。一旦出现差评,不但影响商户的星级、排名,还会直接影响商户的客流量和营业收入。差评甚至可以毁掉一家商户,任何一条差评都可能被大量潜在消费者看到并影响他们的决定。因此,差评对成交率至关重要。

面对差评,大多数商户可能会想:为什么这个顾客会这样?我们哪里做得不好?是不是遇到恶意差评了?能不能删掉差评?可能有的商户会想,反正一两条差评无所谓,干脆不管就好了。这样的想法其实是不正确的。一段时间内的一两条差评经过日积月累,就会形成大量的差评,由点变线、由线变面。当商户感觉到差评多的时候已经晚了,形势也会显得一发不可收拾,再想去面对的时候就太难了。好评固然很重要,但是如何处理好差评更为重要。差评、恶意差评,是每个商户都避免不了的问题。有人说,一条差评导致的星级和评分的降低要用十条好评才能补回来。实际上,一条差评需要多少条好评去弥补,并没有一个明确的算法。总而言之,商户应该知道应对差评的重要性,既然差评难于避免,就尽量去避免其造成恶劣影响。回复差评最关键的地方就是表现出商户诚恳的态度,并对潜在消费者进行引导。

随着点评平台的发展,评价已成为消费者选择商户的重要依据。商户对于差评的回复,也是一个很好的品牌宣传机会。如何处理差评,让写差评的消费者变成回头客,也是所有商户的必修课。

(三)差评常见的四种原因

❶ **菜品问题** 菜品是商户的根本,大多数的差评都源于消费者对菜品的不满。消费者对菜品不满意,主要集中在口味、食材、性价比等方面。对菜品的差评示例如下。

> 这家餐厅的食物口感不是很好,服务态度、环境卫生以及到店体验也不好,我建议大家还是不要来了。

❷ **服务问题** 服务也是消费者对商户不满意的主要原因之一。海底捞因优质服务而出名,可见服务的重要性。消费者对服务不满意的主要原因包括服务员响应不及时、服务态度冷淡或服务时带有情绪、上菜速度慢等。对服务的差评示例如下。

> 我给这家店差评的原因是店员服务态度不好。当我反馈有些菜品味道不好的时候,店员说,"如果觉得不好,下次别来了。"我吃饭的时候,服务员一直站在旁边看着,像是在"审讯"我。想安安静静吃饭的朋友最好不要来这家店了。

❸ **环境问题** 现在的人们不仅关注菜品和服务品质,还注重环境舒适性。商户的装修布置、环境卫生、室内温度、无线网络等都会影响消费者的满意度。对环境的差评示例如下。

> 这家店的环境真的不好,感觉座位和桌上都有一层油渍,地面也没有打扫干净,实在很影响用餐的心情。

❹ **其他问题** 除了前面提到的三个问题外,还有一些细节问题也可能引起消费者的不满,如等位时间过长、打包速度慢、停车不方便、发票开具不及时等。尽管这些可能看起来不是大问题,但它们会影响消费者对商户的认可。其他问题的差评示例如下。

> 北京时间下午1:38,已经过了午饭时间,并且是周三,在没有其他顾客等位的情况下,我在等位区坐了10分钟。店员看我们没有消费的意思,就赶我们走,非常没有礼貌。

（四）回复差评的六个技巧

❶ **商户应当及时进行回复**　无论对差评持何种看法，差评都是存在的。因此，为了让新老顾客都有一个良好的认知，商户都应该尽快做出反应，以减少这种情况的发生。

❷ **保持冷静和理智**　给出差评的消费者一般都是带有情绪的，但无论差评的内容多么尖锐或无理，商户都要避免情绪化的回应。要保持冷静，试着共情对方，确保回复是为了解决问题，而不是发泄情绪，以免激发更大的问题。

❸ **表达歉意和感谢**　即使商户不完全同意差评中的观点，也要感谢消费者给出反馈。同时，向消费者诚恳道歉，表明自己对待问题的态度。如果是不明原因或者非商户原因的差评，可以对给消费者带来不好的体验道歉；如果确实是商户问题，则要就具体问题来表达歉意。不建议使用模板，否则会让消费者产生被敷衍对待的感觉。

❹ **承认并解决问题**　针对差评中的具体问题，不要回避或否认，而是坦诚地承认，提供相应的解决方案，并承诺改进。这样可以让消费者感受到商户的诚意，有利于恢复对商户的信任。

❺ **保持联系并期待合作**　在差评回复的结尾部分，可以提供商户的联系方式，提出期待消费者联系并保持合作。这样可以让消费者感受到商户真诚可靠的态度，还有可能获得消费者的联系方式，从而能更有效地沟通，争取消费者的持续支持。此外，可以根据商户特色，采取一些趣味性的称呼如方言、网络流行语或消费者的会员名和后缀等来称呼对方，拉近与消费者之间的关系，这样可能会让消费者感到亲切，产生意想不到的效果。

▶ 小试牛刀

通过对以上点评平台星级评定规则的学习，你是否能够更好地区分精选评价和全部评价，并将评价转化为更有效的服务，从而提升店铺的星级呢？接下来，请你帮助营营和销销一起，拟订一个科学合理的评价标准，深入分析顾客差评率增高的原因吧！

知识小测

任务名称	制订点评平台评价回复模板
成果形式	餐饮企业评价回复标准与差评处理方法案例展示PPT
成果要求	1. 征集评价标准：以二维码的形式展现评价标准调研问卷，并通过网络方式收集不少于50份的样本。评价标准征集问卷应科学合理，能达到征集目的。 2. 主要内容包括内部竞争与激励措施、如何合理制订"霸王餐"活动、及时回复评价的重要性和减少恶意差评的措施等

完成路径

1. 小组成员认真学习平台商户星级评定规则：以大数据为基础，用精细化模型计算，公平公正、每日更新、规则经过公证。
2. 小组选定一个连锁型餐饮企业，分析其评价回复标准与差评处理方法，并将收集的资料进行总结分享。
3. 小组集体讨论该商户在不同情况下的评价标准、应对评价的方法等，形成一致看法后分工完成总结案例和展示PPT

探究与反馈

在完成本次任务的过程中，你遇到了哪些困难和疑惑？你是怎样去解决的？将你在完成本次任务过程中的收获、困惑、反思及改进措施等记录下来吧！

☺ 收获：

☹ 困惑：

 反思及改进措施：

项目九
案例分析

实战演练

结合本项目所学，请为你所熟知的点评平台上某餐饮店做平台消费路径分析，为即将来临的国庆节点评平台营销活动设计提供参考。

闯关小结

通过本项目的闯关，营营和销销系统地学习了点评平台的运营机制，理解了点评平台用户的餐饮购买行为和获客逻辑。他们能通过优化影响用户进店的因素，吸引点评平台用户进店。营营和销销通过设计营销活动、优化店铺装修，逐渐掌握了提高店铺进店转化率的方法，并取得了良好的成效。在点评平台活动期间，他们能够根据点评平台商户星级的评定规则吸引用户参与点评，运用评价管理技巧及时处理中差评，解决用户问题，提高用户满意度。同时，他们还通过积极地回复评价，树立了良好的店铺形象，吸引了更多用户关注和购买。此外，营营和销销积极参与团队讨论，分享经验和心得。他们相互学习、共同进步，形成了良好的团队氛围。相信在未来的工作中，他们将继续保持学习的热情，为点评平台营销的持续发展贡献自己的力量。

项目十

餐饮门店营销

项目引入

传统餐饮业靠的是开实体店,通过经营门店给予顾客美食体验。但在互联网时代,需要遵循线上线下渠道相融合的理念。在线上的用户,也随时会变成线下消费者。要做好餐饮门店营销,就要在做好门店服务体验的基础上,运用互联网等做好营销活动策划,从而推动线上线下宣传和销售。

一些餐饮企业已经认识到互联网所带来的新市场、新机遇,开始捕捉新的增长点。比如,长沙著名的餐饮文化品牌文和友推陈出新,开了两家"露营餐厅",叫作"不超级文和友"。餐厅占地近万平,除了有基础的露营场地外,还有长沙各类特色小吃、市集以及不定期的现场演出。海底捞则盯上了年轻人的情绪,独家推出专属的"i人"(内向型人)与"e人"(外向型人)等位服务。"i人"可以在等位时享受到一个安静的环境,员工会尽量避免与其热情互动。"e人"则可以在等位区与其他顾客互动、聊天,海底捞还为"e人"准备了各种小游戏和互动活动。线下餐饮品牌以照顾年轻人的情绪为基点带动服务的创新升级,在抓住热点和采用社会流行做法上有了很大的突破,更加贴合年轻消费群体的需求。

党的二十大报告指出"必须坚持守正创新""守正才能不迷失方向、不犯颠覆性错误,创新才能把握时代、引领时代"。餐饮企业应在恪守正道的同时,通过不断创新获得发展的动力。本项目将带领大家走进餐饮门店营销,和大家一起来学习如何通过创新提升线下餐饮体验,提高营销活动效能。

思维导图

学习目标

1. 理解餐饮门店的重要作用,掌握提高餐饮门店线下流量的主要方式。
2. 掌握餐饮门店进行宣传的主要方式,并能选择合适的广告媒介。
3. 掌握菜品推介的关键点,能根据门店菜品特点,创作菜品推介词。
4. 理解餐饮门店活动的重要性,掌握门店活动策划实施流程。
5. 理解餐饮会员营销的重要性,掌握餐饮会员营销的步骤。

任务一　吸引顾客进店

[职场闯关记]

销销所在门店近期要做一次中秋节促销活动。为了吸引一部分所在商圈的线下客流，也为了让线上引流来的顾客能更顺利地到达门店，店长希望销销全面了解门店在商圈的可见度情况，并提出一些初步改进建议。销销打算请总部的营营一起来帮忙，请你和他们一起来完成这项挑战吧。

任务描述

餐饮门店是餐饮企业形象的重要展示，是与消费者建立信任的重要渠道。本任务一介绍了餐饮门店的重要作用和提高餐饮门店线下流量的方式。

任务目标

（1）理解餐饮门店在互联网背景下的重要作用。
（2）掌握提高餐饮门店线下流量的主要方式。
（3）掌握餐饮门店进行宣传的主要方式，并能选择合适的广告媒介。
（4）掌握餐饮门店进行广告投放时需要考虑的主要因素。

任务导入

辣椒炒肉是湖南人餐桌上十分常见的一道菜，而湖南长沙的某餐饮品牌，仅凭借这道辣椒炒肉，就成了全国品牌。该品牌的线下宣传别具特色，一是在顶流商圈密集宣传，比如，长沙人流量最大的地方是五一广场商圈，该品牌就从通往五一广场的地铁入手，在地铁站内挂满广告灯牌，在行驶的地铁上则采用全覆盖式内包车配合车载电视动态播放品牌广告，等到了五一广场商圈，品牌再度投放广告到户外LED大屏，在商场内部也投放大量灯牌，使乘客们从进入地铁站开始，就身处"某某辣椒炒肉"的海洋之中，不需要特意去留意，就能接收到品牌信息。除五一广场商圈外，该品牌在其他的热门商圈也采取类似的集中投放策略。二是它在目标消费者日常生活必经的楼宇，围绕门店周围的社区高频投放促销广告，向消费者传递品牌和门店信息，提升品牌影响力和产品销量。而等消费者进入商圈，则会抬眼可见"某某辣椒炒肉"的招牌和其主打菜辣椒炒肉的图片。通过商场内部四周的灯牌、巨幅悬挂广告、地标和电梯广告等，顾客可以直观了解到店铺的位置信息，消费转化率大幅提升。三是它的门头以绿色为主调，在一众餐饮门店中格外亮眼。通过优化空间布局和展示功能，将猪肉、辣椒等食物明档前置，让消费者在路过、等位、进店时，就能感受到食材的新鲜，更突出"辣椒炒肉"的地位。

思考：你认为该餐饮品牌从一个地区性品牌成长为全国品牌，在线下吸引客流的具体做法上，有哪些是值得餐饮企业借鉴的？

知识精讲

一、餐饮门店的重要作用

一直以来,线下餐饮门店是餐饮消费者进行餐饮消费的主要场所。随着餐饮业数字化进程加快,外卖和堂食相互促进,外卖逐渐成为许多中小型餐饮企业尤其是快餐企业的重要销售渠道,甚至有一些餐饮企业设立单独经营外卖的店铺。然而对于餐饮企业来说,线下的餐饮资源占据着举足轻重的地位,餐饮门店依然有着不可替代的重要作用。

(一)餐饮门店是餐饮企业形象的重要展示

线下餐饮门店的重要优势在于增强以场景为中心的用户体验,增强顾客对餐饮产品品质和品牌的认知。餐饮门店是餐饮企业的直接门面,其装修风格、布局设计、服务质量等都直接反映了企业的品牌形象。通过门店的展示,餐饮企业可以向顾客传递其品牌理念、文化特色等,增强顾客对品牌的认知和记忆。一个良好的门店形象能够提升餐饮企业的竞争力,吸引更多的顾客前来消费。

(二)餐饮门店为餐饮顾客提供即时且直观的餐饮体验

许多餐饮门店能够直接为顾客提供即时的餐饮服务,满足顾客的即时需求。日常餐饮消费与其他消费不同,顾客有着丰富的购买经验,一般情况下无需考虑、衡量再三才进行购买。在饿的时候,看到餐饮门店美味的食物进店消费是很自然的行为。在店内,顾客可以享受到即时制作出的美食,享受餐饮门店的氛围和服务,这种体验是外卖无法替代的。

(三)餐饮门店的堂食能提供与外卖不一样的消费场景

外卖多数时候解决了顾客日常的生活餐和工作餐问题,而堂食除了提供餐食以外,还提供了一种独特的消费场景,顾客可以在餐饮门店内与亲朋好友聚会、交流,享受社交的乐趣。很多人聚餐或者一些有特定目的的宴会(如婚宴、寿宴、商务宴)等一般都会选择堂食。与外卖相比,堂食的消费场景更加丰富和多样化,能够满足不同顾客的需求和喜好。

(四)餐饮门店是与消费者建立信任感的重要渠道

在门店内,顾客可以直观地看到食材的新鲜程度、餐厅的卫生状况等,这些都有助于建立企业与顾客之间信任感。在餐饮门店里,餐饮门店工作人员可以与顾客面对面地交流并提供服务,能够让顾客感受到餐饮门店的真诚和热情,进一步加深顾客与餐饮门店之间的信任关系。整体来说,相对于外卖,餐饮门店的消费体验更有助于提升顾客的用餐体验,提高顾客对餐饮门店的好感度,加强顾客与餐饮门店之间的联系,提高顾客的忠诚度,以赢得顾客的信任和口碑。

从当前餐饮发展趋势来看,堂食、外卖、外带是未来餐饮发展都不可或缺的。线上线下资源都需要充分利用,不能厚此薄彼。

二、提高餐饮门店线下流量的方式

大众餐饮消费中,很大比例是体验式消费、随机消费。而在随机消费中,人们容易受到现场广告的影响。餐饮门店的客流主要依赖于人流量,大人流量意味着高投入。餐饮企业要提高线下流量,吸引顾客进店并消费,通常需要提升可见度。一方面可以加强门店外观的设计,提高可见度,吸引路过的顾客进店;另一方面可以在门店周边进行精准的广告投放,吸引周边的常住顾客进店消费。

（一）门店外观吸引消费者进店

对于餐饮门店来说，如果门店附近的人流不能看到门店的相关信息的话，直接进店消费的可能性就会大大降低。因此，餐饮门店需要通过各种方式来提高门店的可见度。一般情况下，餐饮企业要站在不同类型的顾客（比如通过不同交通方式进入门店的顾客）的角度来考虑门店的展示问题。具体来说，可以从以下几个方面来入手。

❶ 位置　餐饮门店在一开始选择店铺位置的时候，就要慎重考察该店铺所在商圈的人流量，找到人流的主要动线和聚客点，通过优良的位置来吸引消费者。人流的动线，是指人们进入或者离开商圈的主要路线。这需要考量商圈周边的道路、红绿灯、停车场出入口、商场进出口、人行道等的设置情况。此外，商圈内大量复杂的店铺类型、大型营销活动的展示等都会对人流动线产生一定的影响。聚客点指的是人流较为密集的地方，人们会放慢脚步或者停留下来。这是可以吸引消费者关注，提高转化率的重要地方。当然，良好的店铺位置通常也意味着高的店面租金，若资金不足，也可选择位置不够显眼的地方，然后从其他方面来吸引消费者。

❷ 商圈可见度　这里主要是指消费者从进入餐饮门店所在的商圈到进入餐饮门店门口的过程中，是否能够看到与餐饮门店的相关信息。在商场外部可以设置墙面广告、悬挂广告、灯牌广告、数字屏广告等，标出店铺的楼层信息。也可以在主要道路、户外广场、大型立柱上设置挂旗、指示牌、霓虹灯广告等，全面提升门店的存在感。一些固定的广告必须在餐饮门店规划之初就要提出具体设想和建议。在商场内部，可以在特卖区、专用促销区域、商场内指示牌上、各种电梯内外、停车场、所在楼层等设置不同的广告，通过立牌、横幅、地面贴、电子灯箱等方式指引消费者到店。提高在商圈的可见度，可以有效防止消费者在去门店的途中被其他餐饮品牌截流，也可以截流部分没有明确用餐目标门店的餐饮消费者。

徐记海鲜的商圈广告见表10-1。

小贴士10-1：
餐饮门店夜间的可见度

表10-1　商圈广告（以徐记海鲜为例）

广告位置	广告图例	
商场外部	 户外LED大屏广告	 门店墙体广告
	 户外灯箱广告	 幕墙灯箱广告

续表

广告位置	广告图例	
商场内部	停车场立柱灯箱广告	商场电梯入口广告
	停车场通道广告	商场立柱广告

❸ **门店可见度** 这里主要是指消费者走到餐饮门店附近,被门店外观吸引进店。消费者走到门口,通常可以看到以下信息:门店名称、品类、装修风格、门前卫生、人员形象、店内氛围、菜单展示、优惠活动、门口人气等。通过快速地获知餐厅这些信息,消费者会产生是否进店的预判。消费者一般会选择给他留下较好印象的门店。通常可以通过门头和店门口的相关展示来吸引消费者进店。门头通常可以传达品类、品牌、宣传语等信息,是全方位展示门店特色的重要工具,灵活组合各种有效信息可以发挥门头的引客功能。门店开展的促销活动可以大大提高消费者进店的概率,因此一定要让消费者在进店前就能看到门店的促销信息。可以通过在店门口悬挂横幅、张贴海报、设置立牌等方式展示促销信息。同时也可通过店门口的展示区域进行特色菜品展示,也可以通过门店电子屏幕展示特色菜品的宣传视频或精美图片等,让消费者产生兴趣和信任,提高进店的转化率。

知识链接 10-1:如何设计一个好门头

(二)餐饮门店周边的广告宣传

对于大型连锁餐饮企业而言,企业会根据实际通过各种全国性、区域性媒介如电视、广播、报纸、新媒体(如大众点评、小红书、抖音、今日头条等)来进行品牌或产品宣传。而对具体餐饮门店而言,门店周边的目标消费者是重要的客户来源,因此需要通过进行精准的广告宣传,让周边的潜在消费者都能了解到餐饮门店相关信息。

❶ **门店广告常用媒介** 门店广告常用的媒介包括电梯、公交车车身、公交站牌、地铁路牌、门禁、道闸等,下面重点介绍四种。

(1)电梯广告:人们几乎每天都要出入电梯,人们在等电梯、电梯上下运行时,也是最无聊的时候,有强烈的、下意识的视觉需求,广告画面的出现自然成为视觉的中心。所以,餐饮门店可以选择目标消费者所在的小区住宅楼、写字楼、商住楼或者周边单位和组织的电梯进行宣传推广。

电梯广告主要有以下优势,一是针对性,可以精准地投放到目标消费者所在的地区;二是高频性,乘电梯的人每天可多次阅读;三是表现性,表现力强,可以动静结合,给消费者较强的画面冲击力;四是强制性,由于电梯空间的狭小和封闭性,可以免受其他众多广告干扰,强迫性阅读力度较大;五是低成本,低广告成本,高性价比。电梯广告的这种特性,可以实现餐饮广告信息的高效到达和强制到达。

根据表现形式,电梯广告可分为如下几种。一是框架式广告,通常以海报形式为主的平面媒体呈现,分布在电梯轿厢内壁和电梯等候区墙壁。二是投影式广告,将画面投影到写字楼电梯内壁的上方或电梯口下方,从而引起乘电梯的人的关注,其表现形式更为丰富、新颖,动态画面更能抓住眼球,冲击力更强。三是门贴式广告,门贴式广告是指将广告用 PVC 或 PET 双喷布材质打印后,粘贴在电梯门上。四是电子屏式广告,是以播放视频广告的形式向乘电梯的人传递信息,更适用于高端品牌的综合多媒体呈现,利用声画结合的优势,在封闭性较大的电梯空间里打造沉浸式观看体验,强化受众的品牌记忆,全方位向消费者传递产品信息、促销信息等。当前许多电子屏可以实现联播,可起到更好的广告效应。

餐饮门店在选择电梯广告时,应该注意以下几点:一是应选择人员比较密集、入住率较高的住宅楼或写字楼等。二是要根据门店周边的电梯分布数量、密度、对应人群等情况,一次性做好电梯投放计划,达到一定的区域覆盖量,以起到更好的广告效果。三是要联系相关电梯广告代理公司,咨询好广告投放的相关事宜,并及时地跟进广告投放情况。

(2)道闸广告:发布载体为道闸挡杆,在社区现有道闸挡杆上设置广告牌,也可为 LED 显示屏或 LCD 液晶显示屏。同时还广泛应用于各主要交通干道的沿街商圈、大型停车场、商住小区、商业广场、写字楼、餐饮酒店等车辆必须进出的场所。道闸广告主要受众为开车的人群,因此对于中高端餐饮企业来说,也是一种较好的广告媒介选择。

道闸广告的优势如下。一是干扰度低,道闸周围一般没有其他形式的广告媒介,道闸一般位于小区广告的真空区,人们在看到时会对这种广告产生非常深的印象。二是重复性高,将广告安装在车辆的出入口道闸上,每次进出必看,大幅度地提高了广告的曝光频率,使受众对广告内容印象深刻,从而对企业和产品产生较好的品牌认知。三是针对性强,道闸广告锁定的是城市中的高等消费人群——有车有房群体,这部分人群的消费能力较强。四是强制传播,道闸广告安装在物业、商场、停车场等出入口,是人们出入必经之地,具有强制传播的效果,当开启的道闸给车主放行时,受众群体肯定会注意面前的活动空间,以确定是否可以安全通行。

(3)门禁广告:门禁广告的优势一体现在其高度的目标受众定位能力。由于门禁系统通常安装在人口密集区域的出入口,因此广告信息可以精准地触达特定社区或场所的居民和工作人员,实现精准营销。门禁广告的优势二是具有较高的曝光频率。居民和访客在日常生活中反复通过门禁,使得门禁广告的信息频繁展现在目标受众面前,增强了广告信息的记忆度和影响力。门禁广告的优势三是具有互动性,可为广告商提供更多的创意空间。一些门禁系统配备了触摸屏和交互功能,可以与用户进行互动,如播放互动视频、提供优惠券下载方式或进行问卷调查,可提高用户的参与度和增强广告效果。

对于餐饮企业而言,可以采用电梯、道闸、门禁广告等单独或者组合的方式,精准地将广告投放到周边的目标消费者群体,加深目标消费者群体对广告内容的印象,最终让目标消费者群体不管是在线上消费还是线下消费,都能够想起该餐饮企业。

知识链接 10-2:
餐厅如何有效发放传单

(4)传单:对于大多数餐厅来说,传单是比较经济易行的让他人了解餐厅的方式。但是如何挑选合适的时间在合适地点将传单发给合适的人,却是比较困难的。传单的最大作用,就是传达餐厅想让消费者知道的信息,因此在传单设计时,一是需要突出重点,让消费者一眼看到主题,如开业大促销、打折等。二是关键词不宜过多,信息切忌多而全。传单要体现出对消费者的最核心卖点,如果求多求全,消费者会难以选择,最终反而会放弃。三是要图文并茂,有鲜明特色。传单要紧紧围绕主题进行设计,选择能够表达重点内容的文案、配色或产品图片等来吸引消费者。

在信息爆炸时代,要将传单精准送达目标消费者手中,必须要先了解自己的消费者在哪儿。由于传单大多数是由临时招聘的地推人员发放到消费者手中,因此需要事先根据人群的流动性特点选好发放传单的具体地址。

❷ 广告投放时需要考虑的主要因素

(1)广告投放的有效性。餐饮企业在选择广告区域时,需要考虑该区域的餐饮消费水平是否与餐饮企业的定位相匹配。通常可以从餐饮门店周边的住宅区域、写字楼、主要企业和政府机构等相关组织的具体布局和信息,分析门店的目标消费者在哪儿,然后从这些区域的入住率、广告位的密度和数量等综合来考虑,明确在哪些区域投放广告,以确保这些广告可接收群体大多数是自己的目标人群。

(2)广告投放的时效性。企业应考虑选择在什么时候、什么位置投放广告。比如在办公楼投放的广告,投放时应考虑到该办公楼主要人群的上下班时间。比如在商圈投放的广告,主要考虑该商圈人流的高峰期以及节假日等时间。

知识小测

小试牛刀

通过对线下餐饮门店吸引顾客进店的相关知识介绍,你是不是对怎样吸引线下流量有了一定的了解呢?接下来,请你帮助营营和销销一起,帮助他们寻找门店存在的问题,提出具体的解决方案吧!

任务闯关卡

任务名称	分析餐饮门店可见度
成果形式	餐饮门店可见度的提升策略
成果要求	1. PPT:包含餐饮门店可见度现状、问题和提升策略。 2. 要求:以图片、视频等资料展示餐饮门店的位置、商圈可见度、门店可见度情况,并分析存在的具体问题,再结合门店的实际情况提出餐饮门店可见度提升的具体策略
完成路径	1. 小组选择附近商圈内的一家餐饮企业,集体讨论分析消费者进入该餐厅的不同路径。 2. 分工协作,采取步行、公交、地铁、打车、驾车等不同的到店方式或从不同位置进入该商圈的这家门店,将不同路径接触到的该门店的相应信息以拍照或拍视频的方式进行留存。 3. 将不同路径下该门店的可见度情况进行分析总结,并提出具体问题与优化建议。 4. 小组集体探讨不同路径下该门店的可见度存在的具体问题,并对优化建议进行讨论(最好可以邀请该门店的经营者参与讨论,了解从门店实际经营角度来看是如何来考虑这些具体问题的),最终将讨论结果形成小组的PPT

从当前餐饮发展趋势来看,能够将线上线下有机结合的餐饮企业会更好地赢得顾客。通过该任务的探索,实地对餐饮门店可见度进行调研,了解餐饮门店可见度对餐饮门店的意义,学会通过提高餐饮门店可见度来吸引线下流量。如果你有兴趣的话,还可以了解一下该门店在周边进行广告宣传的情况!

在完成本次任务的过程中,你遇到了哪些困难和疑惑?你是怎么去解决的?将你在完成本次任务中的收获、困惑、反思及改进措施等记录下来吧!

 收获:

 困惑:

 反思及改进措施:

任务二　餐饮堂食销售

扫码看课件

扫码看微课

[职场闯关记]

销销所在门店近期要做一次中秋节促销活动。为了更好地完成主推菜品的销售,店长希望销销在全面了解主推菜品的基础上,设计一段简单的菜品推介词,作为该菜品向顾客宣传的主要参考。销销平常都是根据公司提供的菜品推介词来向顾客介绍菜品的,第一次挑战自创推介词,还是有一定压力的。请你想办法帮他来完成这项挑战吧。

任务描述

餐饮堂食销售一直以来是门店营销人员的重要工作之一。本任务介绍了餐饮堂食销售的特点,顾客进店前推销和进店后推销的主要流程和方法,以及菜品推介词的创作。

任务目标

(1) 理解餐饮堂食销售的特点。
(2) 掌握 FABE 和六维菜品推介法。

(3) 掌握菜品推介的关键点,能为顾客点菜、配菜做参谋。
(4) 能根据餐饮门店菜品的特点,创作菜品推介词。

任务导入

历史深远的中餐,讲究色、香、味、形以及四时变化,一盘精心料理的菜肴,亦是中国传统文化的体现。中国意境菜的创始人大董先生,巧妙地运用中国绘画的写意技法、中国盆景的拼装技法,并结合文学、陶瓷艺术,打造了体现中国式"雅"的大董意境菜。大董有很多经典菜品,如江雪糖醋小排,以"千山鸟飞绝,万径人踪灭。孤舟蓑笠翁,独钓寒江雪"为创作灵感,结合盆景,表现出大寒的景象。大董对于菜品的介绍也别出心裁。

大董·格拉三肚菌和春蚕豆

羊肚菌是一年里最早出现的菌,为"草八珍"之一。作为珍品,鲜美和稀缺是其主要特质。菌肉经过烹调,热而不绵,鲜而隽永。这一点仅次于西餐中的松露。瑞士的真菌学家高又曼给予它以"珍馐"评价,说:"羊肚菌和马鞍菌是价值很高的厨珍。"正所谓"口之于味也,有同嗜焉"。羊肚菌,是春天最完美的句号。搭配春天正当季的蚕豆,满口都是春的味道。

大董·安徽太和椿炸酱面

没有香椿的炸酱面是不完整的,春味里最让人盼了一年的当属香椿,爱的人极爱。因南北方天气不同,南方的香椿更早成熟,这道菜选用的是四川的香椿。"椿"字是木和春的合体,两个字都有新生的意思。春天食时蔬,有椿作伴,心木逢春又发芽,算作朝朝暮暮。

> 思考:上述菜品的描述是否勾起了你尝鲜的欲望?你认为餐饮企业员工为顾客当面介绍菜品对于提升顾客体验方面有何作用?

知识精讲

一、餐饮堂食销售的特点

互联网改变了传统餐饮行业的就餐形式,传统的餐饮品牌逐渐通过线下和线上平台吸引顾客,也出现了一些全部依赖线上平台流量的纯外卖品牌。然而由于餐饮是一个注重线下体验的行业,因此堂食依然是餐饮行业的重要支撑,是餐饮消费的重要渠道。尤其是对于中高端餐饮企业来说,门店独特的餐饮环境、服务和菜品体验,是除堂食外其他就餐形式无法拥有的。具体来说,餐饮堂食销售有以下特点。

(一) 实时性

餐饮堂食销售具有高度的实时性。顾客在餐厅内用餐,意味着他们立即就能对菜品、服务等方面进行评价和反馈。这种即时性要求餐厅在菜品质量、服务效率等方面都要有很高的水准,以满足顾客的需求。

(二) 互动性

餐饮堂食销售过程中,餐厅与顾客之间的互动非常频繁。餐厅员工需要与顾客沟通,了解他们的需求,提供个性化的服务。同时,顾客也可以通过与服务员的交流,获得更好的用餐体验。这种互动性有助于提高顾客对餐厅的忠诚度和满意度。

(三) 体验性

餐饮堂食销售不仅仅是提供食物,更是一种整体的用餐体验。餐厅的环境、氛围、音乐等都会影响顾客的用餐感受。因此，餐厅在提供食物的同时，还需要注重营造舒适、愉悦的用餐环境，以提升顾客的用餐体验。

（四）差异性

餐饮市场非常多样化，不同地区、不同文化背景的顾客对菜品的需求和口味偏好都有所不同，对餐饮体验的感受也会有差异。因此，餐厅在提供堂食服务时，还需要考虑到顾客的不同需求，提供多样化的菜品和针对性的服务，以满足不同顾客的需求。

二、餐饮堂食销售的过程

在餐饮堂食销售过程中，常常需要进行人员推销。人员推销即餐饮企业员工面对面地与顾客沟通，向顾客传递信息，以吸引顾客产生进店购买欲望，促进购买餐饮产品行为为目的而进行的一系列活动。人员推销是非常重要的促销手段，现代餐饮企业大多实施全员营销，人人都是推销人员，所有员工都必须掌握人员推销的技巧。从顾客购买决策阶段来看，我们可以将门店的推销分为进店前和进店后两个阶段。进店前推销的重点是吸引顾客对餐饮门店产生兴趣并进店，大多数的餐饮企业都会在门店周边招揽顾客。进店后推销则主要为菜品推销，许多餐饮企业并没有专门设置销售人员，一般通过事先规划好企业的菜品结构，精心设计的菜单等，引导顾客快速选择菜品。而对于许多中高端餐饮企业来说，一般会安排专门人员为顾客提供菜品推介服务，为他们参谋点菜和配菜。

（一）进店前推销

由于商场人流量一般较大，顾客用餐有较大随意性，因此商场内的餐饮门店通常会派餐饮推销人员在门店附近招揽顾客。在这种情况下，餐饮推销人员与顾客沟通的时间较短暂。让顾客在短时间内产生兴趣从而吸引顾客进店是需要技巧的，具体可以从以下三个方面来做。

❶ **形象** 餐饮推销人员应随时随地保持微笑，着工装、工鞋，工装应干净整洁，无破损、污渍、褪色等；佩戴好胸牌，胸牌佩戴于左胸前；头发整洁，不留碎发，女性按照发型发饰要求扎好头发，并化淡妆。统一的人员形象有利于顾客在视觉上留下良好印象。

❷ **语言** 由于进店前的推销时间通常情况下非常短暂，因此在语言上必须简单明了，把握住顾客想吃什么，敏锐觉察顾客犹豫的理由，以成功吸引顾客。

具体可以借鉴 FABE 销售法，即特色、优势、利益和证据。F(feature)即特色，先列出餐厅最重要的特色，如菜系、口味特点、环境、价格、服务等方面，展现餐厅的特色。A(advantage)即优势，说明顾客购买的理由，即顾客为什么要到你们餐厅用餐，你们餐厅与商场内其他餐厅相比优势在哪里。B(benefit)即利益，能够带给顾客什么利益，激发顾客购买的欲望。例如，餐厅可以解决孩子的用餐和托管问题，带孩子的家长可以在该餐厅吃上一顿轻松的饭。又如，对于爱美女士来说，这家餐厅可以提供营养美味的菜品等。最后是 E(evidence)，即证据，通过一系列的证据来现场演示，证明所说属实，值得顾客信赖。这需要结合餐厅门店实际情况来进行。如：餐厅设置敞开式厨房，可以让顾客感知到较可靠的菜品质量；如果餐厅设计时无法让顾客直观看到厨房的情况，也可以通过监控实时播放；部分档口直接设为明档，尤其是一些特色食品可以直接在显眼位置制作，现场制作可刺激顾客视觉、听觉、嗅觉、味觉等各个方面，甚至还可以提供试吃服务；门头设计吸人眼球，或者可以直接带顾客进去感受餐厅的环境和氛围等。

销售人员首先要解决顾客"我为什么要听你讲"这个问题，先说明这是家什么样的餐饮门店，然后才能继续说明对顾客有什么好处，并提供证据以赢得顾客的心。在此过程中，顾客可能会犹豫、怀疑甚至拒绝，这就需要通过观察顾客来辨别顾客内心真实的想法，并提出解决方案。以烤肉店为例，如果顾客担心老人、小孩不喜欢吃，则推销人员应立马介绍老人、小孩都可以吃并且喜欢的产品，如烤香蕉、烤菠萝、寿司、鳗鱼饭等，可提供儿童免费蒸蛋等；如果顾客担心油烟味，立刻介绍有卡座，还有包厢，环境舒适，油烟往下排放，还提供围裙、精油喷雾等，让顾客免除气味方面的担忧；如果顾客顾虑价格，则立马介绍近期优惠活动。

FABE销售方法非常具体,可操作性强,能非常巧妙地处理顾客关心的问题,从而吸引顾客进店。不过前提是一定要深入了解顾客真正的需求,对顾客消费需求足够敏感;对餐厅菜品和活动足够了解;对餐厅产品服务足够自信,这样才能成功吸引顾客!

❸ **动作** 主要包括递送传单和引领服务。在商场人流集中地进行宣传,如在电梯口、电梯内部、商场中心位置进行海报宣传,在人手较充足时,可以在商场入口、餐厅楼层入口、餐厅门头附近分配员工发放传单,主要告知餐厅位置、餐厅促销活动、主要特色的等信息,并邀请顾客进店用餐。发传单切忌机械式发放,应积极主动将传单递到顾客面前,并配合适当的语言说明和邀请,否则顾客可能不会愿意接受传单或者出于礼貌接受了传单但转手就丢进了垃圾桶。例如,"女士您好,我们某某餐厅环境好,主打湘菜,口味很不错,今天还有活动,这个传单上有具体信息,麻烦看一下,谢谢。"言简意赅,不耽误顾客时间,也能引起顾客的注意,意向顾客一般会认真看传单。

在对意向顾客进行引领时,应主动询问顾客是否需要帮忙拿衣物或其他行李,提醒顾客当心台阶。引路时,推销人员应走在顾客的前侧,并配以手势指引,步速适中;引路时要注意与顾客保持一定距离,不可只顾自己往前走,到达餐厅区域应与其他人员无缝对接进行顾客安排,完成本次进店前的人员推销工作。

推销人员要在形象上吸睛、语言上顺耳、动作上暖心,抓住餐饮顾客心理,才能出色地完成进店前的推销工作。

(二)进店后推销

在顾客进店后,推销的重点是菜品。点菜是餐饮服务工作中的重要一环,也是菜品推销的关键环节。点菜对于顾客用餐体验会产生重要影响,因此掌握点菜技巧能够提升顾客用餐体验,同时也有助于餐饮企业的经营。

❶ **点菜人员需要掌握的基础知识** 在点菜过程中,点菜人员首先应掌握以下两个方面的基本知识。

(1)掌握餐厅的菜品知识。主要包括七个方面,一是熟悉餐厅菜系分类及每个菜系分别有的菜品、特色、销售价格;二是熟悉特色菜品的品种及销售价格、做法;三是熟悉招牌菜品、核心菜品、重点菜品、当季菜品;四是熟悉所有菜品的产地和功效;五是熟悉点菜设备的使用,多练习操作,尤其是特殊菜品的备注操作;六是熟知菜品的制作时间和上菜要求;七是熟悉菜品搭配,包括荤素搭配、冷热搭配、档口菜品搭配、器皿搭配、色彩搭配、营养搭配、食性搭配。掌握以上专业的菜品知识能够让点菜人员精确地为顾客做出适合的菜品推荐。

(2)掌握餐厅的点菜知识。一是熟记当餐沽清菜品、招牌菜品、核心菜品、重点菜品及份数;二是熟悉菜品结构,及时进行调整及提升;三是点菜前了解顾客的消费类型,以便推荐合适菜品;四是为熟客提前预留菜品;五是掌握点菜关键点,提醒顾客点菜数量、复述菜单、询问顾客上菜时间等。掌握这几个基本的点菜知识能够提高点菜效率,提升顾客体验。

❷ **菜品推介的关键点** 在菜品推介过程中,点菜人员要关注顾客的需求,不能因为个人私利损害顾客利益,只有满足顾客真正的需求,才会提高顾客的认可度。因此在为顾客进行菜品推介的过程中,还有以下几个关键点需要掌握。

(1)菜品数量提醒:增加顾客对品牌的信任感。询问用餐人数,建议顾客考虑总菜品数量为 N 至 $N+2$(N 为就餐总人数),不够再加。当顾客所点菜品数量超过 $N+2$ 时,应提醒顾客。例如,"一共 10 位顾客对吗?建议您点 10~12 个菜就够了,不够可以再加。"

(2)提示点菜金额:不超出顾客预期消费标准。建议给顾客直接看点菜机总金额,不一定要报出来。例如,"目前您点的菜品金额是××元,您看是否需要调整?"

(3)了解顾客的消费类型,通过客服预定、点菜询问和餐前餐中观察,明确消费类型,做针对性推荐及后续服务。对于家庭、朋友聚餐,可推荐实惠菜品,数量和分量适中;对于商务宴请,可以推荐

知识链接 10-3:
如何针对挑剔的顾客进行菜品推介

"面子菜",考虑菜品数量或分量适当增加;通知厨房保证上菜顺序。

(4) 询问忌口、特殊要求:规避过敏风险,完善顾客喜好信息。点菜前了解顾客忌口与过敏提示,可通过"请问您和您的客人有没有什么忌口(或不吃的)"之类的话语进行询问。

(5) 复述菜单:合理搭配让顾客吃得舒心。所有菜品要经过顾客确认,我们可以这样和顾客确认,"您好,我向您复述一下菜单吧,您点了蒜蓉粉丝蒸龙虾、金钱海鸭蛋、冲浪活海参、小炒红菜薹,对吧?"

(6) 确定等叫与起菜及时下单:这样可以提高上菜速度。点菜后根据顾客回答灵活处理并给予顾客建议。有些菜品如海鲜类、蒸制类、现宰现杀类等,为提高上菜速度,可与顾客确认"请问您的客人到齐了吗?""请问现在可以上菜吗?"后再下单。

❸ **菜品推介词的创作** 餐饮企业一般会对员工进行菜品知识培训,让员工熟练掌握菜品知识,掌握菜品的主要特色和卖点等信息。优秀的菜品推介词能让顾客快速掌握餐饮产品信息,产生消费兴趣,进而产生购买行为。因此,为餐饮门店销售的餐饮产品设计一份专业的菜品推介词,既有利于门店员工掌握菜品知识,又有利于引导顾客做出正确的消费选择,还能让门店实现菜品经营的具体目标。

在进行菜品推介词的创作时,应当充分了解菜品的原料知识、主要的烹饪技巧、上桌的具体方式、最终呈现的效果等方面的信息,并清楚地知道该菜品与竞争者的菜品相比有哪些优劣势,再根据消费人群特点来进行写作。具体创作过程中,可以采用六维菜品推介法。"六维"指的是以下六个方面的内容:一是菜品的地位;二是原料;三是烹饪工艺;四是具体口感;五是营养价值;六是带给顾客的好处(图10-1)。

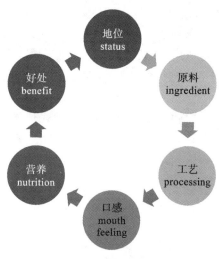

图 10-1 六维菜品推介法

例如,某海鲜店的冬季养生菜品——虾蟹干贝粥,就可以进行如图10-2所示的推介。

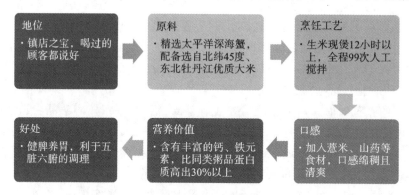

图 10-2 六维菜品推介法(以虾蟹干贝粥为例)

菜品推介词的写作切忌虚假宣传,要合法合规地如实向顾客介绍菜品。同时菜品推介词只是一个菜品介绍的通用参照,在具体应用时,需要根据不同顾客的不同消费场景,有针对性地进行介绍,而非机械式地照搬照用。

▶ **小试牛刀**

通过对线下餐饮门店吸引顾客进店的相关知识介绍,你是不是对怎样吸引线下流量有了一定的了解呢?接下来,请你帮助营营和销销一起,帮助他们寻找门店存在的问题,提出具体的解决方案吧!

任务闯关卡

任务名称：创作菜品推介词

成果形式：菜品上新展示视频

成果要求：
1. 视频：对新品进行介绍，并说明该菜品的推介要点。
2. 要求：以视频形式向顾客进行菜品推介，结合 FABE 和六维菜品推介法向目标顾客推介菜品，并作为菜品知识培训的视频，向员工说明该菜品在推介时的要点

完成路径：
1. 教师结合合作企业菜品上新情况，向学生提供 6~8 道菜品的相关信息。
2. 学生分工协作，深入挖掘该菜品的内涵，并与教师和企业人员保持沟通，尽可能获得全面的信息，并创作菜品推介词。
3. 小组进行研讨，最终确定菜品推介词的终稿，并分析该菜品推介要点。
4. 小组结合合作企业的情况，课余赴企业进行实地拍摄，再通过后期剪辑和创作形成菜品推介视频

探究与反馈：

通过该任务的探究，你对菜品推介应该有了更为深刻的认知。菜品推介作为门店菜品销售的重要环节，推介得好也能给顾客带来更好的体验。如果条件允许，可以对比一下不同菜品推介词的营销效果，更深刻地感受一下菜品推介词的魅力！

在完成本次任务的过程中，你遇到了哪些困难和疑惑？你是怎么去解决的？将你在完成本次任务中的收获、困惑、反思及改进措施等记录下来吧！

☺ 收获：

☹ 困惑：

❓ 反思及改进措施：

任务三 门店活动策划

[职场闯关记]

公司为了提高部分中秋特色菜品的销售额,提升顾客用餐体验,打算在中秋节期间做一次营销活动。为了吸引更多的客流,营造更浓厚的节日氛围,进一步提升公司的品牌形象,公司抽调门店的销销配合营营一起来负责线下门店的营销活动方案设计。请你和他们一起来完成这项挑战吧。

任务描述

餐饮门店需要通过策划各类门店营销活动来达到吸引新老顾客、提高用户体验、扩大经营的目的,餐饮门店活动的策划实施也成为许多企业营销的日常工作。本任务介绍了餐饮门店活动的重要性和活动策划实施流程。

任务目标

(1) 理解餐饮门店活动的重要性。
(2) 掌握餐饮门店活动策划实施流程。

任务导入

季季红火锅近几年来倾力打造七夕红粉节,热度连年攀升,门店等位排队,抖音、小红书等平台疯狂讨论,话题刷爆社交平台。季季红是如何做到的呢?

(1) 打造仪式感,发现新的商业价值:为自愿想留纪念的情侣赠送季季红七夕情侣证、官方盖章认证,推出江西11座城玫瑰打卡点、全新玩法"鸳鸯会员"抽奖等活动。还组织"当爱抵达武功山"七夕活动,从几千名情侣中邀请10对挚爱情侣免费参加活动,让山川与云海见证大家的火锅爱情。

(2) 品牌联动,打造消费新场景:门店推陈出新,打造更受年轻人喜爱的PINK主题店、宇宙迪斯科主题店、海昏侯汉风主题店等各类主题门店。甚至将火锅店开到近2000米海拔的武功山上。门店营造的主题氛围感与美食的享受,使顾客的视觉、味觉都得到了极大的满足。

(3) 打造恋爱圣地,烘托节日氛围:季季红每年在七夕举办"季季红始终相信爱情"的活动是在给顾客加深周期印象,让顾客提起七夕就会想到季季红,提起恋爱圣地会去季季红,借助"给亲吻的顾客送'小郡肝'""设置巨型玫瑰打卡点"等活动,为年轻消费者打造出"省钱又浪漫"的餐饮消费新方式。

季季红正是通过精心策划,打造出了独属于在季季红过节的仪式感,最后收获了顾客对品牌的正向反馈。

> 思考：季季红打造七夕红粉节的秘诀在哪里？对于门店营销活动的策划，你得到了什么启发？

 知识精讲

餐饮企业往往会利用自身或社会环境中的有关重大事件、节假日、纪念日等举办各种活动，通过线上线下的活动策划，起到一定的营销效果。常见的餐饮门店活动有四季菜品上新活动如新品品鉴会，门店庆典类活动如开业庆典、周年庆典等，常规节庆类活动如元旦、端午、中秋等节日活动，传统二十四节气活动如立春、冬至日活动等。餐饮企业需根据实际情况制订门店活动策划方案，确保活动符合市场趋势与顾客需求，以达到理想的营销效果。

一、餐饮门店活动的重要性

（一）增加门店客流量与销售额

餐饮门店活动的举办往往能够吸引更多的顾客进店消费，直接提升门店的客流量，进而增加销售额。如通过美食节、折扣优惠、亲子活动、主题活动、试吃体验或烹饪演示等，门店可以吸引更多潜在顾客的关注，推广新产品或特色菜品，引发他们的兴趣和购买欲望。活动能让顾客在享受美食的同时感受到乐趣，有效促进销售额的提升。

（二）增强互动性与优化顾客体验

餐饮门店活动常常伴随着优惠、折扣或特色体验，这些元素也是优化顾客体验的重要途径。通过设计有趣的互动环节、提供优质的服务和舒适的用餐环境，餐饮门店能够展示自己的专业性和创新精神，增加顾客与餐饮门店的互动和沟通，让顾客更加深入地了解餐饮门店的特色和优势，优化顾客体验，进而对门店产生信任和好感。通过增强顾客的满意度和忠诚度，进一步促进他们的重复消费和口碑传播。

（三）提升品牌形象与知名度

通过举办活动，餐饮门店能够吸引更多潜在顾客的关注，从而扩大品牌知名度。活动还可以作为收集顾客反馈和市场调研的契机。通过在活动中与顾客的互动和交流，餐饮门店可以了解顾客的需求和喜好，为产品改进和服务优化提供有价值的参考。精心策划的活动能够增加门店的知名度和话题度，还能通过顾客的参与和口碑传播，以及顾客自发地在社交媒体上的传播，塑造正面的品牌形象。

二、餐饮门店活动策划实施流程

（一）明确活动目标与定位

在策划活动之前，首先需要明确本次活动的目的是什么？常见的目的有提升门店知名度、吸引新顾客、促进老顾客回购、推广新产品或特色菜品、增加销售额等。

确定活动目标后，需要找准市场定位，明确自己的用户画像，如年龄、性别、消费习惯等，并且分析竞争对手的活动策略与效果。通过市场定位及竞品分析，从而制定出针对性的活动策略。不同的活动目标和定位，活动的营销手段也会有所区别。

（二）活动主题与创意策划

根据活动目标及定位，结合门店特色、节日或时事热点，确定新颖而又有吸引力的活动主题。同时，可以设计富有创意的活动形式，如特色菜品优惠、折扣优惠、满减活动、抽奖活动、节假日主题活动、会员专享活动等。为了保证实施顺利,应制订详细的活动方案,包括活动时间范围、具体地点、具体内容、参与对象、流程、保障等。

如"太二酸菜鱼"针对的是有社交需求的忠实粉丝,因此可以建立微信社群"太二宇宙基地"。在社群里,太二每个月都会发布"暗号"。粉丝去店里吃饭时,凭借"暗号"可以领取一份"专属"的神秘小菜。太二用这个很有"专属感"的福利,维护粉丝的黏性,然后不断吸引他们到店消费。除了"暗号",还有粉丝专属T恤。这个T恤并不对外销售,而是只送给忠实粉丝。太二正是通过这些有创意的互动形式增强了品牌粉丝的黏性。

(三)宣传推广与渠道选择

餐饮企业门店活动想要成功开展,需要选择能有效触达目标受众的传播渠道,通常可以采用线上、线下渠道相结合的形式来进行宣传推广。比如,可以利用门店内外的宣传物料,如店内海报、易拉宝、菜单、桌牌等吸引顾客关注;利用社交媒体、短视频平台等线上渠道进行活动推广;与合作伙伴、KOL(关键意见领袖)等进行合作,扩大活动影响力;通过会员系统、短信推送等方式,向老顾客进行活动宣传。

(四)活动执行与现场管理

为了确保活动执行顺利,前期需要进行员工培训,让员工了解活动细节及流程,以便更好地向顾客介绍和引导顾客。在现场管理方面,要确保活动现场布置与氛围营造符合活动主题;对参与活动的顾客要进行引导,确保活动顺利进行;安排人员及时处理活动现场可能出现的问题与突发状况;对活动进程进行监控与调整,确保活动效果达到预期。

比如2023年六一儿童节前,某知名连锁餐厅设计了儿童节限定玩具,并且开通了预售服务。提前加购"六一"双人餐,然后在5月20日至5月22日支付尾款,就可获得兑换券,前往门店兑换儿童节限定玩具。但由于活动过于火爆,很多人去兑换时,所选餐厅及周围其他门店的玩具都已缺货,只能申请退款。但是,虽然线下到处缺货,二手平台上却加价出售,从而加剧了消费者的不满。所以活动执行和现场管理很重要。

(五)活动效果评估与总结

在进行活动效果评估时,通常情况下用数据来说话。需要对活动期间的客流量、销售额等数据实施监控,并及时进行分析,评估活动效果;或者收集顾客对活动的反馈与建议,了解顾客需求与满意度。同时,需要对活动投入与产出进行核算,评估活动成本效益。

活动策划离不开精心的策划、高效的执行及精准的数据分析等环节。活动实施之后,还需要总结活动经验与不足,为今后的活动提供借鉴与改进方向,以便于后续策划更加有效的营销活动。

> 小试牛刀

通过以上相关内容的学习,你是不是对门店活动策划有了一定的了解呢?接下来,请你帮助营营和销销一起策划餐饮门店营销活动吧!

| 任务名称 | 策划餐饮门店中秋节营销活动 |

知识链接10-4:节假日营销要点及注意事项

拓展案例10-1:关于××小年活动策划方案

知识小测

成果形式 ➤ 餐饮门店中秋节营销活动策划方案

成果要求 ➤
1. 明确营销活动的目的，设计有新意的活动主题。
2. 能结合活动主题，设计符合主题的营销活动。
3. 能根据活动主题和门店实际环境，设计门店的现场布置。
4. 能合理设计活动的现场，设计相应的服务流程，能对门店人员进行简单培训。
5. 能撰写结构合理、可行性高、有一定创意的门店活动策划方案

完成路径 ➤
1. 小组选定感兴趣的餐饮企业，通过线上线下了解该餐饮企业的品牌定位、产品、门店实际情况、特色等信息，做好活动策划准备。
2. 结合收集到的资料，小组讨论该餐饮企业中秋节营销活动该如何设计，从成果要求的几个方面展开讨论，形成初步意见。
3. 明确营销活动主题与风格，小组成员分工合作，收集相关资料，图文并茂完成营销活动策划方案

餐饮企业通常会借助各种节假日来展开各种营销活动，餐饮门店营销活动策划也是许多企业营销的日常工作。大家可以结合日常的观察、互联网上收集的相关信息以及与餐饮企业人员的交流，掌握餐饮企业门店营销活动策划成功的关键。

在完成本次任务的过程中，你遇到了哪些困难和疑惑？你是怎么去解决的？将你在完成本次任务中的收获、困惑、反思及改进措施等记录下来吧！

探究与反馈 ➤

☺ 收获：

☹ 困惑：

❓ 反思及改进措施：

任务四　餐饮会员营销

[职场闯关记]

最近公司旗下某品牌有新店开业,需要以此为契机招募新会员并提升会员活跃度。公司希望门店的销售和总部的营营一起配合,设计此次会员营销方案,完成这项挑战。请和营营、销销一起来解锁会员营销的具体任务吧。

→ 任务描述

在互联网营销过程中,会员营销是吸引和留住客户的重要手段。本任务介绍了餐饮会员营销的重要性,餐饮会员营销的步骤,并结合餐饮企业的实际介绍了会员体系设计和会员营销的技巧。

→ 任务目标

(1) 理解餐饮会员营销的重要性。
(2) 掌握餐饮会员营销的步骤。
(3) 熟悉会员政策,能开展会员招募。

→ 任务导入

丰收日(集团)股份有限公司成立于上海。丰收日旗下有大型中餐品牌丰收日、时尚现代的中餐品牌丰和日丽、高端私房浙菜品牌云庐等十余个品牌。在上海、北京、香港等地发展了100多家门店,拥有10万多名会员。

那么,丰收日拥有的10万多名会员是如何发展起来的呢?这与其会员卡权益息息相关。

在会员招募方式上,丰收日有免费的丰味粉丝卡,另外采用收费加入会员的方式——顾客花费199元可以购买丰味黄金会员卡,花费299元可以购买丰味白金会员卡。

丰收日在以较高价格售出会员卡的同时也提供了非常诱人的会员权益——持有黄金会员卡,可享受丰收日品牌8.8折优惠;持有白金会员卡,可享受丰收日、丰和日丽、云庐等品牌8.8折优惠,其中丰和日丽上海区门店8折优惠。

丰收日以聚餐为主,性价比较高。如果顾客当餐消费1658元以上,那么花费199元购买8.8折卡,当餐即可折扣199元,这样就可抵扣购会员卡的费用。此时,顾客就会觉得会员卡提供的优惠还是很有价值感的,就会有办卡的诉求。

对商家而言,顾客持有8.8折卡或8折卡,对以后的聚餐消费,都有带动顾客再次到店的诱惑。

思考:餐饮会员卡一般分为收费模式和免费模式,你认为哪一种效果更好呢?

> 知识精讲

一、餐饮会员营销的重要性

客户是企业的重要资源，餐饮企业需要对客户进行科学有效的管理，以追求收益最大化。只有更精细化的运营，维护好忠实会员用户，经营好忠实会员的关系，再通过口碑传播带来新客户，才是更恒久的经营逻辑。餐饮会员营销的价值主要在于以下几个方面。

（一）增强顾客黏性

会员营销可以帮助餐厅建立与客户之间的长期互动关系，让原本仅存在利益关系的客户对餐饮企业产生情感关联，提高客户的满意度和忠诚度。

（二）拓宽营销渠道

与传统营销方式不同的是，会员营销的基础建立在门店自有的"会员池"之上。商家通过自己所拥有的会员数据，可以衍生出活动信息推送、社群等多种营销渠道。

（三）提升品牌形象

在竞争激烈的餐饮行业，提升客户对品牌的忠诚度对餐饮门店来说非常重要。消费满意的客户会向亲朋好友推荐该品牌，从而吸引更多潜在客户。会员是门店口碑宣传重要的传播者，通过不断维护与会员之间的关系，带动老会员拉新顾客，使门店口碑持续输出，达到扩大品牌影响力的目的。同时通过会员营销可以获得更全面的客户反馈，商家可以及时解决这些问题，进一步提升品牌形象。

（四）降低营销成本

现在餐饮企业基本都会建立会员营销管理系统，可以通过系统完成会员信息录入、积分计算、优惠券发放等，同时通过对会员数据进行分析可实现个性化营销如推送定制化的菜品推荐、优惠活动等，提升投入产出效率，有效扩大营销活动的覆盖范围和提升营销活动的影响力。

（五）实现盈利增长

餐饮品牌搭建起自己的会员体系是提高餐饮客户复购率的有效方式。目前，很多餐饮商家的获客方式已经从传统的广告宣传转变为用数字化工具赋能，做好会员营销，实现盈利增长。

二、餐饮会员营销的步骤

会员制是帮助餐饮企业建立忠诚客户群体的重要工具。运行良好的会员制不仅能为企业节省成本，也能让客户受益。会员营销是一种有效的客户维护和长期价值增长策略，它涉及吸引新客户、留存老客户以及提升客户的忠诚度。以下是实施会员营销的几个关键步骤。

（一）建立会员管理系统

餐饮企业一般都会使用会员管理系统来对会员进行管理，通过收集客户信息，包括姓名、联系方式、消费习惯、餐饮消费偏好等，整合客户信息资源，并为客户提供更加优质的服务，维持良好的会员关系。会员管理系统通常需要和门店营销渠道实现共通，以方便收集客户信息、精准推送营销活动等。

对于大部分餐饮门店而言，当门店会员积累到一定程度后，需要对会员进行重要度的分组，针对性地对不同会员群体推送不同的活动信息。会员管理系统还可以生成不同的会员画像。通过客户在餐饮门店的消费行为,包括会员的消费水平、动机、频次、偏好、口味等做出智能用户画像并进行消费评级,帮助餐饮门店实现会员分层、精准把握客户需求、洞悉品牌自身优势、实现精准营销,最终为门店带来收益的最大化。

（二）制定会员政策

制定会员政策实际上就是围绕会员设计激励策略的体系,目的是使会员持续消费产品。会员政策一般包括会员招募、会员福利、会员等级等方面。会员政策应具有竞争力且能持续吸引客户。在制定会员政策时,需要确保会员享受到的服务优于非会员,但同时应避免让非会员感到被歧视。

❶ **储值卡** 这是比较传统的会员管理方式,是一种预付费方式。储值卡有利于回收现金流和增加企业的销售额,参与储值的多为优质客户。储值金额的设定是关键,金额太高,会让客户望而却步,而储值金额太低又达不到拉动销售额增长的目的。储值卡应设定多少金额比较合适？一般来说,餐饮储值卡的金额水平设定为足够客户消费三次还有剩余比较合适。且储值卡建议既能在线下餐饮门店消费,又能在线上商城消费。这样客户体验不仅更好,还能加速储值金额的消耗,增加现金流。某餐饮企业会员卡充值系统界面见图10-3。

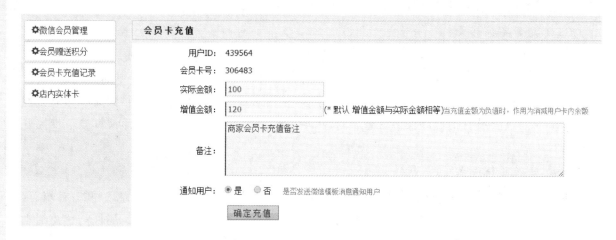

图10-3 某餐饮企业会员卡充值系统界面

❷ **积分制度** 积分是会员体系的砖瓦,积分制度可以激励客户增加消费频次和金额,培养忠实客户。积分制度通常包括积分获取、积分消耗和积分回收。

积分获取是指客户通过完成某些行为来获取积分,餐饮企业一般是消费即获得积分。积分可以按照1∶1的比例发放,这样方便客户理解积分价值。

积分消耗通常是指客户通过积分来进行相应权益的兑换,餐饮企业积分消耗方式一般包括积分抵现、积分兑换优惠券、积分兑换菜品券、积分兑换实物礼品等。建议餐饮消费积分既能够在线下门店使用,也能在线上商城消费使用。积分福利设置需合理,兑换门槛不宜过高,避免客户丧失了参与积分制度的兴趣。

积分回收通常是通过设置积分的有效期来实现,过期积分不可使用。一般餐饮企业的积分为一年清零一次,可在每年积分清零前,引导客户消耗完积分。以徐记海鲜为例,其在公众号上每年会发布专门的文章提醒客户会员卡积分清零,并告知客户使用积分消费的规则。某餐饮企业微信会员管理系统界面见图10-4。

❸ **会员福利** 为会员提供特定的福利,一般包括物质上的福利及心理上的福利。

物质上的福利包含:开卡有礼、菜品会员价、储值有礼、会员积分、节日优惠、生日礼等。心理上的福利包含:会员专享菜、会员专享服务、会员专享包间、免排队特权、线下会员活动等。

微信会员管理											
显示 10 项结果									搜索：		Excel
用户ID	会员卡	级别	昵称	姓名	电话	会员卡余额	积分	消费次数	操作		
439564	0030 6483	微信会员	微信用户	邹		5.05	100	1	详情	赠送积分	会员卡充值
439563	0030 6482	微信会员	微信用户			20.00	100	0	详情	赠送积分	会员卡充值
439560	0030 6479	微信会员	微信用户			20.00	100	0	详情	赠送积分	会员卡充值
422445	0028 8398	微信会员	微信用户			20.00	100	0	详情	赠送积分	会员卡充值

图 10-4 某餐饮企业微信会员管理系统界面

会员福利通常结合会员等级来设定，从而激励顾客更多地参与餐饮企业的活动。设定会员福利可以帮助餐饮企业进行会员的圈层运营，增强会员的黏性和提高会员的忠诚度。

设定会员福利时有两个注意事项，一是不能让普通客户产生被歧视感，二是注意不要与公域活动优惠力度相冲突，且会员福利以大于团购优惠力度为佳。

❹ **会员等级制度** 对于会员来说，重点是能享受到与普通客户不同的特别服务。当会员获得特别服务后，忠诚度就会提高。所以我们需要对会员进行分级管理，设置会员升级和降级制度。

会员等级的设计，关键是要考虑清楚等级梯度的合理性与相应的会员权益的匹配性，同时要让会员等级在未来拥有足够大的成长空间（图 10-5、图 10-6）。会员升级条件通常要考虑会员的消费频次和消费能力，在设置时，若等级太少，会员会很容易达到最高等级，失去细分群体与差异化服务的价值；若等级太多，会让会员丧失升级耐心，导致在各等级上会员数量的分布不合理。在设置升降级条件时，通常考虑储值、消费频次和消费金额三个条件。

图 10-5 麦当劳会员体系

互联网餐饮营销

海底捞会员体系	成长值体系	**成长值计算** 消费累计：成长值=捞币总数值(近12个月内获取)+奖励成长值(近12个月单次实付金额超100元次数X100) 嗨翻星期三：每周三在海底捞门店堂食可获得成长值翻倍累计福利 签到累计：完成连续签到任务可获得成长值奖励 活动累计：参与限时会员活动可获得成长值奖励 **等级划分** 红海会员：成长值0~1999 银海会员：成长值2000~5999 金海会员：成长值6000~11999 黑海会员：成长值12000~无上限 **会员升降级规则** 升级：达到对应等级成长值后，实时升级 降级：每月1日定级，最近12个月(疫情期间15个月)所获取的成长值如果达不到维持当前等级，则判定降级。6个月内最多只降级一次
	权益分配	**红海会员** 捞币换礼：在海底捞会员商城中，消耗捞币兑换产品 新品尝鲜：可报名新品品鉴会，获得新品免费试吃体验机会 常客礼：每月1日起，会员可以领取对应等级的菜品、满减券 生日礼遇：生日当月可领取一张满减券(200元-30元) **银海会员** 升级礼遇：升级至银、金、黑海的会员，当月可领取一张对应等级的满减券(200-50、40、30) **金海会员** 黑金特惠：在海底捞会员商城兑换或购买特定商品时，可享受黑金特惠价格 **黑海会员** 黑海通道：可享受免费预约，优先安排就餐 黑海转赠礼：每个自然月可赠送他人一张特定菜品券 专属客服：可享受专属客服优先服务特权
	积分体系	**获取入口** 消费积分：会员通过线下门店或线上公众号、APP订餐，每消费1元可获得1捞币 **消耗出口** 积分抵现：在海底捞商城购物，捞币最多可抵扣100%(20捞币=1元) 积分兑券：可使用捞币兑换堂食代金券 积分兑周边：可使用捞币兑换周边口罩、马克杯等产品 **积分清除** 滚动清除：获取后未使用的捞币将于24个月后的1日0点清除 过期提醒：海底捞会在捞币过期前10-20天向用户发送提醒
	碎片体系	**获取入口** 每日签到：以自然周为1个签到周期，每日签到得10碎片，连续签到额外赠送集碎片、成长值、惊喜菜品 **消耗出口** 碎片兑换：碎片可以兑换产品券、代金券等(20碎片=1元) 碎片抽奖：即将上线 **碎片清除** 周期清除：以1个自然周7天为签到周期，4个自然周为1个活动周期，碎片仅在当前活动周期内有效
	成就体系 (APP专属) 勋章体系	**勋章分类** APP登陆勋章：连续登陆7、14、30、100、365天可获得对应勋章 门店打卡勋章：打卡1、3、10、20、50、100家不同门店可获得对应勋章 APP操作勋章：通过在APP内发帖、互动、交易等行为，可获得对应勋章 达人勋章墙：根据在APP社区内累计粉丝数及发帖量，可获得对应达人勋章 **排名展示** APP排名：在勋章页面展示用户获得勋章枚数及排名百分比
	付费权益卡 嗨捞卡	**权益规则** 价格：25元 权益：海底捞代金券包、高德地图、腾讯视频等异业合作券包、月卡会员
	付费权益卡 夜宵卡	**权益规则** 价格：99元限时发售(2022年11月18日—2023年1月10日) 权益：酒水券、堂食菜品券、满减券、代金券、堂食限时8.8折、外卖满减券

图 10-6　海底捞会员体系

（三）会员招募

会员招募方式包括免费加入、收费加入、储值加入三种，都各有优势，可根据自身品牌经营业态进行合理选择。

免费加入的好处是前期可大量快速累积会员，也是餐饮企业目前广泛运用的一种会员招募方式。储值加入的好处是缩小了目标客户范围，圈定了较为精准的客户群体，缺点则是会员数量难以快速、大量地累积。收费加入的好处是能提升客户的忠诚度。因为客户交过会费后，沉没成本会让客户首先考虑此品牌消费，这样才能让自己的会员资格物有所值。当餐饮企业品牌有了一定的知名度或者忠诚客户较多时，可以考虑使用这种会员招募方式。

客户加入会员的渠道一般分为以下几种。

❶ **办理实体卡**　这是传统的会员加入方式，客户通常需要亲自前往餐厅，填写相关信息并支付一定费用后，获得一张实体会员卡。

❷ **线下扫码关注**　在店铺内或相关活动现场，客户可以通过直接扫描门店提供的二维码，直接关注并成为会员。通常采用扫码点餐、扫等位小票或者扫描门店内其他物料等方式关注。

❸ **线上识别二维码关注**　客户可以通过在社交媒体、官方网站或其他线上渠道识别二维码，进而关注并成为会员。

❹ **支付后关注**　客户在完成购买或支付后，系统会提示客户关注品牌官方号并成为会员，以享受更多优惠和服务。

❺ **合作伙伴渠道**　与其他品牌或机构合作，通过共享客户资源或联合推广活动，吸引对方客户加入自己的会员体系。

❻ **推荐邀请制**　可以激励现有会员通过推荐或邀请自己的朋友、家人等加入会员，从而扩大会员群体。

在招募新会员时，通常可以通过菜品会员价、开卡有礼、储值有礼、消费返积分、生日礼、会员日优惠、会员活动或者其他会员特权等权益吸引客户。

（四）会员数据分析

通过系统的会员数据分析，餐饮企业能够更加精准、高效地开展会员营销活动，提升会员满意度和企业效益。在进行会员数据分析时，有以下几项关键指标。

❶ **会员数量与增长趋势**　了解会员规模的变化，评估营销活动对会员招募的效果。

❷ **消费频次**　体现会员的活跃程度，可据此采用有针对性的激励措施。

❸ **消费金额**　反映会员的贡献度，有助于区分高价值会员。

❹ **消费偏好**　包括喜爱的菜品、用餐时段等，以便精准推荐和营销。

❺ **流失率**　及时发现可能流失的会员，采取挽回措施。

对餐饮企业而言，会员的各项指标数据具有非常重要的作用，这些指标数据能反映出餐饮企业的执行力度、会员的忠诚度及客户对营销活动的喜爱度等。只有通过不断地进行数据分析复盘，定期评估会员营销的效果，才能帮助餐饮企业提升会员端口的利润增长，提升会员复购率。

（五）个性化推广

通过分析会员数据，识别不同客户群体的消费特征和需求，从而进行个性化的营销推广。根据会员所处不同阶段，可以进行有针对性的个性化推广活动。

❶ **新会员阶段**　通过数据分析了解新会员的行为特点，促进其快速转化为活跃会员。例如，设定生日推送任务，自动筛选每个月过生日的客户，计划自动执行时会自动给客户发送生日祝福，可以

附带生日福利活动链接,一键直达,让营销触达更便捷统一。

❷ **活跃会员阶段** 保持会员的活跃度和忠诚度,进一步促进其消费。餐饮企业可以定期提醒会员进店消费,在各种时间节点推送福利活动、优惠券等,让会员感到被重视,同时强化会员权益的价值感。或者为会员举办专属活动,如品酒会、新品尝鲜、厨艺课程等,增强会员归属感。

❸ **沉睡会员阶段** 运用数据识别沉睡会员,采取唤醒策略。做好会员的唤醒与激活,关键是要根据不同圈层、不同区域会员沉睡的程度,采取不同的唤醒方法,如公众号群发、企业微信客户群发、发朋友圈、制作小程序弹窗等,做到自动执行运营计划。

❹ **流失会员阶段** 分析流失原因,尝试挽回流失会员。例如,餐饮企业可以在会员生日月主动发送生日祝福和专属优惠信息,让会员感受到被关注。让会员感受到被关注是获取流失会员好感的关键。

在平时,需要通过社交平台、短信、电子邮件等渠道与会员保持沟通,发布最新的活动信息,同时收集反馈以改进服务。

知识小测

➡ 小试牛刀

通过以上会员营销相关知识的学习,你是不是对营营面临的任务有了解决的思路?接下来,请你和小组成员一起,群策群力,帮助他们完成这次挑战任务吧!

任务闯关卡

任务名称	开展会员营销
成果形式	某餐饮门店新店开业会员营销方案
成果要求	文档形式,具体包含以下内容: 1. 明确此次会员营销的目的,能结合新店开业设计出有吸引力的新老会员活动。 2. 能根据营销活动内容,开展有一定可行性的会员招募。 3. 能分析会员数据,针对不同会员设计和推送个性化营销活动。 4. 能撰写结构合理、可行性高、有一定创意的会员营销方案
完成路径	1. 教师指定或小组选定感兴趣的餐饮企业,从线上、线下了解该餐饮企业的会员营销等信息,做好前期准备。 2. 结合收集到的资料和会员相关数据,小组讨论如何针对不同会员开展营销活动,并选择合理的信息传播渠道。 3. 小组成员分工合作,图文并茂完成营销活动策划方案

本次任务中的会员营销方案是餐饮企业门店营销中的常见任务。在完成本次任务的过程中，你遇到了哪些困难和疑惑？你是怎么去解决的？将你在完成本次任务过程中的收获、困惑、反思及改进措施等记录下来吧！

技能手册10-1：
会员卡开卡
推荐储值
话术与时机

☺ 收获：

☹ 困惑：

知识链接10-5：
二八定律

🤔 反思及改进措施：

实战演练

结合本项目所学，请你为学校附近商场内的某餐饮门店进行营销活动策划，为即将来临的中秋节营销活动提供参考。

项目十
案例分析

闯关小结

通过本项目的闯关，营营和销销在线下餐饮门店的营销实践中有了快速成长。他们了解了餐饮门店在互联网餐饮营销中的重要作用，通过对门店进行调研，他们发现通过优化门店外观、开展门店周边的广告宣传等方式吸引顾客进入门店消费，可产生良好的效果。通过创作菜品推介词，学习推销技巧，开展主推菜品的对客销售，切实提升了餐饮堂食销售能力。在策划餐饮门店中秋节活动的过程中，他们掌握了如何策划有吸引力和影响力的营销活动，对门店活动策划与实施有了更深刻的认识。他们还探索了会员营销，从制定会员政策、招募会员到对会员进行分析与管理，每一个流程都复杂且烦琐，对他们而言是极大的挑战与提升。最终，他们终于通过自己的努力，圆满完成了各项任务，顺利通过了餐饮门店营销这一关的考验，离他们的梦想又更近了一步！

项目十一

营销数据分析与复盘

项目引入

在数字化转型的浪潮下,智能数据分析决策正成为推动商业创新和精准营销的强大力量。党的二十大报告提出,要"加快建设网络强国、数字中国"。对于餐饮业来说,推进餐饮数字化赋能,是响应二十大精神、促进餐饮业高质量发展的重要途径。在营销过程中,利用互联网、大数据、云计算等技术,对营销数据进行深入挖掘和分析,揭示数据背后的规律,能为餐饮企业提供前瞻性的市场洞见,助力精准营销。

在营销工作中,我们需要具备数字营销的思维,要能利用数字资源和工具来解决问题、创造价值和推动营销业务发展,帮助企业在快速变化的市场环境中保持竞争力。本项目将带领大家一起探讨如何通过分析营销数据,洞察餐饮市场趋势,更精准地把握市场需求,为制定精准的营销策略提供依据,顺应餐饮消费升级趋势。同时基于数据分析开展营销复盘,形成营销活动的有效闭环。通过对大量营销数据的处理和分析,提取有价值的信息和规律,在复盘中总结经验和教训,为后续营销工作提出具体优化方案,不断提高营销活动效能。

思维导图

学习目标

1. 理解营销数据分析和复盘的意义。
2. 掌握营销数据分析的具体方法,形成互联网营销的数字思维。
3. 熟悉营销数据分析流程,能根据要求进行营销数据分析。
4. 具备复盘意识,能选择一定的复盘方法开展有效的餐饮营销复盘工作。

任务一　营销数据分析

[职场闯关记]

某公司最近举办了一场以"金秋蟹礼"为主题的蟹类菜品促销活动,公司要求各门店总结本次活动的营销效果。销售作为门店销售的实际执行者,经理让他来负责管理门店销售团队,并借此提高销售团队的业务能力,同时也邀请了营营来指导。请你和他们一起来尝试完成这项任务。

任务描述

营销数据分析在现代企业营销策略制定和优化过程中扮演着重要角色。它的核心价值在于通过对海量的营销数据进行深入分析,揭示出深层次的市场规律、消费者行为特征以及营销活动效果等信息。本任务介绍了营销数据分析的常见内容和指标,营销数据分析的方法和流程。

任务目标

(1) 理解营销数据分析的意义。
(2) 掌握营销数据分析的常见内容和指标。
(3) 掌握营销数据分析的方法。
(4) 能够对餐饮营销数据进行深入分析。

任务导入

抖音生活服务发布了"2023抖音国庆吃喝玩乐节"数据总览,数据显示,本次活动总曝光达400亿次,有7400余万用户下单了活动商品,26万商家投入经营,商家销量环比增长160%。活动期间,抖音用户发布超5745万个吃喝玩乐内容,同比增长73%。活动期间,消费最旺盛城市TOP3为上海、成都、北京;搜索量最多的美食品类TOP3为火锅、欧包、烤肉。超3100万人领取了国庆大促"188元券包",券包累计领取数量达2.87亿,户消费订单数量环比增长162%。

同时,商家转化获新高,生意增量显著。大促期间商家销量环比增幅达160%,交易额破百万商品数量达1755个,销售额破百万的直播间达628个。"心动大牌日"活动期间,参与商家的商品销售数量达1318万件,商家销售额环比提升367%,订单量增长475%。麦当劳"痛快吃鸡三人餐(麦乐送可用)"、上海海昌海洋公园"双人票专场特惠"、许府牛"幸福久久2~3人餐"成为直播间TOP3热门商品。

思考:营销数据分析在餐饮企业经营过程中起到了什么样的作用?你认为营销数据分析都包括哪些关键点?

> 知识精讲

一、营销数据分析的意义

餐饮业面临着诸多挑战,包括激烈的竞争、快速变化的消费者口味和需求以及高昂的成本等。在如此复杂的环境下,仅靠经验和直觉无法做出明智的经营决策。营销数据分析可以帮助餐饮企业洞察市场趋势,了解顾客喜好和需求,发现潜在机会,并制定有针对性的营销策略。通过对销售数据、顾客数据和供应链数据的分析,餐饮企业可以做出准确的预测,优化产品组合、价格定位和营销活动,以提升业绩和竞争力。

(一)了解市场和消费者喜好的变化趋势

首先,通过对营销数据的分析,餐饮企业可以洞察市场的动向,包括了解哪些产品或服务在不同时间段内更受欢迎,是否有季节性的波动,市场是否有逐渐扩大或减小的趋势等。其次,营销数据分析也有助于餐饮企业了解消费者的喜好和行为的变化,还可以帮助餐饮企业识别出热门产品、畅销时段、价格敏感度和受欢迎的品类等信息,以便有针对性地设计套餐和促销活动。

(二)提高营销效率和效益

首先,营销数据分析可以帮助餐饮企业识别高效的销售渠道。通过仔细分析不同销售渠道的表现,餐饮企业可以辨认出哪些销售渠道带来了更高的转化率和利润。这使得餐饮企业能够有针对性地加大对这一销售渠道的投入,减少对表现不佳的销售渠道的支出,从而优化整体营销效益。其次,营销数据分析有助于优化产品组合和定价策略。通过深入了解不同产品或服务的销售表现,餐饮企业可以调整餐饮产品组合,强化畅销产品,甚至通过销售数据的交叉分析发现可能的产品组合机会。

(三)促进客户关系管理和个性化营销

首先,营销数据分析有助于构建全面的客户画像。通过整合数据,餐饮企业可以了解客户的购买历史、购买频率、用餐偏好等信息。这使得餐饮企业能够更全面、准确地了解每位客户的需求,为其提供更贴近实际需求的产品和服务。其次,通过销售数据的挖掘,餐饮企业可以识别不同客户群体的偏好和行为模式。这种深入了解客户心理的能力使餐饮企业能够制定更加精准的个性化营销策略。最后,通过数据分析可识别潜在的高价值客户。通过分析客户的购买历史、订单金额以及互动频率等指标,餐饮企业可以发现那些对企业贡献价值较高、忠诚度较强的客户,为他们制定专属服务、定制产品等,实现对动态菜品和活动的智能推荐,增加客户的忠诚度和长期价值。

(四)指导库存管理和供应链优化

首先,通过对菜品销售数据分析、原料采购数据的分析等,餐饮企业可以准确预测每个时段的需求量,了解产品的销售速度、季节性波动等情况,帮助餐饮企业和门店实现精准的库存管理,降低库存成本,避免库存浪费和供应不足等问题。其次,销售数据分析还能帮助餐饮企业优化供应链。通过深入分析供应链中的各个环节,餐饮企业可以降低生产和配送成本,提高整体供应效率。同时通过对供应链中的数据进行监控和分析,餐饮企业可以更早地识别潜在的风险因素,有助于餐饮企业制订相应的风险缓解策略,提高供应链的韧性。

(五)提高市场竞争力

通过对竞争对手的分析,餐饮企业可以评估自身在市场中的地位,了解竞争对手的相对优势。通过对竞争对手的产品、价格、渠道和促销策略的了解,餐饮企业可以根据竞争对手的策略来制定差异化策略以应对竞争,如优化产品、调整价格策略、改进营销手段等,以使餐饮企业在竞争激烈的市场中脱颖而出,吸引更多的顾客,提高市场竞争力。

二、营销数据分析的常见内容

餐饮营销过程中主要分析的数据可以归纳为以下几个方面。

（一）整体销售分析

❶ **销售额/销量** 分析餐饮企业近期的总体销售额、销量，并与同类型餐饮企业及自身同期水平等相比，从而分析餐饮企业的业绩状况并判断餐饮企业的业绩变化类型。

❷ **菜品销售** 通过产品总体结构分析，了解不同类型菜品的销售表现和重点产品表现。了解最畅销的菜品及其销售情况，了解不同类型菜品的整体销售占比，为菜品推广提供依据。

❸ **黄金时段** 分析餐厅的高峰时段，为人力资源的调配和营销策略的制定提供参考。

❹ **利润率** 分析各个门店的盈利能力，为门店经营策略调整提供参考。

❺ **季节因素** 依据餐饮业销售淡旺季规律，与销售数据中的销售行程进行对比，分析淡旺季发展规律。餐饮业存在明显的季节性趋势，根据季节性规律分析销售数据，可以帮助餐饮企业对生产运作、渠道供货、库存控制等做出合理的规划。

❻ **等位平均时间、上座率、翻台率** 评估门店的服务效率和顾客满意度，为服务优化提供参考。

（二）客户体验分析

❶ **会员活跃度** 通过分析会员的活跃程度，了解顾客对餐厅的忠诚度和参与度。

❷ **客群分布** 分析顾客的地域、年龄、性别等特征，为精准营销提供依据。

❸ **人均消费** 评估顾客的消费水平，帮助餐饮企业制定合理的价格策略。

❹ **偏好分析** 了解顾客的口味偏好、菜品喜好等，优化菜单设计和推广策略。

❺ **复购率、流失率** 分析顾客的复购率和流失情况，以制定有效的顾客维系和挽回策略。

知识链接 11-1：
餐饮业常见的销售数据分析类别及指标

（三）活动效果分析

❶ **优化销售渠道** 分析不同销售渠道（如堂食、外卖、线上预订等）的销售贡献和效果，优化销售渠道策略。

❷ **最优价格模型** 通过分析不同价格策略下的销售情况和顾客反应，找到最优的价格策略。

❸ **促销反馈** 评估促销活动的效果，为未来的促销活动优化提供参考。

（四）其他分析

❶ **竞争力分析** 通过对竞争对手的数据进行分析，了解市场竞争态势，为差异化竞争策略的制定提供参考。

❷ **门店总数及新店数** 了解门店的扩张情况，为门店策略制定提供参考。

❸ **异常门店分析** 针对销售额异常下降或持续偏低的门店进行具体分析，找出问题并解决。

通过对这些数据的综合分析，餐饮企业可以更加全面地了解自身的经营状况和市场需求，为制定有效的营销策略和经营策略提供科学依据。

三、营销数据分析的方法

营销数据分析的方法有很多，从指标的数量来看，可以进行单指标分析、多指标分析和综合分析。从统计学角度来看，可进行描述性统计、推理性统计、数据挖掘等，帮助我们了解数据的分布特征、关联规则以及预测趋势。还可利用 Excel、Python、SPSS 等数据分析工具快速处理和分析大量数据。以下介绍餐饮营销分析中常用的方法。

（一）对比分析

对比分析指对同一维度的数据进行比较，以了解业务现状，找到业务的薄弱环节或部分。

❶ **同比分析** 同比分析是通过比较同一时间段前后销售额的变化，了解销售业绩的增长或下降趋势的方法。

同比分析不只是简单地对比销售额的前后差异，更是一种深入挖掘销售额变化背后原因的探索。通过对同一时间段前后销售额变化的细致分析，可以识别出不同产品、地区或渠道的差异性表现。在分析菜品时，也可以对比同一时间段不同菜品的销售表现。在分析门店销售业绩时，也可以对比同一时间段的销售表现，图 11-1 就展示了同一时段门店不同销售人员的平均营业额、蟹类菜品销售额及蟹类菜品营业额占比情况。通过分析该图，可以对门店蟹类菜品销售和不同销售人员的具体工作提供指导意见。

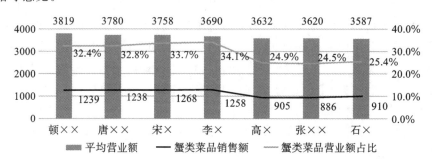

图 11-1 某餐饮企业各门店的人均营业额与招牌菜品销售情况

❷ **环比分析** 环比分析是比较相邻时间段的销售额，揭示销售业绩的季节性或周期性变化的方法。

环比分析不仅关注相邻时间段销售额的总体波动，更强调对季节性或周期性变化的全面理解。例如，我们可以通过环比分析掌握餐饮企业的菜品在一年中的销售情况，通过细致研究环比数据，可以发现这些菜品销售的高峰和低谷，从而更好地调整市场推广、采购和库存策略等，以更好地迎接市场波动。做环比分析时，也可以结合其他因素，如市场活动、竞争动态等，全方位考察营销业绩的真实情况。

在具体的应用中，需要考虑的是：和谁在比。这里的"谁"含义比较宽泛。例如，是不是在同一门店内比较？是不是在同一时间段内比较？是不是同一菜品在比较？怎么比？也就是选择比较的对象要有可比性。某餐饮企业的某个门店的地域性菜品销售额可与同一个区域同类型门店的同一菜品销售额做对比，如果和跨区域的同类型门店同一菜品销售额做比较则可能意义不大。为什么比？要弄清楚比较以后能做出何种决策，也就是要弄清楚对比的意义。

（二）客户 RFM 分析

客户 RFM 分析的内容主要包括三大指标。

最近一次购买时间（recency）：了解客户最后一次购买的时间，判断客户活跃度。

购买频率（frequency）：分析客户购买的频率，洞察客户忠诚度。

购买金额（monetary）：查看客户历史购买金额，发现高价值客户。

在客户 RFM 分析中，不仅可以评估最近一次购买时间、购买频率和购买金额，还可以结合更多个性化因素进行分析。例如，通过分析客户的购买渠道偏好、产品品类偏好，以及参与促销活动的程度等，餐饮企业可以更精准地定制个性化服务和推广活动，提高客户满意度，同时也有助于发现潜在的高价值客户群体（图 11-2）。

（三）矩阵分析法

当指标从 1 个增加到 2 个时，最好的营销数据分析方法就是矩阵分析法。矩阵分析法指通过两个指标的交叉，构造分析矩阵，利用平均值切出四个象限，从而发现问题的方法。矩阵分析法的最大优势是直观易懂，可让人很容易从两个指标的交叉对比中发现问题。特别是当这两个指标是投入指

图 11-2　某餐饮企业的客户分析资料

标、成本指标时,成本高+收入低与成本低+收入高两种类别,能直接为相关业务的优化指明方向。前面项目提到的 KANO 模型、ABC 分析法、波士顿矩阵等都属于这一类。

（四）漏斗分析法

漏斗分析法能科学反映客户行为状态,以及从购买过程起点到终点各阶段客户的转化情况,是在互联网产品推广、运营分析中使用较多的分析方法(图 11-3)。不管是在外卖平台活动还是在直播活动中,均可以通过漏斗分析法来掌握各个过程中的转化率,从而发现在客户购买的各个环节中,哪个环节流失的客户最多,是否需要改善,不同的餐饮产品的漏斗形态如何以及哪个更适合推广等。

图 11-3　某餐饮企业漏斗分析过程

四、营销数据分析的流程

营销数据分析的流程主要包括以下几个关键步骤。

（一）确定数据分析的目的

首先,需要明确数据分析的目的,弄清楚分析数据的目的是要解决哪些问题。目的是评估营销活动的效果与目的是优化产品策略所需要分析的数据和采用的方法不同。只有目标清晰,才能选择合适的方案,配置恰当的资源。

（二）收集相关数据

根据数据分析目的收集相关的营销数据。可以通过餐饮企业内部系统、第三方平台收集大量的销售和客户数据,也可以通过社交媒体、市场调研收集客户的意见。在收集数据过程中,要确保数据的准确性和完整性。

（三）分析数据与展示结果

根据分析需求,选择合适的工具和软件(如 Excel、SPSS 等),采取一定的分析方法,对数据进行深入分析,包括数据清洗、统计分析等,以揭示数据背后的规律和趋势。将数据分析结果以图表等方式进行可视化呈现,以便更直观地展示数据分析结果。

（四）制定相应的营销策略

对数据分析结果进行解读,发现市场趋势、销售瓶颈、关键驱动因素等,找出关键问题。基于数据分析的结果,餐饮企业可制定或调整营销策略和行动计划,以优化营销活动。将数据分析结果和策略建议以报告的形式呈现给相关部门和决策者。分享数据分析过程中的经验和教训,以便在未来的营销数据分析中不断进行改进和优化。

大闸蟹促销活动

知识小测

小试牛刀

通过以上营销数据分析相关知识的介绍,你是不是对营销数据分析有了一定的了解？请你通过扫码了解门店销售数据,帮助营营和销销分析一下此次大闸蟹促销活动的效果吧！

任务闯关卡

任务名称	分析餐饮营销数据
成果形式	餐饮企业营销数据分析
成果要求	采用文档形式,以精练的文字和可视化的数据分析等展示销售数据分析结果,并结合数据提出具体的建议。要求分析准确,数据呈现效果佳,建议的针对性和可行性较强
完成路径	1. 小组成员分别整理资料,分析销售数据,并考虑对数据进行可视化呈现。 2. 结合门店销售可能存在的情况,对销售数据分析结果进行研讨,得出相应的营销建议。 3. 根据小组讨论形成的一致意见,分工合作完成餐饮企业营销数据分析报告

项目十一　营销数据分析与复盘

营销数据分析是餐饮营销工作中的重要工作之一，本次探究仅让大家感受餐饮营销数据分析的过程，在实际的营销数据分析中，会涉及大量的指标，也会在真实营销工作中遇到许多可能对营销数据产生影响的因素。因此，在对餐饮企业的营销数据进行分析时，往往更为复杂，对营销人员的要求也越高。

在完成本次任务的过程中，你遇到了哪些困难和疑惑？你是怎么去解决的？将你在完成本次任务过程中的收获、困惑、反思及改进措施等记录下来吧！

探究与反馈

😊 收获：

☹ 困惑：

😕 反思及改进措施：

任务二　开展营销复盘

[职场闯关记]

随着某公司"金秋蟹礼"活动的结束，各门店也逐渐进入营销复盘阶段。销售所在的门店邀请营营一起来参加门店的营销复盘会，并要求销售做好前期的准备工作，组织本次的营销复盘，最后提交一份复盘报告。请你和他们一起来复盘。

▶ **任务描述**

复盘是一个不断学习、总结、反思、提炼和持续提高的过程。营销复盘是每个营销人员需要掌握的方法，能帮助餐饮企业和营销团队更好地提升营销效能。本任务介绍了营销复盘的内涵，营销复盘的常用方法和营销复盘的关键。

▶ **任务目标**

（1）了解营销复盘的内涵，理解营销复盘对营销的意义。

(2)掌握营销复盘的方法和适用场景,尤其是 GRAI 复盘法。

(3)能根据营销复盘的关键,开展有效的营销复盘。

(4)能利用复盘结果指导营销工作,不断提升营销效能。

任务导入

知名连锁餐饮 A 企业,在一段时间内推出了新的菜品和营销活动,旨在吸引更多消费者并提升品牌知名度。然而,尽管活动投入了大量的资金和人力资源,效果却并不理想。消费者对新菜品的反应平平,营业额也未达到预期的增长水平。

经过深入分析发现,该企业在营销复盘方面存在明显不足。首先,该企业在活动结束后没有及时进行全面的数据分析和效果评估,无法准确了解活动的优点和不足。其次,该企业缺乏对消费者反馈的收集和分析,没有及时发现并解决菜品口味、服务质量等方面的问题。最后,该企业也没有根据复盘结果制定有效的改进措施和新的营销策略,导致类似的问题在后续活动中持续出现。

> 思考:某餐饮销售总监说:销售业绩的好坏取决于复盘能力的优劣。请你结合上述材料说说营销复盘会给营销人员或所属企业带来什么?

知识精讲

一、营销复盘的内涵

(一)营销复盘的概念

"复盘"这个词最初被用于围棋,是围棋术语。它是指在围棋对局结束后,复演该盘棋的记录,以检查对局中招法的优劣及得失关键。通过复盘,围棋手在熟悉的棋局中思维不断碰撞,激发新方案、新思路。复盘与总结容易被混淆。总结指对事件过程进行梳理,对已经发生的行为和结果进行描述、分析和归纳。而复盘除了上述内容外,还会对未发生的行为做探究,探索其他行为的可能性和可行性,以找到新的方法和出路。因此,复盘是一个不断学习、总结、反思、提炼和持续提高的过程。

营销复盘指对营销活动的过程和结果进行系统、全面的回顾和分析,以便于企业和团队更好地总结经验教训,优化营销策略,提升营销效果。

(二)营销复盘的意义

❶ **总结经验教训** 通过营销复盘,企业可以全面回顾营销活动的整个过程,深入分析营销活动的各个环节,从而更好地理解哪些策略有效、哪些策略需要改进,以便在未来的营销活动中避免发生同样的错误并复制成功的经验。

❷ **优化营销策略** 营销复盘不仅关注营销活动的结果,还重视对营销活动过程中遇到的问题和挑战进行分析。通过对这些问题的深入理解,企业可以发现市场变化的趋势,找准自身的优势和不足,进而优化营销策略,在不断复盘中形成适合企业的营销策略和方法。

❸ **提升营销效能** 通过营销复盘,企业可以帮助营销团队找出问题和不足,提高团队协作能力。在复盘过程中,团队成员可以共同讨论、分享经验,增进彼此的了解和信任,从而更好地应对未

来的挑战。通过复盘形成的后续行动计划,也可以助力企业的营销效能极大提升。

二、营销复盘的常用方法

在开始做营销复盘之前,应该先制订一份详细的计划,然后按照这份计划去实施,并且在实施的过程中不断检查,一旦发现问题,要及时进行改进。复盘不仅仅强调"成长思维",也注重"巩固成功与改正错误",它能够帮助我们从实践中获得宝贵的经验和教训,并为今后的工作提供指导和借鉴。广受欢迎且有效率的复盘方法有以下四种。

(一) KISS 复盘法

KISS 复盘法是一种科学的项目复盘方法,能够把过往经验转化为实践能力,以促进下一次活动更好地展开,从而不断提升个人和团队的能力,持续匹配岗位需求和达成目标。KISS 复盘法通过保留(keep)来增强优势,改进(improve)来补足短板,停止(stop)来及时止损,开始(start)来推进计划。KISS 复盘法不仅适用于营销活动的复盘,也适用于个人在学习、工作和生活中复盘,具体如下。

保留(keep)可以保持的:复盘哪些是本次营销活动你做得好的地方,记录下来,未来继续保持。通过保留成功的方法和行为,保持优势,并将其发挥到极致,成为他人无法超越的长板。

改进(improve)后续需要改进的:复盘哪些事情做得不够理想,哪些环节或因素导致项目不满意,制订改进计划,采取改进行动。通过改进这些关键环节,实现对过去工作的总结和反思,为接下来的营销工作打下更好的基础。

停止(stop)需要立即停止的:复盘对活动不利的因素,有些方法和行为已经被证明是低效的甚至是无效的,应立即停止,避免再次犯错。摒弃低效、无效的方法和行为,不断减少短板,转而寻找更有效的方法和行为,才能够真正提升营销效果。

开始(start)需要开始的:复盘在项目活动中未考虑到的或没有实施的,但会对活动结果产生影响的因素。在后续的同类型营销活动中,需要将这些影响因素纳入考虑范围,避免遗漏。因此,在 KISS 复盘法的最后一步"开始"中,我们需要勇于创新,迈向优秀(图 11-4)。

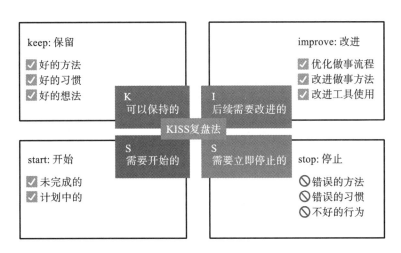

图 11-4　KISS 复盘法示例

(二) 3R 复盘法

3R 复盘法适用于日程复盘或项目任务结束后的复盘,特别是每日快速复盘。

记录(record):在营销活动执行过程中,主动记录每个步骤的进展情况,以便反思每个步骤的合理性。

反思(reflect)：在活动结束后，对整个活动过程进行反思，深入思考每个步骤的问题点和可以改进之处。

提炼(react)：基于实践过程和反思的结果，提炼出活动当中有用的经验、方法或教训，并尝试将其转化为有统一标准的实际行动。

使用3R复盘法进行市场营销活动复盘时，要点分析如下。

记录：时间、地点、事件、人物、步骤、工具。在营销复盘过程中，记录每个步骤的详细进展情况，包括投放渠道、宣传内容、推广时间、关键人物、预算等。

反思：情绪、态度、结果、原因、投入、逻辑。例如，某个投放渠道的转化率较高，而某个宣传内容的吸引力较弱。通过反思，找出潜在的问题和改进点。

提炼：流程、要点、方法、模式、经验、模型。例如，某个投放渠道的转化率较高，因此在未来的活动中可加大对该渠道的投入。某个宣传内容的吸引力较弱，可考虑更换内容（图11-5）。

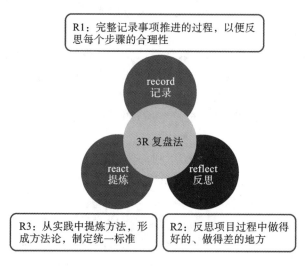

图11-5　3R复盘法图表

（三）GRAI复盘法

GRAI复盘法的具体做法如下。

回顾目标(goal)：回顾目标是什么，目标是否达成，目标是否出现偏离。从营销的前期准备到策划、执行的过程是一个完整的流程，而在整个营销过程中，各项工作大多围绕营销目标开展。因此，在复盘时首先回顾营销目标更有利于判断营销效果是否达标。可以将目标写出来，展示在显眼位置，让参与复盘的人心中有数，避免偏离目标。复盘时可以根据营销目标的可行性、可调整性、全局性和真实性，分析营销目标是否合理，以调整下一次活动的目标。

评估效果(result)：将营销活动的最终数据与目标数据进行对比，将新关注人数、转发人数、裂变人数、付费用户数、转化率、好评率等目标数据与最终数据进行对比。例如，某企业策划了一场比较简单的微信抽奖活动，营销目标为"参与人数超过5000人、'涨粉'超过2000人、转发量超过2000次"，结果为"参与人数5500人、'涨粉'1538人、转发量为2456次"。经过对比，可以得出：本次活动的参与人数和转发量超出预期，但'涨粉'数量未达成。然后叙述过程，让所有参与复盘的人员了解营销活动的过程，为达成目标做了哪些细节工作。可以在复盘前将具体过程以思维导图的方式展示出来。评估效果是为了更好地发现问题，根据问题分析原因，最终解决问题，并非追究责任。

分析原因(analysis)：分析原因在整个复盘中是最关键的一步，常通过分析营销活动中每个节点的问题，如流程问题、运营问题、规则问题、图文呈现问题、流量问题，得出优化方案。在评估结果后，需要分析成功的关键因素和失败的根本原因。首先可以自我剖析，请执行活动的人员对做过的事情进行反思和分析。分析成功因素时,多列举客观因素,精选真正的自身优势去推广。分析失败原因时,多从自身深挖原因,狠找不足补短板。谨慎检视最初目的、目标的确定是否明显有误才导致营销活动失败,否则原因分析可能围绕着错误的目的、目标展开,只会事倍功半。然后可以众人设问,请参与人员根据结论展开对原因的分析,先做出假设,如高估了某个渠道的流量转化、广告投放时间点有误、宣传文案吸引力较差等。众人设问可以突破个人见识的局限,探索更多可能性。

总结经验(insight):深入分析原因后,需要根据分析出的原因对营销工作进行反思,总结经验和教训,形成共识行动计划,为下次活动取得更好的效果做准备。总结经验是为了确定改进计划,明确哪些做法能够继续沿用,哪些做法需要舍弃。还需注意的是,总结经验时的改进计划不宜罗列过多、过细,需要列出优先级,让团队人员分清主次,聚焦在核心方案上,最终形成文字材料,方便后续持续积累,持续改进(图 11-6、图 11-7)。

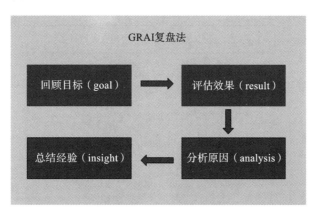

图 11-6　GRAI 复盘法

XXX项目/工作复盘模板			
复盘时间	__年__月__日		
项目/工作名称			
复盘人			
回顾目标	为什么做这项工作?		
	设定了哪些可衡量目标?		
评估结果	实际完成结果(1~100)		
	超额完成的目标		
	未完成的目标		
分析原因	成功原因分析	主观原因:	
		客观原因:	
	失败原因分析	主观原因:	
		客观原因:	
总结经验	问题改善		
	行动计划	开始做	
		继续做	
		停止做	

图 11-7　GRAI 复盘模板示例

（四）STAR 复盘法

STAR 复盘法的 STAR 是 situation（情景）、task（任务）、action（行动）和 result（结果）四个英文单词的首字母组合，是一种结构化的复盘方法。

情景（situation）：描述任务或项目的背景和情境，明确目标、时间节点等关键信息。

任务（task）：明确完成任务或项目所需的具体事项，包括分工、对内对外的沟通对象、要达成的目标、完成任务的其他要求。

行动（action）：按照时间顺序，详细描述采取的行动步骤，包括里程碑节点、具体行动计划、主要营销工具、克服了何种困难或解决了何种问题。

结果（result）：最终的结果是什么，描述实际完成情况，包括完成质量、成本、量化的指标等，并将目标与实际结果相比，分析差异（图 11-8）。

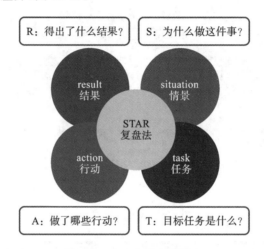

图 11-8　STAR 复盘法图表

这些方法各有侧重点，但它们的目的都是帮助个人或团队从过去的经验中学习，以便未来能够做出更有效的决策和行动。选择合适的复盘方法可以显著提高工作效率和效果。

三、营销复盘的关键

营销复盘是一种系统性的回顾和分析营销活动的过程，重点是从中提取经验教训，优化未来的营销策略和执行方案。因此不论用何种复盘方法，基本都包括以下几个关键步骤。

（一）设定复盘目标

在复盘过程中，首要任务是明确并细化复盘的目标和意义，这些目标应具体、可衡量和可实现。复盘的目标可能聚焦于某个特定的营销活动或策略的成效上，如新产品推广活动、重大节日营销活动等。通过对特定策略从策划、执行到效果反馈的全过程进行深度剖析，发现该策略的长处与短板，从而优化后续类似策略的设计和实施，确保营销资源的高效利用和营销目标的有效达成。在开始营销复盘之前，要确保复盘的方向性与营销工作的实际需求紧密结合。

（二）梳理营销活动全过程

复盘需要了解营销活动每个阶段的详细情况，以及它们如何影响整体的活动效果。在回顾过程中，要积极寻找关键时刻和转折点，分析它们对活动的影响，并总结经验和教训。从营销计划的制订、执行到结果反馈的整个过程进行全面回顾，包括各个阶段的时间节点、关键决策节点、采取的具体措施以及市场反应等。时间节点包括各个阶段任务的启动时间、结束时间以及关键节点的时间记录；关键决策节点是指那些对最终结果产生重大影响的决策时刻；采取的具体措施则是指为了实现营销目标而实施的各种行动,如广告投放、促销活动、渠道拓展等;市场反应是检验营销活动效果的重要标准之一,包括消费者的反馈、销售额的变化、市场份额的升降等。为了进行有效的复盘,营销人员需要在营销过程中养成收集并整理数据的习惯。

（三）深度分析数据

通过深度分析数据,对营销活动的曝光度、点击率、转化率、用户活跃度、满意度等核心指标进行深度挖掘,找出亮点和不足。曝光度是指活动被多少人看到或者听到;点击率是指有多少人在看到广告后进行了下一步操作;转化率是指最终购买的人数占总浏览人数的比例。分析这些数据,不仅能了解活动的整体效果如何,还能发现哪些环节存在问题并及时进行调整优化。数据分析可以帮助营销人员更好地理解背后的规律和逻辑,为未来的决策提供更有价值的参考。

（四）总结成功经验

在深度分析数据的基础上,提炼并记录营销活动中的成功做法和创新思路,总结其成功的原因和适用场景,为未来类似活动提供参考模板。例如,某次活动因为采用了新颖的主题、有创意的内容和独特的推广渠道而获得了意想不到的效果,那么就可以将这些因素提炼出来作为一个成功的案例,并在未来的活动中借鉴应用。根据总结的经验教训,制订具体的改进计划。这个计划应该包括未来需要采取的措施,以及预期的结果。最后,将这些复盘过程和结果整理成报告,向团队成员、决策者等进行分享,发挥复盘的作用。

> 小试牛刀

通过以上对营销复盘相关知识的介绍,你是不是对营销复盘有了基础的了解？接下来,请你帮助营营和销销一起完成此次"金秋蟹礼"营销复盘总结报告吧！

知识小测

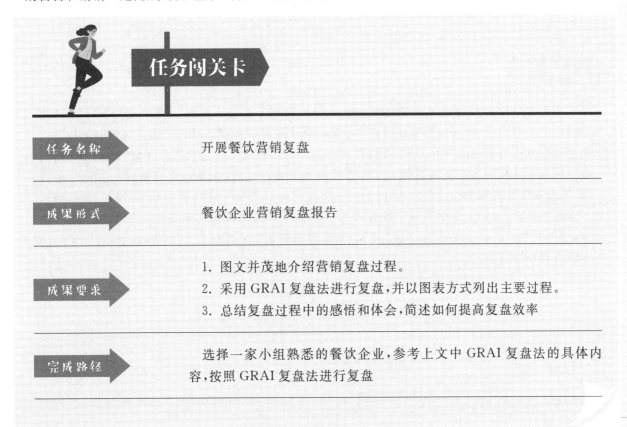

营销活动复盘是有效提高营销活动效率的方式,在复盘过程中可以选择合适的复盘方法来进行高效复盘。在日常生活中,我们也要具有复盘的思维,对我们的学习、工作和生活中的重要事项进行复盘,以促进自身不断成长。

在完成本次任务的过程中,你遇到了哪些困难和疑惑?你是怎么去解决的?将你在完成本次任务过程中的收获、困惑、反思及改进措施等记录下来吧!

 收获:

 困惑:

 反思及改进措施:

实战演练

结合本项目所学,请你为学校附近的美食店铺做销售数据分析,帮助店铺提高销售额。同时为店铺设计一套营销活动复盘的模板。

闯关小结

通过本项目的闯关,营营和销销对于餐饮营销数据分析有了深刻的认识,也尝试着自己主持营销复盘会,对于如何通过复盘促进自己和团队成长有了实践和思考。通过这段时间在餐饮门店和餐饮市场营销部门的工作,从对餐饮产品的认知到线上线下营销活动创意的提出,从对餐饮顾客的认知到各互联网平台的餐饮营销漏斗转化,从餐饮市场洞察到餐饮品牌定位的理解,从营销活动的策划到营销数据分析与复盘,营营和销销从不同的视角对互联网餐饮营销有了全面的认识,也在实战中实现了快速成长。现在他们已经成功从职场小白蜕变成职场小达人,能够在各自的岗位中独当一面。未来可期,营营和销销将秉承初心,乘风破浪,为中餐品牌闪耀世界而继续努力!

主要参考文献

[1] 菲利普·科特勒,凯文·莱恩·凯勒,亚历山大·切尔内夫.营销管理[M].16版.陆雄文,蒋青云,赵伟韬,等译.北京:中信出版社,2022.

[2] 菲利普·科特勒,陈学就,伊万·塞蒂亚万.营销革命5.0:以人为本的技术[M].曹虎,吴光权,等译,北京:机械工业出版社,2022.

[3] 韩红梅,王佳.数字营销基础与实务(微课版)[M].北京:人民邮电出版社,2023.

[4] 宁德煌.饮食消费者行为与餐饮营销策略研究[M].昆明:云南科技出版社,2022.

[5] 伊冯娜·麦吉温.市场调研实务[M].李桂华,等译.北京:机械工业出版社,2017.

[6] 伯恩德·H·施密特.体验式营销[M].北京:中国三峡出版社,2000.

[7] 张仲韬.矩阵式营销:传统行业的逆势突破[M].北京:机械工业出版社,2021.

[8] 吴超,赵静,罗家鹰,等.营销数字化:一路向C,构建企业级营销与增长体系[M].北京:机械工业出版社,2022.

[9] 贾云峰,洪嵘.食至名归:中国美食品牌营销新论[M].北京:中国轻工业出版社,2022.

[10] 鹤九.新餐饮营销力:一本书破解餐厅低成本营销密码[M].北京:机械工业出版社,2020.

[11] 白墨.餐饮品牌塑造方法、工具与案例解析[M].北京:人民邮电出版社,2019.

[12] 杨勇,程绍珊.餐饮新营销[M].天津:天津人民出版社,2019.

[13] 孙亮,韩晓洁.微信营销与运营[M].3版.北京:人民邮电出版社,2022.

[14] 张志.社群营销与运营[M].2版.北京:人民邮电出版社,2022.

[15] 邹益民,李丽娜.新媒体营销与运营(微课版)[M].北京:人民邮电出版社,2021.

[16] 凯琳.一本书玩转社群营销[M].北京:华文出版社,2019.

[17] 李新泉,管应琦,詹琳.新媒体运营实战技能[M].北京:人民邮电出版社,2023.

[18] 美团.外卖运营7步法[M].北京:人民邮电出版社,2022.

[19] 饿了么.外卖超级运营术[M].北京:东方出版社,2019.

[20] 贾燕萍.外卖APP营销案例分析——以美团外卖APP为例[J].老字号品牌营销,2021(6):13-14.

[21] 美团外卖袋鼠学院团队.从零开始做新餐饮[M].北京:电子工业出版社,2018.

[22] 白秀峰.餐饮新思维[M].北京:人民邮电出版社,2021.

[23] 徐文俊.大众点评精细化运营[M].北京:北京时代华文书局,2020.

[24] 李永发.营销数据分析[M].北京:电子工业出版社,2024.

[25] 李东进.新媒体营销与运营[M].北京:人民邮电出版社,2022.

[26] 魏振锋.新媒体运营实务[M].北京:人民邮电出版社,2023.

[27] 高功步.新媒体运营与推广[M].北京:人民邮电出版社,2021.